带着文化游名城——

老重庆记忆

刘飞滨 编著

当代世界出版社
THE CONTEMPORARY WORLD PRESS

图书在版编目（CIP）数据

老重庆记忆 / 刘飞滨著 . -- 北京：当代世界出版社，2018.7
（带着文化游名城）
ISBN 978-7-5090-1330-4

Ⅰ．①老… Ⅱ．①刘… Ⅲ．①文化史—重庆—通俗读物 Ⅳ．① K297.19-49

中国版本图书馆 CIP 数据核字 (2018) 第 007362 号

老重庆记忆

作　　者：	刘飞滨
出版发行：	当代世界出版社
地　　址：	北京市复兴路4号（100860）
网　　址：	http://www.worldpress.org.cn
编务电话：	（010）83907528
发行电话：	（010）83908410
	（010）83908377
	（010）83908423（邮购）
	（010）83908410（传真）
经　　销：	新华书店
印　　刷：	北京彩虹伟业印刷有限公司
开　　本：	710mm×1000mm　1/16
印　　张：	17
字　　数：	240千字
版　　次：	2018年7月第1版
印　　次：	2018年7月第1次
书　　号：	ISBN 978-7-5090-1330-4
定　　价：	45.00元

如发现印装质量问题，请与承印厂联系调换。
版权所有，翻印必究；未经许可，不得转载！

前　言

重庆，著名的山城、雾城和桥都，曾经的陪都，中国第四座直辖市，现代化的国际大都市，在这里既有自然古朴的山乡水镇，也有时尚开放的高楼口岸。青山绿水中、灯火霓虹下，这座城市以其自然和现代的双重魅力吸引着一波又一波游客。

重庆历史悠远，早在两百万年前这里就出现了巫山人，之后，文明之火星星不灭。夏朝时这里诞生了巴国。战国时，巴国为秦所灭。从此两千余年，历经秦汉、唐宋、元明清，这里不断繁荣，不断发展。隋时因将这里称"渝"，就此"巴渝"便成为重庆大地的简称。南宋时，潜邸在此的赵惇先封恭王后任皇帝，自诩"双重喜庆"，以此名之，重庆之名由此流传。晚清一代，西洋侵略者将商船和军舰不断开向这里，这座山城开始从古朴蒙昧走向开放和现代。七七事变爆发，日军步步紧逼，国民政府无奈迁都，重庆由此成为我们泱泱母邦的政治和文化中心。首脑政要、文化名流乃至流氓大亨全都汇聚于此，一时文化鼎盛、政经繁荣。八年陪都，这里有生灵涂炭的痛苦哀号，自然也有毁家纾难的慷慨悲歌和风流人物的纵横捭阖。硝烟散尽，战争远去，重庆迎来了新的光明。

在日新月异的发展中，这座城市愈发焕月多彩。这里山有千重，山山清秀；水有万道，条条明丽。青山绿水环绕下，古老的小镇名街让你恍若隔世，神出秦汉魏晋；华丽的都市名馆让你目眩神迷，感受到现代气息。毛肚火锅、江湖菜、重庆小面、怪味胡豆……麻辣辛香的巴渝风

味是你重庆的舌尖之旅；金佛山、缙云山、天坑地缝则是需要你漫漫跋涉才能尽赏奇趣的自然风景；大足石刻、双桂堂、大佛寺、千佛寺这些佛教圣地，中正楼、周公馆、孔公馆、红岩村这些抗战遗址，则需要你静默、沉思才能领略佛门的广大、体察历史的深微。吃喝行走之外，你还会发现这座现代都市依旧保留着许多旧俗遗风，比如腊八节上华严寺吃粥、土家人的秀山花灯、中山古镇的千米长宴等，它们或许源自某个禁忌，或许源自某种信仰，或许来源于某个传说，或原始古朴，或热情奔放……

重庆虽然历史久远但位居西南，不似京浙中原等地多有帝王眷顾、才子流连，但这并不意味着这方土地的般般件件无迹可寻，上文所述山水街镇、寺庙祠堂、公馆村落其实无一处无来历。毛肚火锅是谁首创？江湖菜得名因何？大足石刻何人主持雕凿？雕塑佛像中有何寓意？抗战时重庆有多少公馆？这座英雄城市又有多少抗战遗址？凡此种种，不追根溯源，难以真正理解这座城、这方土地以及它背后承载的记忆和文化。

本书所列，先概述历史，简述由来，其下分述城门、街道地方、名胜古迹、寺庙祠堂、民俗民风、美食特产、展馆遗址等，力求让读者对重庆有一个直观的印象，同时对这座城市的历史文化有更深挚的了解，这样，在旅途当中，你的行囊才会更加充实，你的心灵才会更加丰盈。

另外，需要特别说明的是，重庆地广史悠，限于篇幅和编者才力所限，很多景观在书中未有提及，其历史文化内涵也未能充分挖掘，难免有遗珠之憾。不当之处，还请方家指正。

目 录

∽ 开 篇 ∽

出行前的准备   2
    重庆的历史   2
    重庆独有的特色   5
    重庆的最佳旅游季节   8
    重庆的方言   8

∽ 重庆的历史与城门 ∽

重庆的历史   12
    巫山人是中国人的祖先吗   12
    重庆在历史上分别叫什么   13
    建国于重庆的巴国是一个什么样的国家   14
    白帝城托孤发生在重庆吗   15
    上帝折鞭处的钓鱼城如今在哪里   16
    重庆做过几次首都   18
    重庆为何成为国民政府的临时首都   18

重庆缘何成为两国首都	20
重庆大轰炸的历史你了解吗	21
重庆大隧道惨案是怎么回事	23
你知道重庆解放碑吗	24
"巴山夜雨涨秋池"说的是重庆吗	25
重庆为何以山茶花为市花	26

重庆的老城门　27

重庆城门是按照八卦建立的吗	27
不得不说的重庆城歌谣	28
重庆旧城门的终结者是谁	29
你知道朝天门的辉煌历史吗	30
南纪门和《诗经》有什么关系	31
金紫门是渝城金库吗	32
你知道发生在通远门的腥风血雨吗	35

重庆的街桥地名

重庆的街桥　38

杨柳街和张献忠有什么关系	38
冯时行路有什么来历	39
天官府是谁的府邸	40
金鸭巷缘何得名	42
白象街为什么那么兴盛	44
打铜街为何人称华尔街	45
你知道抗战遗址三八街吗	46
重庆为何叫桥都	47
桥都古桥有多少座	48
你知道重庆现存最早的古桥在哪里吗	48
化龙桥的传说你知道吗	49
奈何桥在哪里	50
三无桥今在何方	50

妃子桥中的妃子是谁　　51
　　拱桥底下为何悬挂宝剑　　52

有趣的地名　　53

　　金竹寺在哪里　　53
　　九龙坡的传说你知道吗　　55
　　酉阳县和《酉阳杂俎》有什么关系　　57
　　佛图关的历史你知道吗　　58
　　长寿区因何得名　　60
　　奉节为何有"诗城"的美誉　　61
　　飞仙岩真的藏有国宝吗　　62
　　重庆地名为何多"巫"　　63
　　男石柱和女石柱的故事你知道吗　　64
　　日月门内的水井为何用不枯竭　　65
　　你知道濑溪河的二十四个望娘滩吗　　66
　　狮子门的九姑坟在哪里　　67
　　尔雅书院是谁建立的　　68
　　白鹤梁的传说你知道吗　　69
　　天坑地缝是怎么来的　　70
　　呼归石是为了呼唤大禹吗　　71
　　望乡台的传说你知道吗　　72
　　会龙庄是和珅的府邸吗　　73
　　会龙庄有多少防御设施　　75
　　会龙庄有多少财富　　76
　　路孔镇因何得名　　77
　　重庆现存唯一的瓮城在哪里　　78
　　潼南崇龛镇是陈抟故里吗　　79
　　磁器口是否就是建文帝隐居处　　81
　　磁器口钟家院有何特点　　82
　　磁器口为何有少妇尿童的雕像　　84
　　磁器口为何又称"小重庆"　　85
　　九石缸河滩真的有张献忠宝藏吗　　87
　　洪安古镇是《边城》的原型吗　　88
　　你知道养心亭吗　　89
　　你知道重庆有座鬼城吗　　91

重庆的民俗特色

重庆的节日习俗　　　　　　　　　　　　　　　　　　94

老重庆人怎么过清明节　　　　　　　　　　　　　　94
重庆人过年为什么不午睡　　　　　　　　　　　　　95
转转饭是什么　　　　　　　　　　　　　　　　　　96
重庆人团圆饭吃什么?　　　　　　　　　　　　　　96
重庆人过腊八有什么讲究　　　　　　　　　　　　　97
荣昌杀年猪有什么讲究　　　　　　　　　　　　　　98
土家族赶年与秦良玉有什么关系　　　　　　　　　　100
重庆土家人年夜饭吃什么　　　　　　　　　　　　　101
土家族赶年有什么传统　　　　　　　　　　　　　　102
重庆土家人的"守田埂"是指什么　　　　　　　　　102
重庆中山古镇长宴为何有千米　　　　　　　　　　　103
东泉镇为何盛行裸浴　　　　　　　　　　　　　　　104
塘河婚俗有多少道程序　　　　　　　　　　　　　　105

重庆人的休闲娱乐　　　　　　　　　　　　　　　　　107

巴渝木偶戏都有哪些绝技　　　　　　　　　　　　　107
秀山花灯与狸猫换太子有什么关系　　　　　　　　　108
秀山花灯有哪些程序　　　　　　　　　　　　　　　109
秀山花灯都有哪些经典曲目　　　　　　　　　　　　110
秀山花灯为何无崴不成灯　　　　　　　　　　　　　110
踩山节的爱情传说你知道吗　　　　　　　　　　　　111
酉阳土家的摆手舞有何特色　　　　　　　　　　　　113
摆手舞起源于武王伐纣吗　　　　　　　　　　　　　114
走马镇有多少故事　　　　　　　　　　　　　　　　115
鬼城庙会都有什么内容　　　　　　　　　　　　　　116
阴天子为何娶亲?　　　　　　　　　　　　　　　　117
石壕杨戏为何被称为"戏曲活化石"　　　　　　　　118
钱棍舞怎么跳　　　　　　　　　　　　　　　　　　119
你知道周恩来曾抬过滑竿吗　　　　　　　　　　　　121

重庆的美食及特产

重庆的美食   124

- 重庆火锅怎么吃   124
- 重庆火锅有多少种   126
- 毛血旺的来历你知道吗   128
- 重庆江湖菜是什么   129
- 黔江鸡杂有何特点   131
- 头刀菜是怎么做出来的   131
- 你知道南山泉水鸡吗   132
- 涪陵榨菜的创始人是谁   133
- 荣昌铺盖面有何特色   134
- 忠州豆腐乳的传说你知道吗   135
- 重庆怪味胡豆有几味   137
- 合川桃片的历史你知道吗   138
- 香山蜜饼是白居易发明的吗   139
- 你知道重庆的美食街吗   140

重庆特产   143

- 丰盛镇的石头为何会唱歌   143
- 荣昌折扇和永乐皇帝有什么关系   144
- 石柱黄连为何是贡品   146
- 荣昌陶器是大禹铸就的吗   147

重庆的古寺和祠堂陵墓

重庆的古寺   150

- 石蟆镇清源宫供奉的大老爷是谁   150
- 缙云寺为何屡被皇帝赐名   152
- 双桂堂为何称"堂"不称"寺"   153
- 双桂堂的两棵桂树何来   154

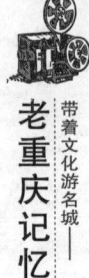

双桂堂有哪些传说	155
奈何桥、黄泉路怎么走	158
鬼门前有哪些鬼	160
大足北山石刻由谁首凿	163
赵智凤是怎么开凿大足石刻的	165
牧牛图有何寓意	166
潼南大佛寺大佛有何特点？	169
潼南大佛寺的石磴琴声是怎么回事？	170
千佛寺真有一千尊佛像吗	171
千佛寺幽冥钟是做什么的	172
报恩塔是报何人之恩	173

重庆的祠堂陵墓　　　　　　　　　　176

巴蔓子墓为何有身无头	176
秦始皇为何要建怀清台	177
甘宁镇就是为了纪念甘宁吗	180
长生桥是为了纪念谁	181
白公祠纪念的是白居易吗	182
睿陵为何会有韩国人祭拜	183

重庆的山水园林

缙云山的传说你知道吗	186
金佛山因何得名	188
仙女山为何称东方瑞士	189
"巫山云雨"源自神女峰吗	189
桃花源就在重庆酉阳吗	191
云阳龙缸为何称天下第一缸	192
龙缸景区都有哪些传说	193
你知道"一棵树"吗	196
你知道巴渝十二景吗	197
巴渝新十二景又是指哪些	201

重庆的抗战遗址

陪都时重庆有多少公馆	210
中正楼、云岫别墅都住过谁？	219
你知道《四世同堂》是在哪里诞生的吗	221
"雅舍"中梁实秋写了哪些作品	222
四知堂是杨尚昆的出生地吗	223
红岩村为何成为革命圣地	224
大有农场主人为何称"革命妈妈"	225
戴公馆的主人是谁	227
孔公馆的孔二小姐有哪些传奇	230
你知道林园的主人是谁吗	232
特园主人为何被称为"孟尝君"	235
冯玉祥为何在重庆当保长	237
史迪威将军博物馆有哪些特色	239
渣滓洞和白公馆的血泪史你知道吗	241

附 录

名胜古迹TOP10	244
名山胜水TOP10	248
美食特产TOP10	252
高等院校TOP10	256

开 篇

出行前的准备

重庆,其意思为"双重喜庆"。这座东邻湖北,南靠贵州,西接四川,北连陕西的国际大都市,因其山峦重重,所以号称"山城";而因为此地山隔水阻,多靠桥梁沟通,所以称之为"桥都";又因终日雾霭弥漫,故又称"雾城";而其秋夜雨声频频,又带给人们巴山夜雨的浪漫想象。拨开这座城市的种种迷雾,你会看到,这座城市流淌着巴渝文明的血液,吞吐着高山大河的气息,它的子民在一声声的渝音中,有着无穷的自信与坚韧。

重庆的历史

重庆地处西南,历史悠远。早在两百万年前的旧石器时代,这里已经出现了迄今发现的中国最早的人类——巫山人。

经历了漫长的岁月,在距今约2万到3万年前的旧石器时代晚期,此地的先民们又创造了"铜梁文化"。

夏时(距今4100—3600年),这里诞生了巴国,此时尚称"巴方",到商时称为"巴奠"。后巴人不堪商朝压迫,参与武王伐纣。西周建立,巴人因功分国,国境即如今重庆全境,北到陕南汉水,东至襄阳,一时全盛。

春秋时期,巴国和楚国交战频仍,因力有不敌,巴国多次西迁。

公元前316年,秦派张仪带兵灭巴,筑巴郡城,这是历史有载的重庆建城之始。

汉朝建立，巴郡称"江州"。公元214年，刘备、诸葛亮曾由此入蜀平定益州。后蜀臣李严主政江州，曾修筑江州大城。

三国、两晋、南北朝时因江山易主频繁，巴郡数次更换治所，也多次更名。

隋文帝开皇元年（公元581年），因嘉陵江古称"渝水"，此地便称为"渝州"。由此，重庆始有"渝"的简称。

北宋时，宋徽宗改渝州为"恭州"。南宋淳熙十六年（公元1189年），潜邸（特指非太子身份继位的皇帝登基之前的住所）在恭州的恭王赵惇接受孝宗内禅，登基称帝，是为光宗，他自诩"双重喜庆"，于是升恭州为重庆府，重庆由此得名。

南宋末年，蒙古军队大举南侵。公元1259年2月，蒙军在重庆合川攻打钓鱼城，遭遇守城主将王坚与副将张珏的顽强抵抗，蒙军大汗蒙哥被火炮击中，伤重不治。

南宋景定二年（公元1261年），退守重庆的宋军为抵御已攻破四川的蒙军，在知府彭大雅率领下对重庆城全力拓修，向北扩至嘉陵江边，向西扩至今临江门、通远门一线，奠定了此后至明清重庆古城的大致格局。

南宋景炎三年（公元1278年）正月，蒙古军攻破重庆，因遭遇激烈抵抗，蒙军入重庆后大肆屠杀。次年，钓鱼城亦陷。

元至元十六年（公元1280年），元帝立重庆路总管府，隶属四川行省。

元朝末年，公元1360年，明玉珍率领农民起义军在重庆建都，国号"大夏"。

朱元璋建立明朝后，于公元1371年平定大夏，复改为重庆府，隶属四川布政使司。

明洪武年间，重庆卫指挥使戴鼎修建十七道城门，奠定了重庆老城的基础。

明崇祯十七年（公元1644年）初，张献忠破佛图关，六月二十日占领重庆。

清康熙年间，因川地战事频繁，导致人口锐减，清政府开始鼓励各地向巴蜀移民，即所谓"湖广填四川"，重庆人口剧增。

1876年9月31日，英国与清政府签订不平等的《烟台条约》，规定英国可向重庆派驻领事。

1890年3月31日，中英签订《新订烟台条约续增专条》，确定将重庆作为通商口岸。之后，从宜昌到重庆的航线开辟。同年，英国总领事馆在重庆设立。

1891年3月1日，重庆海关正式在朝天门设立。

1895年，中日《马关条约》签订，重庆成为第一批向日本开放的内陆通商口岸。之后，各国纷纷派驻领事馆，并设立租界。

1921年，重庆设立埠督办处，杨森为督办，负责筹办市政。

1927年，重庆成为西部首个设市的城市。

1929年，重庆正式建市，为国民政府二级乙等省辖市，首任市长为潘文华。

1937年11月，《国民政府移驻重庆宣言》发布，重庆成为战时首都。从此重庆成为中国抗战时期的政治、军事、经济、文化中心。

1941年6月5日，日军轰炸重庆，躲进渝中区公共防空隧道中的7764名市民窒息死亡，史称"大隧道惨案"。1938年春至1944年冬，日军多次轰炸重庆，毁地之广、轰炸之频、死伤之重世所罕见。但重庆民众未有丝毫屈服，外国政要纷纷致电慰勉，重庆也由此得称"英雄之城""不屈之城"。

1945年8月15日，抗战胜利，国民政府还都南京。后又以法律形式规定重庆为永久陪都。

1945年，国民政府与中国共产党在重庆进行为期43天的和平谈判，史称"重庆谈判"。

1946年2月10日，重庆较场口庆祝政治协商会议成功，现场发生骚乱，李公朴、郭沫若、陶行知等60余人被打伤，史称"较场口血案"。

1949年9月2日，重庆发生"九二火灾"，大火持续18小时，死亡近万,全市建筑损失大半。同年10月,国民党政府二次迁至重庆办公。11月27日,国民党中央授权中统"最后解决"关押在渣滓洞、白公馆的400多名政治犯,史称重庆"11.27"大屠杀。

1949年11月30日,中国人民解放军进入重庆。重庆正式解放,成为西南大区的中央直辖市,由西南军政委员会代管,刘伯承任军政委员会主席。

1954年7月,重庆直辖市撤销,与四川合并。

1964年,在中苏交恶、美国进逼中国东南沿海背景下,国家启动以战备为主导的三线建设,重庆成为三线建设核心城市,再次迎来大量内迁职工。

1992年,重庆被辟为沿江开放城市。

1997年3月14日,第八届全国人民代表大会第五次会议批准设立重庆直辖市。6月18日,重庆直辖市政府机构正式挂牌。

重庆独有的特色

重庆地处西南,山环水绕,有着自己独特的自然与人文特色。长江三峡、巫山神女、吊脚小楼、丰都鬼城皆为人间奇景;毛肚火锅、万州烤鱼、重庆小面让人垂涎欲滴;川江号子、铜梁龙舞更是扎根民间的艺术瑰宝,漫步在山城的重重雾霭中,你会发现这里处处有景,处处可叹。

【重庆的美食符号】

重庆火锅 来重庆,必须吃火锅。2016年5月,重庆火锅当选重庆十大文化符号之首,重庆火锅已经成了重庆当之无愧的名片。火锅各地都有,但重庆火锅起源却相当草根。相传明末清初,回民在嘉陵江畔屠宰牲口,只取肉骨,而将牛肚等内脏弃之不用。岸边水手、纤夫纷纷捡回,洗净之后再加入辣椒、花椒、姜、蒜等调料,一锅煮之,既可饱腹,又可驱寒,一来二去遂成毛肚火锅。时光流转,当年贩夫走卒的饱腹之餐如今已"登堂入室",成为不可多得的美食佳肴。香气氤氲中,只见锅内油翻汤滚，椒红蒜青；锅边毛肚、鸭肠、蘑菇、豆芽等荤素时鲜罗列一旁，坐立一旁都可观可叹，何况入口呢？

酸菜鱼 名列川菜，源自重庆。和重庆火锅一样，最初也起自贩夫走卒。渔夫用小鱼和农家换酸菜吃，后将酸菜与鲜鱼一锅煮之，其味酸辣鲜香，由此走向菜馆饭堂。此菜做法多样，如鱼可取鲤鱼、草鱼、黑鱼等切片剁块，菜则为家常泡菜或酸菜，再辅之花椒、姜、葱、味精等家常调料，但无论做法如何，其酸其辣，其肉嫩汤鲜是共通的。

万州烤鱼 为渝菜名品，集合了腌、烤、炖三种方法，再加十余种调料和配料精心烹制而成。此菜色泽艳丽，鱼肉皮焦里嫩，味道鲜美。经无数名厨不断炊制，现有麻辣、香辣、酱香、蚝油、尖椒等十余种口味，可说任他食客口味百变，总有一味尝鲜。

重庆小面 面条为北方传统主食，但重庆亦有，称为"小面"。虽名为"小"，但做法极其考究。光辅料就有红油、酱油、花椒油、葱、蒜泥、芝麻、芽菜、榨菜末等十余种。做时先用猪膘熬油，再放入各种辅料，然后放入煮熟的小面搅拌。装盘后，此面若是麻辣味则汤红色亮，若是清汤，则汤色乳白或浅黄。再配以略黄的面条和嫩绿的蔬菜，加之熟炒后的芝麻、花生，色香诱人。

【重庆的文化符号】

川江号子 重庆山高岭峻，交通多有不便，因临靠金沙江、长江，因此客货往来都由船只输送。而沿江航道曲折，山峻水恶导致船工举步维艰。为统一扳桡节奏，艄翁击鼓为号。至清朝中叶，号子兴起，由号工领唱，船工帮腔合唱，遂成川江号子。号子头会根据水势、明暗礁、劳动节奏、情绪等编创不同的号子，如船工过滩后，要唱"莫约号子""桡号子"等，此类号子音调悠扬，节奏舒缓，适合扳桡的慢动作；而在闯滩时，需要鼓舞精神，因此就需节奏铿锵、音调雄壮激烈的"懒大桡号子""起复桡号子""鸡啄米号子"等。川江号子不仅是劳动鼓舞和放松的口令，更是集知识性、文学性、音乐性于一体的民间口头音乐，因此2006年5月20日，川江号子获准列入第一批国家级非物质文化遗产名录，代表曲目有《十八扯》《大斑鸠》《小斑鸠》等。

铜梁龙舞　铜梁龙舞是流传于重庆铜梁境内的一种传统舞蹈形式。它以构思巧妙的道具、夸张的造型、丰富的套路闻名于世，加上舞动时花样繁出，群众参与度高，可说极具观赏价值和娱乐性。2008年奥运会开幕式，8条特制的铜梁舞龙就在鸟巢前飞舞翻腾，可说是中国"龙"的最强代表。

【重庆的风景符号】

重庆卧居中国西南，历史悠远，风景秀丽。这里既有夺天地造化的赤甲山、神女峰，也有蕴藉丰厚历史文化内涵的白帝城、张飞庙、渣滓洞，可赏可观，可兴可叹。

长江三峡　长江三峡由瞿塘峡、巫峡、西陵峡组成，西起重庆奉节县的白帝城，东至湖北宜昌的南津关，全长193公里。全程江水澎湃，两岸峭壁绝崖，山水相映中尽可饱览天地之造化。位于重庆境内的瞿塘峡，其入口短窄，两岸断崖森立，形如门户，有"夔门天下雄"之称。而巫山十二峰风景秀丽，姿态万方，观其名字如神女、飞凤、翠屏、圣泉亦可想其风姿。除自然风景外，此处多名胜古迹，如刘备托孤之白帝城，有"阴曹地府""鬼国京都"之丰都鬼城，有云阳张飞庙等，尽可踏足古人遗迹，抒古今兴亡之叹。

解放碑　解放碑全名为重庆人民解放纪念碑，原名为抗战胜利纪功碑，为重庆标志性建筑，是全国唯一一座纪念抗日战争胜利的国家纪念碑。此碑原为国民党重庆市政府为纪念抗日战争胜利而立。重庆解放后，西南军政委员会对此碑进行改建，由刘伯承题字，将"抗战胜利纪功碑"改名为"人民解放纪念碑"。解放碑有很重要的纪念意义，而解放碑地区是很多历史事件发生地，许多历史掌故都与此地有关。1997年，重庆市政府将此地改造成商业步行街，有"西部第一街"美誉。

白公馆　白公馆监狱旧址位于重庆沙坪坝区歌乐山，1939年中统头子戴笠将此地设为国民党特务机关的秘密监狱。它和重庆渣滓洞监狱并称为"两口活棺材"。这里曾关押过抗日爱国将领黄显声，同济大学校长周均时，以及共产党员宋绮云、徐林侠夫妇及幼子（即小萝卜头）等

人，最多时关押两百多名，均为国民党认为的政治要犯。1949年11月27日，军统特务在此对关押的革命者大肆屠杀，一时血流成河。瞻仰革命圣地，缅怀先辈英烈，莫若白公馆。

重庆的最佳旅游季节

重庆地属西南，属亚热带季风性湿润气候，冬暖春旱，夏热秋凉。年平均气温为18℃。1月份气温最低，月平均气温为7℃，最低极限气温为零下3.8℃。7月至8月份气温最高，多在27℃～38℃之间，最高极限气温可达43.8℃。雨季集中于夏秋，夜雨居多，故有"巴山夜雨"之说。因此，若到重庆旅游，3至5月以及10月为佳。

重庆的方言

重庆话属西南官话，又称"渝语"，以古代的巴蜀方言为基础，又融合周边方言以及全国通用语，经过漫长的演化，形成了自己独特的发音方式和内部语汇。如重庆话中有19个声母，在辅音方面n和l不分，还把普通话中以"h"开头的字读成以"f"开头。韵母上只有6个单韵母，没有"ing""eng"这两个后鼻音韵母。再如普通话中的舌面音"j""q""x"，在重庆方言里依然保留古音，读为舌根音"g""k""h"。除此之外，重庆方言还有各种异于普通话之处，这里不再一一赘述。现将重庆一些方言罗列如下，聊做一窥。

【状物】

霸　　道：好

假巴意思：假装

精　　灵：聪明

精　　试：牢固

肥懂懂：很胖

精　　用：牢固，耐用

巴　　适：舒服、安逸

饿劳饿像：很饥饿

二　杆　子：不务正业

红扯扯的：红得不正常、不受看

灰巴拢耸：形容身上灰尘多，很脏

尖　脑　壳：戴绿帽子的人

筋　　蹦：很活泼，很青春，耐力好

脚儿打闪闪：吓得发抖

巴巴实实：服服帖帖

假　扳　匠：形容故意抬杠、认死理的人

红　头　花　色：形容红光满面，肌肤健康

【人事类】

哈　龙　宝：傻子

孩　　子：鞋子

孩子等等儿：鞋跟

憨　　包：傻子

广　　广：外人，陌生人

堂　　客：老婆

沟　　子：屁股

告　花　子：叫花子

格　老　子：表示自己

格　　蚤：跳蚤

嘎　　嘎：外公，外婆

儿　娃　子：男孩子

丁　丁　猫：蜻蜓

撑　　花：雨伞

炊　　哥：厨子，炊事员

几　娘　母：母女们，指一群女的

几　爷　子：父子们，指一群男的

【动作类】

吹 垮 垮：聊天
吹 哨 哨：集合
吹 王 广 广：摆龙门阵，聊天
搓 夹 夹：搓身上的污垢
搭 巴 巴 车：坐便车
搭 扒 壁：占便宜
搭　　　白：别人说话接嘴
搭 东 西：摔东西
打　　　锤：打架
打 王 逛：精神不集中，走神
挤 油 渣 儿：一种游戏，泛指被挤压在人群中

重庆的历史与城门

　　重庆历史悠久，远古时代这里就有巫山人的足迹，先秦时期这里更是巴国人的乐土。秦始皇一统六国之后，重庆成为西南一郡。之后经几千年更迭发展，直至晚清民国开埠，从此车水马龙，成为了真正的国际大都市。这一路颠簸而艰辛，可有哪些历史人物，又有哪些历史旧迹，还有哪些历史故事……这些都需要我们去回溯去探察……

　　或许所有答案都在城门之中——它们见证了那些辉煌煊赫也经历了腥风血雨，如今，虽然它们已经颓败残破，但它们还活在历史中，活在故事中，活在歌谣中。

重庆的历史

巫山人是中国人的祖先吗

人类起源于哪里？一直以来，科学家们对这个问题进行着不懈追索和发掘，但依然没有公认的定论。至于中国境内的原始人类，目前为止出现在教科书上的结论认为是元谋人，他们生活在距今170万年前。因此，在很多人的认知中，元谋人就是目前中国乃至亚洲最早的人类。但1985年发现的重庆巫山地区的古人类，却有可能改变这一说法。

1985年，重庆巫山县庙宇镇龙坪村龙骨坡，考古工作者发掘出了一段人类下颌骨化石，此外还有包括巨猿以及其他110多种哺乳动物的化石。此发现一经公布，举世震惊。后经过孢粉分析、古地磁和氨基酸测定，这些化石的地质年代为更新世早期，距今204万年，之后美国、英国等科学家用最先进的电子自旋共振法测定，其年代被正式确定为200万年前。后经过研究认定，巫山人为直立人亚种。这一发现毫无疑问地告诉了全世界，巫山人是目前为止发现的亚洲最早的人类。巫山人的发现有力地支持了"人类起源于亚洲"这一观点，这或许意味着，巫山人就是东方人类的发祥地。

巫山人生活场景

重庆在历史上分别叫什么

地名,是一个地方的符号,是该地在政治、地理、历史等诸多领域的意义反映,如果要了解一个地方,不妨就从它的地名入手,看它建于何时,更名几何,有何特色。

从历史来看,重庆最早属于巴国。巴人勇猛善战,曾是武王伐纣的先锋队。西周建立后,周王分姬姓宗族统治巴国,首领称"巴子",以江州为首府,而江州即如今重庆渝中区。

公元前316年,秦惠文王派张仪带兵灭巴,修建了巴郡城,这是历史有载的重庆建城的开始。公元前314年,秦取消巴国原有统治机构,更名为"巴郡",派郡守代表国家进行统治。秦灭六国后,封天下为三十六郡,巴郡属其一,治所即江州。

汉朝承接秦朝旧制,重庆仍属巴郡。但东汉末年,益州牧刘璋将巴郡一分为三,始有"三巴"之称。此后,各路王朝更迭频仍,巴郡名虽保有,但治所和区域不断变换。

南朝梁时,武陵王萧纪认为"江州以东,其人半楚",因此置楚州,下辖巴郡等地。北朝西魏时将楚州又改为巴州。北周时又改巴州为楚州,仍领巴郡。

公元581年,隋文帝因嘉陵江绕城而过,而嘉陵江古称为"渝水",所以改楚州为渝州。至此,渝州虽归属与区域有所变更,但名称却延续至北宋末年。

公元1102年,北宋宋徽宗崇宁元年,渝州有人告发綦江人赵谂出语狂悖,意欲谋反。宋徽宗因"渝"有"变"之意,故改渝州为"恭州",意寓"恭顺"。

公元1189年,南宋淳熙十六年正月,宋孝宗内禅退位。二月,潜邸在恭州的恭王(此前已是太子)赵惇即位,世称宋光宗。

南宋光宗画像

赵惇自诩双重喜庆，于是升恭州为重庆府。一说为重庆位在顺庆（今四川南充顺庆区，宋时有顺庆府）、绍庆（辖区即今彭水、黔江等地）二者之间，故名"重庆"。此二说皆有所据，亦有瑕疵。无论原因为何，重庆此后，历经元、明、清三朝，其建制和管辖虽有所更迭，但名称始终未有变化，直至今日。

建国于重庆的巴国是一个什么样的国家

形容通俗的文学艺术时，人们常用一个成语叫"下里巴人"，其中巴人，即指巴国人，他们建都于如今的重庆，有着悠久的历史和文明，那么，巴国是个什么样的国家呢？

据《山海经》所称，巴人是伏羲的后裔。距今约3700年前，他们生活在如今的四川东部以及长江、嘉陵江、汉水流域。商朝时因为商王武丁之妻妇好的猛烈进攻，被迫迁入了长江夔、巫一带，后又入川，向川西、北部发展。虽不断更迁，但巴人还要年年向商朝纳贡。殷纣时，因不堪商朝欺压，他们参与了武王伐纣，在牧野之战中作为伐商的先锋军，因作战勇猛而颇有功名。西周建立，周王朝封宗室于巴，始建巴国，国王称为"巴子"，以江州（今重庆渝中区）为首府。此后，巴国逐步建立起比较完备的奴隶制国家。战国时，巴国已经控制了今重庆、川东、陕南、鄂西、湘西北和黔北等地的广大地区。

战国中期，南方的楚国开始不断西侵，巴国力有不敌逐步败退，都城不断迁移。从此，巴国被楚不断蚕食，最后迁治于阆中，仅剩今川地东北一隅之地。公元前316年10月，秦惠文王派张仪、司马错灭巴，巴国至此从历史的版图中消失。

在历史上，巴人因地邻江水，以捕鱼狩猎为主业，至春秋时期，他们开始从事农业生产，在河谷低地中开辟水田种植水稻。手工业中，巴人善于制盐，运用各种办法从盐泉中提炼制盐，自给之外还大量外销，盐业也成巴国财政一大支柱。此外，巴人善于酿酒，所酿"巴乡清酒"为周时王朝贡品。东晋专门记载西南风物历史的地方志《华阳国志》中曾记载，秦人与巴人结盟："秦犯夷，输黄龙一双。夷犯秦，输清酒一钟。"意为，秦国人侵犯巴人，则输黄龙玉璧一双，而巴人侵犯秦国人，则需赔偿清酒一钟，可见巴酒影响之烈。

巴人勇猛善战，在与猛兽外敌作战中，逐步发展出一种集体武舞，称之"巴渝舞"。表演时舞者身穿盔甲，手执兵器，加之古老的战歌，气势雄壮，慷慨凛冽。后经演化，逐步进入宫廷，成为祭祀和庆典性舞蹈。

白帝城托孤发生在重庆吗

"白帝城托孤"在三国的历史和演义中都是极为重要的一节，刘备兵败身死，临终前将刘禅托付于诸葛亮，并且说："君才十倍曹丕，必能安国，终定大事。若嗣子可辅，辅之；如其不才，君可自取。"一方面透露出对诸葛亮才能的信任，一方面明言刘禅若是不才，诸葛亮完全可以自立称王。后世对刘备这一举动多有议论，有说君臣坦荡的也有说相互猜忌的，事实证明，诸葛亮鞠躬尽瘁未负刘备所托，倒是刘禅的确

白帝庙所塑托孤场景

不才，亡国后依然能乐不思蜀。那么，白帝城现在在哪里呢？它就在重庆奉节县东的白帝山上，原名"子阳城"。

公元25年，西汉末年王莽篡汉自立，其部将公孙述割据四川，自号蜀王。他闻听子阳城内有一口白鹤井，井中白气氤氲状如白龙，直冲云霄，因此自立为帝，号曰"白帝"。之后建都子阳，更名为"白帝城"。两汉交替之际，中原战乱频仍，但公孙述所据白帝城却较为安定。后光武帝刘秀入川，公孙述战死，后人为纪念其抚定白帝之功建庙以祀，称"白帝庙"。东汉末年，三国群雄并立。蜀主刘备率兵讨伐东吴，大败而归，退守白帝城，遗命诸葛亮辅佐幼主刘禅，这就是有名的白帝城托孤。

明朝中期，因公孙述乃是私据一方之僭主，四川相继有巡抚毁损公孙述像，改祀刘备、诸葛亮，从此白帝庙里无白帝。后世在此基础上又增塑关、张等，并敷演雕塑蜀汉之忠勇故事，从此成为白帝名景。

上帝折鞭处的钓鱼城如今在哪里

从中世纪开始，匈奴、契丹和蒙古人多次西征侵伐欧洲，因其强悍的战斗力让欧洲人深感恐惧，认为这些野蛮人是上帝派来惩罚他们的，所以称其首领为上帝之鞭，最有名的当属匈奴王阿提拉、契丹首领耶律

钓鱼城旧址

大石以及成吉思汗。成吉思汗即位后，将目光扫向了广袤的中原大地，于是派遣子孙四处挥鞭，想要一统世界，所到之处，望风披靡。但唯独一处，他们久攻不下，在长达数十年的时间里，死伤无数，其中还包括一位大汗蒙哥。此地的保卫战延缓了南宋灭亡的时间，甚至影响了欧洲战场的格局，它叫钓鱼城，被欧洲人称为上帝折鞭处。

钓鱼城位于合川钓鱼山，因三面临江（南临涪江，北依嘉陵江，东为渠江），山悬壁峭，古言称其为"蜀口形胜之地"。钓鱼山之名源自传说。相传上古时三江泛滥致使民不聊生，有巨人从天而降，端坐山顶以长竿钓鱼来解民饥，其后故名钓鱼山。公元1235年，蒙军首次进攻四川，未破。1240年，重庆知府彭大雅率部拓修重庆，同时派部将在钓鱼山赶筑防御工事。1243年余玠任重庆知府，继续采用围山筑寨的办法对重庆包括钓鱼城进行整修，奠定了后来钓鱼台保卫战的工事基础。在此期间，余玠坐镇钓鱼台，相继取得了1243年4月至7月"四川大小36战"、1246年春抵御"北兵入蜀"等一系列战斗的胜利。

1258年，蒙古大汗蒙哥亲率大军攻打四川，但钓鱼城防守严密，守将王坚率领军民拼死抵抗，蒙军死伤无算，蒙哥中流弹，伤重不治在温泉寺身亡。之后，蒙军各部急速回师抢夺皇权，无心征伐。正在攻打南宋的忽必烈回师与弟弟阿里不哥抢夺皇位，由此南宋得以延续。而忽必烈与阿里不哥长达四年的战争，也让蒙军停止了对欧洲和非洲的战事。可以说，经此一役，钓鱼台间接扭转了欧洲的命运。

1260年，忽必烈继承汗位，继续攻打钓鱼城。守将张钰不断变化策略，不仅死守钓鱼城，还收复了涪州、泸州等沿江城市。

1275年，张钰出任重庆知府，钓鱼城由王立镇守，二城遥相呼应，陆续取得一些军事胜利，抵御了蒙军的进攻。

1278年，张钰部将赵安开城降元，引元军直入重庆，张钰巷战不敌，外逃被俘。重庆遂陷。元军一面猛攻钓鱼城，一面不断劝降。1279年，守将王立取得忽必烈入城不伤一草一木之诺，率部投降，钓鱼城至此方陷。

钓鱼城死守近四十年，不仅打破了蒙古军攻无不克的神话，也延缓了南宋的覆亡，甚至间接改变了欧洲的战局，其守城军民浴血抗敌，誓死不屈的精神更是可歌可泣。因此无论多少赞美都难算过誉。钓鱼城遗址在今重庆合川区钓鱼山上，为国家级旅游风景区，国家重点文物保护单位。城内有钓鱼台、护国寺、悬佛寺、千佛石窟等佛教古迹，更有元明清以及民国的诗赋题刻等，也有蒋介石"艰苦卓绝"的题刻。登临此地，尽可一览当年军民依凭天险抵抗蒙古侵略军的遗迹。

重庆做过几次首都

从夏启建国到溥仪退位，中原大地有着漫长的王朝史，朝代更迭频繁中，那些地理和经济位置相对紧要的城市自然成为国家的中心都城。此外，历朝历代各地农民起义纷起，不少土著和军阀往往划地为王，一些较为偏僻但土地肥沃，经济发达的州城也做过地方性的首都。重庆虽地处西南，但历史由来已久，且山多岭峻易守难攻，所以也做过几次首都。

西周初年，巴国建立，就以江州（今重庆渝中区）为都，这是重庆首次成为一国之都。虽然此时，巴国只是一个奴隶制国家，但重庆成为都城，已可见重庆之紧要。

元朝末年，明玉珍起兵反元，1363年，建立大夏国，以重庆为都。这是重庆二次建都。但大夏很快于1371年被朱元璋派兵剿灭。

明玉珍塑像

1937年，淞沪会战失利后，南京陷落，国民政府发布迁都宣言，于是重庆成为了抗战时期国民政府的临时首都。这是重庆第三次建都，也是第一次成为全国性的首都。

重庆为何成为国民政府的临时首都

南京陷落之后，国民政府随之搬迁，可神州广大，为何单单把卧于西南深处的重庆作为迁都的对象呢？这是出于什么样的考量呢？

1932年1月，日军进逼上海，十九路军奋起抵抗，史称"一·二八"事变。国民政府首都南京有唇齿之急。一时紧迫，政府移驻河南洛阳。其时，备选之处尚有北平、广州、武汉、西安。但当时东北已陷，紧邻的北平自然落选；广州靠海，极易被日军从海岸

重庆国民政府

攻陷；西安地处西北，而此时陇海线尚未修通，交通不便；武汉深居华中，既有铁路纵贯又有长江、汉水相汇，交通便利，但长江之上日本军舰四处游弋，安全难以保证。于是只能迁都洛阳，但仅以此作为行都。此后，建立陪都事宜成国民党政府当务之急。3月初，国民党曾通过决议以西安为陪都，定名为西京；又以洛阳为行都。后国民党参谋次长杨杰撰写《关于国防中心问题的意见书》，其中论述了可选的五处国防中心区：南京、武汉、成都、洛阳、西安。但南京临海，与广州一样存在不虞之祸，而河南自中原大战后才由中央军掌握，若是迁都也不算上佳之选。经此种种，很多人将目光投向了四川成都，虽然此地交通不便且工业基础尚不完备，但外有崇山峻岭，且历史上多有帝王因国难在此避祸，应是国防守备地带。

此时四川为刘文辉和刘湘叔侄掌握，二人内斗不止。而在对待蒋介石的态度上，二人也截然不同。刘文辉反蒋，刘湘则全力支持。1933年，刘湘一举击败刘文辉，蒋介石由此开始着眼西南，认为"大战未起以前，如何掩护准备，使敌不甚加注意，其惟经营西北与四川乎"！

1935年3月，蒋介石由汉口飞抵重庆，是为其首次驻足西川。川路的艰险让他深有体会，由此在重庆明确提出"就四川地位而言，不仅是我们革命的一个重要地方，尤其是我们中华民族立国的根据地"的想法。经过考察论证，重庆两江环绕可为运输之便，且工业基础比较发达，而山地环绕，更可为天险。加上巴蜀盆地物阜民丰，历来称之为天府之

国，自然是中日持久之战的天然根据地。蒋介石甚至认为"即使我们丢失了中国关内十八个省中的十五个省，只要四川、贵州、云南在我们控制下，我们就一定能打败任何敌人，收复全部失土"。

1937年11月16日，蒋介石发表《国府迁渝与抗战前途》的演讲，说明"国民政府迁移重庆，为三年前预定计划之实现"。20日，国民政府向世界各国发表《国民政府移驻重庆宣言》："国民政府兹为适应战况，统筹全局，长期抗战起见，本日移驻重庆。此后将以最广大之规模，从事更持久之战斗。"自此，重庆成为国民政府战时首都。是年12月1日，国民政府正式在重庆办公。1945年抗日战争胜利，国民政府迁都南京。其后又以宪法的名义规定重庆为永久性陪都。

重庆缘何成为两国首都

重庆地处偏远，在历史上罕有王朝将其作为首都，但奇特的是有段时期，它竟然同时是两个国家——中国和韩国的临时首都，这在中外历史上却是绝无仅有的。那究竟是怎么一回事呢？

1937年，淞沪会战失利，日军进逼南京。11月20日，国民政府发布《国民政府移驻重庆宣言》，政府主席林森率主要机构的办事人员入驻重庆，12月1日开始正式办公。自此，重庆正式成为国民政府的临时首都。

1896年，朝鲜在俄国的支持下成立大韩帝国，从此朝鲜改国号为"韩"。1904年，日俄战争爆发，俄国战败，韩国遂成为日本保护国。1910年，日本吞并朝鲜半岛，韩国就此成为日本的殖民地。此后，韩国的爱国人士流亡海外，时时举行各种活动，意图光复韩国。1919年，他们在上海成立大韩民国

重庆大韩民国临时政府遗址

临时政府。1939年5月，韩国流亡政府随国民政府西迁，一度将临时政府设于綦江。不久，1940年9月，又宣布迁至重庆。于是重庆又成了韩国临时政府借地办公的临时首都。当时，临时政府还在重庆嘉陵宾馆举行了韩国光复军的成立典礼，中方包括周恩来在内的百名要人参与了此次活动。

此后，直至1945年日本战败，重庆一直作为中国国民政府的临时首都和韩国临时政府的临时首都并存于世，这充分体现出重庆在政治和地理上的意义。现重庆存有大韩民国临时政府遗址，位于渝中区七星岗莲花池38号。

重庆大轰炸的历史你了解吗

对于一座城市来说，光辉的过往固然重要，但惨痛的记忆却也需要时时铭记。2015年2月25日，日本东京大法院判定重庆188位老人败诉，而这些老人都是七十多年前那场大轰炸的幸存者。官司有输有赢，但记忆却只有铭记或遗忘。尽管抗日战争结束已经七十余年，但重庆大轰炸的惨痛过往却需要永远铭记。

1937年7月，卢沟桥事变爆发，中日全面战争打响。12月，日本攻陷南京，酿成南京大屠杀惨案。之后，国民政府迁都重庆。由此，重庆便成了日本侵略军的战略重点。从1938年2月18日起至1943年8月23日，日军对重庆进行了长达五年半的战略轰炸。其间，出动9000多架次飞机，投弹11500枚以上，共进行218次轰炸，造成10000人以上死亡，超过17600幢房屋被毁，市区多处建筑被夷为平地，个中惨烈难以尽述。

1938年12月，为打击国民政府的抗日决心，震撼临时首都重庆，日军开始实施"由空中入侵对敌军战略中枢加以攻击同时进行空中歼灭战"。次年5月3日，日机45架入侵重庆上空，向地面人口密集处投掷炸弹和燃烧弹，炸毁19条街道，大火由朝天门一直绵延至中央公园。4日，日机再次出击，空袭重庆老城，应繁华区段均被炸为废墟，连英、法、德使馆也未幸免。两次轰炸造成4000人死亡，4700多幢房屋被毁，为世界史上空前，史称"五三五四大轰炸"。

1940年8月19日至20日，日军再次出动飞机360架次，投弹800多枚对重庆进行轰炸，创造了日军对重庆使用飞机数量的最高记录，再次造成空前惨案，仅民居就有2000多户被毁，死伤惨重，史称"八一九"大轰炸。

1941年8月8日至14日，日军再次对重庆工商业设施、学校、民区、机关等地进行全方位空袭。在连续七天七夜的时间里，出动571架飞机，以六小时为间隔对重庆进行了骇绝人寰的大轰炸。包括美国驻华大使馆和蒋介石在黄山的官邸以及国民党大会堂均被炸毁。死伤更是无算。

太平洋战争爆发后，大量日机被调往太平洋战场，自此日本停止了对重庆的大轰炸。数年时间，日军对重庆采取的地毯式轰炸夷平或损毁了大量建筑，更让无数民众失去生命。轰炸中血肉横飞、哀嚎遍野，重庆成为继南京大屠杀后中国第二处人间地狱。

牢记历史不仅是为了放眼未来，更是为了铭记我们根底的泥泞与苦难。那些在战争中被荼毒的生命，那些在炮弹呼啸中嘶哑的哭喊，都注入在每一寸山河中，如今虽然只剩断壁残垣、颓砖废瓦，但漫步其间，它们依然有着喧嚣的回响。重庆大轰炸惨案遗址今在重庆渝中区磁器街，为全国文物保护单位。

大轰炸惨案遗址

重庆大隧道惨案是怎么回事

重庆建城两千多年,有许多光辉的过去,但同样也有不堪回首的往事。因外敌入侵战火连绵,这座城市曾遭受巨大的创痛,这其中就有中外震惊的"大隧道惨案"。

抗日战争时期,日军为打压国民政府的抗日决心,持续五年半的时间对重庆进行了惨无人道的大轰炸,轰炸密度之高,死伤人数之重为世所罕见。为了躲避日军轰炸,不少人众躲进防空洞中,但遗憾的是,在1941年6

大隧道惨案雕塑

月5日,较场口十八梯大隧道中,躲避日军轰炸的不少民众被活活闷死,史称"六五大隧道惨案"。因死伤众多且政府处理草率,死亡人数至今说法不一,那么它是怎么发生的呢?

1941年6月5日晚9点,日军飞机突袭重庆,一时炮弹呼啸,哀嚎遍野。市民疏散不及,一时纷纷涌入防空洞避难。较场口十八梯大隧道中顿时人满为患。在日军长达5个小时的连番轰炸后,空袭警报解除,而此时大隧道中已经寂然无声。国民政府出动军队组织善后事宜,现场尸体遍布,死者个个面容扭曲,均为窒息死亡。据官方统计,此次惨案共造成约992人死亡,但这个说法也是在舆论压力下几经调查和修正后的结果。而现场救援机构重庆卫戍总司令部的内部报告中称为1115人。此外,据现场的幸存人员口述,死亡人数则有近万人。不管何种说法,死者已矣,那么,为何一次防空避难会造成如此惨案呢?

第一,隧道人员超量。据测算,十八梯大隧道常规容量为4000余人,而超规满员为6555人,当时隧道人员具体人数多少,目前未有详实记录,但若死亡人数近万,那么大隧道容量超常。这自然导致缺氧,加之人潮拥挤自无进退喘息的可能。

第二，设计缺陷。大隧道设计人员非专业地下空间工程人员，大隧道设计空气呼吸量以两小时为限度，远远不能满足实际需要。自日军大轰炸计划开始，每日长时间轰炸已是常规，仅1941年超过3小时的轰炸就有32次，而六月五日轰炸更是长达五个半小时，这是大隧道惨案发生的另外一个原因。而隧道狭长却无通风井工程，空气无法对流。更糟糕的是，洞内没有排水沟，导致积水无处排放，六月时值夏季，重庆天气湿热，潮气上涌，气闷难当。

此外，国民政府贪污腐败、管理混乱以及当时警报失误也是此次惨案发生的原因。可以说，国难时节，万般皆由，各种因素一时汇聚导致了此次惨案。惨案发生后，强大的舆论压力迫使蒋介石政府对相关责任人进行了一系列的处置，但这些对于那些逝去的生命实在太轻太轻了。更令人遗憾的是，如今的日本政府多次罔顾事实，不仅否认南京大屠杀，也否认包括重庆大隧道惨案等惨绝人寰的事件，一次次伤害中国人民的感情。也许只有铭记当年的那些死难者，才是对他们最好的怀念。

你知道重庆解放碑吗

每到北京，人们都会去瞻仰人民英雄纪念碑，它是1840年鸦片战争开始，为中华民族解放事业做出不懈奋斗的历代民族英雄和革命烈士的不朽丰碑。但是，中国还有一座纪念碑，它是全国唯一一座纪念中华民族抗日战争胜利的国家纪念碑。这就是重庆解放碑。它位于重庆渝中区，在民权路、民族路和邹容路交会处。

1937年，抗日战争全面爆发。之后，国民政府迁都重庆，为鼓励全民抗日，国民政府决议在重庆修建一座精神堡垒，以凝聚民魂，鼓舞抗战。精神堡垒于1940年3月12日兴建，次年12月31日落成，位于重庆渝中区，呈四方形，为炮楼式木结构，总高7丈7尺，象征着"七·七"抗战。不久，为了防止日军轰炸，人们在精神堡垒上涂抹黑色。此后，重庆城大型集会或纪念活动都在此堡垒下举行，蒋介石亦在此处检阅军队和民众游行。可惜，堡垒为木质结构，风吹雨淋之下迅速腐朽，加之日军连续轰炸,不到两年,堡垒坍塌。

1945年,抗日战争胜利。为纪念这一伟大的业绩,国民政府和重庆当局决定在原精神堡垒旧址上建立抗日战争胜利纪功碑,1946年10月31日奠基,1947年8月竣工。抗日纪功碑为钢筋混凝土结构,高27.5米,外观为八面形塔楼。

1949年11月30日,重庆解放,西南大区委员会入驻重庆,将抗日战争胜利纪功碑加以改建,成为重庆人民解放纪念碑。纪念碑落成之后,由刘伯承元帅亲自题词,遂成为今天的解放碑。同时,解放碑沿边成为重庆商业中心,1997年,随着重庆成为直辖市,解放碑一带已经成为重庆的中央商务区。周围大厦酒店林立,将解放碑拥入其中,周围人潮涌动,现代商业气息浓厚。但即便如此,其作为英雄城市的精神堡垒,历史意义和价值永远不会被磨灭。

"巴山夜雨涨秋池"说的是重庆吗

"君问归期未有期,巴山夜雨涨秋池",这是晚唐诗人李商隐的名句,因为口耳相传,很多人以为巴山就是如今的大巴山地区。但在明末学者曹学佺的《蜀中名胜记》中,则认为缙云山"《方舆览胜》即谓之

巴山云雨

巴山矣。"还有人通过李商隐生平考证，认为巴山即如今的大巴山地区。但无论巴山今指何处，此地夜雨稠繁却是不争的事实。就整个重庆而言，夜间的降水量也高于全国其他城市，那么，为什么重庆夜雨频繁呢？

第一，重庆地处盆地，空气潮湿因此多云。白天因为云层遮挡，地面辐射较少所以气温不易升高，由此空气对流较差，故白天少雨。夜晚，云层接受地面热量，云下温度较高。但云面上层因为辐射散热，温度较低。上冷下暖云层导致空气对流强烈，由此降雨。

第二，盆地中空气散热能力较弱，白天气温升高，空气温暖潮湿。而重庆多山，夜晚四周山地气温下降，冷重的空气沿着山坡下降迫使盆地空气抬升，隔绝地面热源后冷却成雨。

重庆为何以山茶花为市花

每个城市都有自己的历史因缘，因此也就有自己独特的个性和气质。为此，很多城市都要选择一种花来作为自己精神气质的象征物，因而称之为"市花"。重庆古为巴人居地，巴人勇猛豪放，那么，以什么为市花呢？那就是山茶花。

山茶花

山茶花属山茶科，属常绿小乔木，花期长且有易栽抗污的特点，主要分布于中国和日本，而在巴蜀地区已经有2000多年的栽培史。重庆巴南区有株山茶树，距今已400多年。

山茶花之所以被重庆选为市花，一方面因为此花在重庆生长已久，且广为种植；另一方面，山茶花寓含重庆人侠骨柔肠、热情奔放的精神气质，代表着重庆人勇敢拼搏的精神。因此被选为市花。

重庆的老城门

重庆城门是按照八卦建立的吗

　　风水地理之学历来为古人看重，大到筑城建宫，小到盖屋修坟都要请风水先生一测。虽然重庆已是一座现代化的国际大都市，但在久远的古代，那一个个青砖灰瓦中也流淌着风水地理的因子。大凡城池，皆有东、西、南、北四座城门，但唯独重庆却有十七座。据说，这暗合九宫八卦之象，这是怎么回事呢？

　　沿着嘉陵江和长江滚滚而下，重庆足抵江水背依群山而建。明代洪武年间，公元1371年，重庆卫指挥使戴鼎重修重庆城。为保城池固若金汤，雅信风水之说的他命人按五行测定方位，并以九宫八卦之象修筑了十七道城门。其中八道城门专门供水夫出入挑运江水，故称"水门"。但不知何故，城内火灾频繁，戴鼎认为此为水门洞开不能克制火星之象，于是又封闭了这八道水门，故成如今的九开八闭。乾隆年间《巴县志》有载："明洪武初，指挥戴鼎因旧址砌石城，高十丈。周二千六百六十丈七尺，环江为池，门十七，九开八闭，象九宫八卦。朝天门、东水门、太平门、储奇门、金紫门、南纪门、通远门、临江门、千厮门为九开门。翠微门、金汤门、人和门、凤凰门、太安门、定远门、洪崖门、西水门为八闭门。"以此说来，重庆城门即按九宫八卦之数而开。从名字来看，这位指挥使大人更是对城门的防卫功能，有着无穷的自信并赋予了它们一定的文化内涵，可惜，这些城门在历史的变迁中不断颓败，以致今日，大多烟消云散，还有些许断壁残垣也难以印证当年九开八闭、人潮涌动的辉煌。

不得不说的重庆城歌谣

自张仪灭巴建城巴郡，重庆就有了建城的历史。此后，经历代长官或扩或修才有了今日重庆城的基础。有城则必有城门，古时城池多为防御而建，因此城门修筑也多修整得气象磊落。明朝初年，明朝卫指挥使戴鼎重修重庆，首开十七道城门，九开八闭，作九宫八卦之象，取固若金汤之意。而且，在城门的取名上也多有金汤、太安、通远、太平之类，以寓平安坚固。但随着社会的发展，城门早已抽离了原有的意义，或因地理或因历史，它们逐渐发展出了自己的特色，于是有民间歌者加工传唱，遂成今日的重庆城门歌谣：

朝天门，大码头，迎官接圣（开）。翠微门，挂彩缎，五色鲜明（闭）。

千厮门，花包子，白雪如银（开）。洪崖门，广船开，杀鸡敬神（闭）。

临江门，粪码头，肥田有本（开）。太安门，太平仓，积谷利民（闭）。

通远门，锣鼓响，看埋死人（开）。金汤门，木棺材，大小齐整（闭）。

南纪门，菜篮子，涌出涌进（开）。凤凰门，川道拐，牛羊成群（闭）。

储奇门，药材帮，医治百病（开）。金紫门，恰对着，镇台衙门（开）。

太平门，老鼓楼，时辰报准（开）。仁和门，火炮响，总爷出巡（闭）。

定远门，较场坝，舞刀弄棍（闭）。福兴门，溜跑马，快如腾云（闭）。

东水门，有一个四方古井，正对着，真武山，鲤鱼跳龙门（开）。

这是重庆十七座城门的完整表述，在这首歌中，详述了重庆城十七座城门用途，可以说得上是重庆地理生活指南。比如，朝天门即为大码头，专用于迎官接圣，而通远门外则是乱葬岗等。再比如千厮门，名字源自《诗经·小雅·甫田》："乃求千斯仓，乃求万斯箱，黍稷稻粱，农夫之庆。报以介福，万寿无疆。"再者嘉陵江一带粮棉、盐皆由此门装卸，粮棉仓库众多，取此名一可符实，二祈谷棉满仓。"花包子，白雪如银"说的就是棉包、盐满仓满库。其余各门，皆有其来历和用途，从歌谣中均可一观。1927年，潘文华任重庆市长，为扩修原来老城，原有的城门大都被拆除，关于老城的印象也只能从这些歌谣和传说中去寻找了。

重庆旧城门的终结者是谁

自秦相张仪建立巴郡开始，重庆建城已经有两千余年的历史，后经三国李严、南宋彭大雅、明戴鼎等多位重庆长官整修，才奠定了今日重庆城的基础。尤其是明初的戴鼎，他首开重庆十七座城门，规制宏伟，功能多样。但随着时代的演进，这些城门却日渐成为阻碍重庆城发展的壁垒，民国初年，重庆首次建市，首任市长潘文华成为了旧城的终结者和新城的开拓者。

潘文华为四川仁寿人，14岁从军，因其身手敏捷，跳跃翻腾皆如轻鹞，所以人称"潘鹞子"。他虽出身行伍但气质儒雅，因此被"四川王"刘湘任命为重庆巾长。从1927年8月开始，他对重庆城进行了大刀阔斧的改造。首先就是冒天下之大不韪，对通

潘文华

远门外的乱葬岗进行整顿。通告民众一律迁坟，对不积极者采取武力震慑、文化宣告以及经济补偿等各种形式加以动员，整个迁坟运动历时六年半，共迁435894座坟。迁坟工程竣工后开辟了新市区，由此城区面积扩大一倍以上。之后，他又接着对朝天门、千厮门、太平门、金紫门、储奇门等逐一进行了改建或扩建。潘文华在任重庆期间，对重庆的大规模整修，当时虽议论纷纷，但却是利国利民的大好事，可以说，潘文华是现代重庆的奠基者。

你知道朝天门的辉煌历史吗

谈及重庆城门，人们的第一印象便是朝天门。2016年，朝天门被评为重庆十大文化符号之一，可见无论内外，对于这座久已不存的城门都有着极其深刻的印象。其实，这一切和朝天门的地理位置以及历史有着

朝天门码头

莫大的关系。

沿着长江和嘉陵江溯流而上，在两江交汇之处，便可见一码头高居江滩，它背依雄山，三面环水，气势极为阔大，这就是重庆的朝天门码头了。远在宋代以前的中央王朝大多建都在洛阳、长安，若要朝廷使节入蜀，需经蜀道。但蜀道之难，难于上青天，因此多有使者宁可舍近求远，选择从水路先入重庆，而一旦抵至便经朝天门码头入蜀传达圣意。朝天者，朝向天子之谓也。至南宋，蒙古入侵中原。作为王朝重要的防御体系，重庆备受重视，常有旨意下达。为此，知府彭大雅重修重庆城时专修朝天门，以迎接天官圣旨，并在门内修建接圣街、圣旨街。同时，严禁民商船只停靠朝天门。

明初戴鼎重筑之时，接续朝天之意，而且朝向也是面对当时首都应天府（今南京），因此更是名副其实。而又因朝天门意义重大，所以戴鼎将此门列为众门之首，其规制也最为壮观。城外专置瓮城，城楼之上有"古渝雄关"的题匾，其雄姿风采一时无量。

物换星移，随着大统一王朝重心向北，南方经济的发达，身处西南的重庆不再受中央的重视，朝天门又成民间往来的水驿码头。因位置四通八达，此地还一度成为"川省第一水码头"。但清末随着邮政的兴起，朝天门水码头随之衰落被废。

1927年，重庆市长潘文华拆除朝天门，将此地开辟成为新的码头。从此，朝天门无门可言。1937年，国民政府迁都重庆即是从朝天门码头上岸。1949年，重庆大火，朝天门被焚，昔日辉煌的城门只剩城基石梯而已。虽然城门已随云烟散尽，但此地依然是重庆重要的水陆码头，仍然是重庆人心中的地标。

南纪门和《诗经》有什么关系

重庆十七座城门，各有专属之用途，如朝天门为迎官接圣之地，而储奇门为药材买卖市场，南纪门则是蔬菜市场，歌谣有"南纪门，菜篮子，涌出涌进"。如今的南纪门只存厚池街、十八梯等地，一眼望过去，猩红的"拆"字格外瞩目，而古旧的墙皮底下则是各色各样的蔬菜瓜果摊，熙熙攘攘的人们提溜着菜篮子在白菜、萝卜、西红柿诸色菜蔬之间游走，人世的热闹与平凡触目可见。虽然如此凡俗，但"南纪"二字却源自风雅的《诗经》。

南纪门遗址

《诗经·小雅·四月》表达了一位逐臣被贬后的怨愤，为后世文人骚客迁谪之怨的滥觞，其中有"滔滔江汉，南国之纪"之句。"纪"，朱熹《诗集传》解释为"纲纪也，谓经带包络之也"。也就是说，江汉之水为南国诸水的总汇。戴鼎虽为武夫，但在城门命名上却也费了一番工夫，"南纪"二字，被戴鼎拿来点出此门在地理上的意义。南纪门在原重庆古城的西南角，隔江而望即是南山，因此城门上写有"南屏拥翠"四个大字。市民若想乘船过江或出城游览，此门为必经之道。因此，纪者，水陆交通总汇是名副其实的表述。而至于南纪门为何有菜篮子之称，源自城门外的一片沙洲。江水冲击之下，南纪门外的沙洲广袤而肥沃，因此多有农人迁居于此种植蔬菜，于是，沙洲人称"菜园坝"。菜园坝紧邻南纪门，农人所种蔬菜全由此门进入，所以才有"南纪门，菜篮子，涌出涌进"的说法。

金紫门是渝城金库吗

"金紫门，恰对着，镇台衙门"，金紫门位于重庆城正南，向南而开，面临大江。这座门有几处奇特的地方：一是位于储奇门和凤凰门之间，按理说应是一道闭门，可它却又是开门；其二，这里流传有金牛过江之说,并盛传此门上有金子,所以有"金子门"的称呼;三是,这座门不似其他城门,竟然没有土地庙,这些都是为什么呢?

首先,金紫门按歌谣所说,正对着镇台衙门,是重庆城的政治中心。清代康熙八年建有重庆镇总兵署,民国初继承此地继续为重庆镇守使署。国共第一次内战时,蒋介石设立中央军事委员会委员长四川行营,亦在此地。抗战时,这里更是风云际会,政府要人和各界名流均在此出入,1945年9月,蒋介石便是在此举行抗战胜利茶话会,毛泽东、周恩来都曾参加。如此地方自然需要交通运输之便,因此修建开门当属正常。而在府衙附近设立金库自然方便运输保卫,所以又称"金子门"。不过,还有一说认为金紫门,乃是戴鼎取金印紫绶之典,喻指高官显爵、无比尊贵之意。

既然此地为金库所在地,所以民间金牛过江之说便因此流传开来。

所谓金牛过江,据说是一个船夫凌晨行船,拉着一个中年客人和一头牛过江。不想,途中牛却不安分,拉下牛粪来。船夫也没有嫌弃,等过了江收拾船只准备返回,这才想起渡船者没有给钱,正在懊恼,回头

国民军事委员会礼堂遗址

一看，船中的牛粪竟然变成了金子。船夫又惊又喜，这才知道是金牛过江了。从此，金紫门上有金子便疯传各处。

而金紫门没有土地庙一说，还得从金库说起。据说当年金紫门外有一户姓王的人家，老两口和儿子王三共同经营着一家茶水店，因为临靠城门，生意还算兴隆。可是，突然有一天，老太太突然生病，王三寻医问药就是不见好转，最后还是去世了。接着王老汉也生了病。这时家里已经没有余钱来为老汉治病了，王三着急得团团转，正好隔壁当铺瞄上了这家茶水店，于是亲自上门撺掇王三将茶水店抵押给他，约定到时不能还钱，便将店铺卖掉。王三拿着钱四处找大夫给父亲看病，可就是不见好转，最后还是去世了。半年之内，王三父母双亡，还将店铺抵押了出去。他眼看还钱的日子已到，自己却无能为力，只能眼睁睁看着老店盘给别人，顿时伤心欲绝，呜呜地哭起来。正在这时，突然有个瘸腿老汉上门，自称姓铁，说是王老汉的朋友，前来讨一杯茶喝。王三急忙起身招待。铁老汉见他脸上有泪痕，便问他有何难处。王三如实说了。铁老汉哈哈大笑，喝完茶水便领着王三乘着夜色一直往前走，也不知走了多长时间，铁老汉指着前面石壁上一个门洞让王三前去掏摸。王三将手伸入洞中一摸，然后拿出来一看竟然是块金子。再一回头，铁老汉已经不见了踪影。王三高高兴兴地拿着金块到钱庄兑换了银子，然后找当铺老板将房契赎出来。当铺老板打了多年的算盘一下落空，心里很不高兴。不过这个人迷信，凡事都要找菩萨祷祝。于是，他便到土地庙里找土地菩萨，焚香纳福然后磕头如捣蒜，祈求菩萨明示。土地菩萨心有不忍，于是当晚托梦教他如此这般。第二天，当铺老板便按梦中指示找到了钱庄，钱庄老板告诉了他王三兑换金子的事。然后当铺老板又去找王三，王三是个实诚人，便将实话告诉了他。当铺老板很高兴，当晚就出门找那个有金子的石洞，可是找来找去就是没找着，还冻得半死才进城。可他又不死心，每天都出城去摸，摸来摸去这事情让知府知道了，于是知府便把王三抓来，让他带路去摸金子，却再也找不到那个地方。而且一来二去，闹得满城风雨，人人皆知。这下有人不高兴了，这人是谁呢？就是铁老汉，他其实是铁拐李，看见王三孝顺，有意帮他一把，没想到闹得全城百姓都跟瞎子一样在城墙上摸来摸去。算起来,坏就坏在土地菩萨身上,于是铁拐李便想收拾一下他。没多久,金紫门附近的人都闹肚子疼,可是吃遍了药也不见好转。有一天,突然来了个瘸腿老汉,告诉生病的人,说拿一个铜钱在土地菩萨脑壳上刮下灰来,放在清水碗里喝下去,立刻药到病除。有人听了就大胆一试,没想到,喝下去肚子立刻不疼了。一下,这里的百姓纷纷拿着铜钱来刮土地菩萨的脑壳灰,最后,土地公公竟然给刮没了,从此金紫门就没有土地庙了。

你知道发生在通远门的腥风血雨吗

重庆城门十七道,多临水而立,唯有金汤、定远、通远三道门依山而建。而金汤、定远皆为闭门,虽楼阁高耸却从未开启,因此,通远门是全市唯一一道只通陆路的关隘。大道长街,遥通远近,说明了通远门为四通八达之关口。可在重庆城门的歌谣中却说"通远门,锣鼓响,看

通远门遗址

埋死人"。这委实有点苍凉和悲怆。这源于通远门外的两次腥风血雨。

通远门是古重庆城唯一的陆路关卡，旧时出此门便可通佛图关取道川南、川西，乃至省城成都。因此，若要从陆路攻入城内，必定在通远门下有一场恶战。

公元1276年，元世祖忽必烈亲率大军直入四川，想要一举攻下18年前蒙古大汗蒙哥久战不克的钓鱼城和重庆城。时任南宋四川制置副使的张钰率兵殊死抵抗，两军在通远门下大战，一时血流成河。

公元1643年，张献忠称大西王，当年十二月他率军由湖南经湖北直攻四川，其军悍勇，次年经佛图关包围重庆。因守军苦战，城高难攻，大西军遂在通远门下掘土埋雷，炸毁了通远门一角城墙，重庆城陷。张献忠入城后，纵容士兵大肆杀掠，以致城内十室九空。而后尸骸又被抛于通远门外七星岗，由此，七星岗成为重庆城乱葬岗、大坟场，新鬼烦冤旧鬼哭，凄森可怖。一直到民国初年，此地依然绝少人烟。后重庆首任市长潘文华主持开辟新城区，才将七星岗中一应乱坟彻底清理，又在七星岗上建菩提金刚塔超度亡魂，这才让通远门外有了些许人气。

重庆的街桥地名

  有人的地方就有传奇。多少年来那些约定俗成的街桥地名，其背后多隐藏着帝王将相、贩夫走卒的悲欢离合。杨柳街、金鸭巷、化龙桥，这些古街旧桥虽然早已湮没在历史的断砖烂瓦中，隐匿在现代的高楼丛林中，但是，当年的传奇还依然在人们口中不断流传。金鸭巷的金鸭在哪里？化龙桥又和建文帝有何关系？奈何桥又要怎样过？这些都值得我们去探索、追寻。

  重庆山重水绕，在迷蒙的雾霭笼罩下，这里很多地方颇多传奇之色，陶渊明笔下的桃花源似乎就在这里，古人藏书的酉阳洞也有遗迹留存，神奇幽密的天坑地缝，更是探险者至今无法一窥其奥的造化杰作。那么，我们就来看看这些地名究竟有何传奇之处吧。

重庆的街桥

杨柳街和张献忠有什么关系

以"杨柳"名街,其实多地都有,比如遵义,比如重庆。重庆的杨柳街今已不在,大致位置一说在如今中华路一带,一说是在较场口至八一路好吃街一带。古街已逝,其繁华或淡漠如今均不可考,只有从那些古旧的青砖灰瓦中或可寻觅到它们的蛛丝马迹了。据说此街居民大都为重庆土著,而四川包括重庆大部分居民皆由湖广等地西迁而来,在此背景下杨柳街就显得尤为瞩目。杨柳街为何土著居民多,因何得名杨柳,根据重庆故老相传,这和明末川西王张献忠有着莫大的关联。在重庆人的龙门阵中,至少有两个版本。

第一个版本是说在明朝末年杨柳街一带住着一对杨姓夫妇,老来得子名为孝先。孝先成年后侍奉双亲极尽孝顺,一家人虽生计艰难却也和和美美。后来,张献忠入川,因其好杀之名闹得人心惶惶。杨家左邻右舍纷纷外逃,孝先父母年迈难以远足,而他又不想一人独活,因此只有困守家中,坐以待毙。上

张献忠像

天感其孝行，于是派土地神入梦，嘱咐孝先用杨柳插门，即可活命。同时又派观音托梦张献忠，指责他杀戮颇重，将遭天谴。入城之后，凡门前插有杨柳者，一律赦免。孝先梦醒后将此消息多方传告，而张献忠也因梦而内心颇为惶惶。第二日，张献忠杀入渝城，杨柳街一带果然杨柳依依，于是下令豁免此街。由此，全街百姓均得幸存，成为后世大量移民入川后的唯一土著。而此街，便被称为"杨柳街"。

第二个版本中是说张献忠入川后好杀之名传遍渝城，因此百姓四处逃散。一日，在流民队伍中，张献忠忽然发现一个妇人背着一个大孩子，牵着一个小孩子逃难。张献忠大怒，觉得妇人心有偏私，于是上前盘问。妇人不慌不忙地告诉他：背上背的是哥哥嫂嫂的，所以万万丢不得，手里牵的是自己的，牵着就可以了。

张献忠一时感动，告诉妇人可不必逃难，回家后用杨柳插门，可免大军屠戮。之后，张献忠进入重庆后传令大军，凡门前插有杨柳者，不可动一兵一刃。而妇人呢，早将消息传遍左邻右舍，因此她所居之街均得幸免。此街于是得名杨柳街。

两个版本的内核其实都是杨柳街百姓的德行感动了张献忠，因此全街得以豁免。张献忠有好杀之名，在明末文献记载中是血迹斑斑的屠夫流贼，至今民间还有他的七杀碑遗存。从杨柳街传说来看，似都可印证。不过，传说毕竟是传说，杨柳街一带是否为重庆土著居民，因何得名其实都已不可考。而这些故事，不过是民间对当年那些灾痛的一个善良安慰。

冯时行路有什么来历

重庆主城到北碚有高速通道，下了高速通道不远就有一个叫状元碑的地方，这里是北碚区的行政中心。2005年，此地政府将一条路命名为冯时行路。这位冯时行人称巴渝第一状元，可清代的纪晓岚又说他不是状元。那冯时行是什么人呢？为何要纪念他呢？他是不是状元呢？

冯时行（公元1100—1163年），号缙云。其籍贯有巴县、乐碛、璧山之说，但少年时就读于巴县缙云寺。他博学能文，科考后步步高升，曾官至左朝奉议郎，相当于如今国务院顾问，而且在地方管理中颇有建树。但他个性耿直，反对当权的秦桧，因此罢官闲居达十七年之久。十七年他退居缙云山，自号缙云先生，以设馆教书为业，广受当地士人的尊崇。秦桧死后，他被再次起用，历任蓬州、黎州，最后病逝于雅安任上。为官期间，他能体察民情，劝课农桑，深得百姓爱戴，有"冯青天"之称。死后，雅安民众曾斥钱七十万为其建立祠庙以示纪念。

冯时行被誉为"巴渝第一状元"，但清代纪晓岚认为其不过是北宋进士，排92位，因才华出众，皇帝赞其有"状元之才"。而据历史学者考证，在《宋状元录》并没有冯时行的名字。不过隋唐科举取士以来，状元就成为士人才具的标尺。举凡高中状元者，官府表彰，民间膜拜，风光一时无两。后来，人们把那些才华横溢之士也称之为状元。因此，冯时行究竟有没有中过状元其实无关紧要，人民和历史记住的是他的为民请命，他的两袖清风。冯时行路，当比全国到处都有的"状元路"更具有纪念意义。

冯时行塑像

天官府是谁的府邸

在重庆通远门外不远处，有一条街，名叫天官府。街名为府，自然是很早之前这里有府邸存在了。如果沿着街道往下走，会发现路边有个铭牌，上面写着"郭沫若故居和国民政府军事委员会政治部三厅旧址"，那么这里便是著名诗人郭沫若的旧居了。其实，这都只能算是后话了，天官府之建，乃是明代前期的事情，距今已经有数百年的历史了。那么天官府的主人是谁呢？他就是明代六朝重臣、巴县人蹇义。

蹇义，本名蹇瑢，世居巴县陵江河（即嘉陵江）畔龙潭大山凤居沱

（今重庆市渝北区大竹林附近），洪武十八年（1385年）他进京赶考，中第三甲进士，被授中书舍人一职，此后历仕明太祖、建文帝、明成祖、明仁宗、明宣宗、明英宗六朝，官至吏部尚书。古代称吏部为天官，所以，蹇义所居之地自然称之为天官府了。

蹇义画像

蹇义一生为官谨慎诚实，所以虽经六朝而皇恩不辍。他就任中书舍人，掌书写诰敕、制诏等，经常周旋于太祖朱元璋御前。一次，朱元璋问他秦穆公时有名的政治家、军事家蹇叔是否为其先祖，蹇义以实言相禀不是。朱元璋很高兴，认为他诚实可靠，于是赐名为"义"，并亲笔题下"义"字送给他。因蹇义谨慎忠实，朱元璋对其偏爱尤加，特命蹇义中书舍人任满后不得升迁，继续留任，足见对他的倚重。

朱元璋死后，建文帝即位。因其重用齐泰、黄子澄等人，所以蹇义无甚建树。后来朱棣发动靖难之役，撵走了建文帝，蹇义主动归附，被任命为左侍郎，后又擢升为吏部尚书，不久又兼任太子詹事。当时太子朱高炽体胖仁厚不似成祖英武，所以父子二人多有龃龉，蹇义负责传递谕旨总能符合双方心意，父子一时相处也颇为和睦，因此蹇义颇受皇帝和太子的爱重。

明仁宗即位后，因其辅佐之功，先加其为少保，后又进少师，赐予敕书和"蹇忠贞"印一枚以示褒扬，一时恩宠无量。明宣宗即位后，对其也颇为信任。宣宗要为仁宗大修陵园，但仁宗此前遗命不得浪费，一时很是犹豫，就询问蹇义。蹇义回复说帝王陵园从简乃是利国利民之事，且遵遗诏乃是大孝。仁宗听后便下旨缩小皇陵规模，一切从简。后来，宣宗见蹇义等臣年老体弱，不忍劳动，于是诏命他们只负责入朝负责咨议，不再负责具体实事，但俸禄职位仍是沿袭旧例。明宣宗宣德七年（1432年），皇帝下诏在北京文明门（即今崇文门前身）外赐丞相府于蹇义，同时在重庆通远门外亦赐府邸，于是这里便叫做天官府了。据说府邸规模极为宏大，所用砖瓦亦是皇帝谕旨在巴县特设砖瓦厂烧制。中堂上还挂有宣宗御笔对联："祈天永命天官府，与国休戚国老家"。宣宗去世，蹇义斋戒以悼，不久生病去世，享年七十有三。英宗下旨特进其为光禄大夫、太师，谥忠定，并赐葬巴县，其坟墓即今重庆北部新区高新园大竹林镇五云村天官墓。

时移世易，蹇义去世后，其后人代代式微，家族中少有出其右者，于是曾经显赫一时的天官府也不断破损。明末清初时，更有部分建筑被兵火焚毁。此后，不知何年何月，这座府邸彻底倒塌，从此只剩下一条街还叫天官府。抗战时，郭沫若曾领导国民政府军委会政治部第三厅在此办公。改革开放后，为纪念郭沫若同志，重庆市政府便将天官府4（后改为8）号院列为市级文物保护单位。

蹇义一生谨慎，为人质朴正直，当时朝廷上下多有好评。其一生历经六朝，颇受皇家恩宠，因此，他的事迹和传说一直在重庆口耳相传。

金鸭巷缘何得名

重庆陕西路有个金鸭巷，很多时候，人们顾名思义，难道这里真存在下金蛋的鸭子？其实不然，只是源自传说而已。

据传金鸭巷原本并无此名，原名已不可考，生活在这里的人各守本分，安详度日。不过，有一天的傍晚，巷子突然传来"嘎嘎"的鸭子叫唤，声音粗哑，隐约游走在巷内。听到的人都觉得鸭子的主人是不是犯迷糊了，这么晚了，自家的鸭子少了都不知道，嘎嘎叫着怪吵人的。可细心的人却心中开始嘀咕，寻摸来寻摸去，这巷子里没有一户人家养鸭子，哪来的鸭子叫呢？于是就有人出去找，可转来转去，东家墙角西家牛棚翻了一个遍，只听见鸭子就在左右叫唤，就是不知道鸭子

陕西路街景

在哪里。后来，时间一长，人们也听习惯了，便再没有管顾。

巷子里有一个小伙子姓黄，为人敦厚，就是家里穷了点，上边还供养着父母，所以一直没能成家。有一天，老两口竟然前脚接后脚去世了，黄小伙很是悲伤。想想父母辛苦一世，也没享受过好日子，到了阴间可不能再受苦了，于是便想把丧事办得隆重点，可这得需要钱啊。黄小伙想，反正现在一人吃饱，全家不饿，不如把家里的两片房卖了，换点钱好好发丧一下。打定了主意，就把铺盖卷等一应家什全都搬出来，然后找了个中间人，看着够发丧的就把房子卖了。丧事花了钱，自然办得隆重。办完了，黄小伙去哪里呢？他想起巷子口有一个破土地庙，庙是早年间修的，内只一个土龛，供奉着土地公公和土地奶奶，但是边上一块地倒是敞亮，正好打地铺。于是，他便卷起家什在那里搭了一个地铺，早起晚睡。有一天晚上，天气溽热，黄小伙翻来覆去睡不着。就在隐约有了睡意的时候，突然听见一男一女在说话。

女的说，天这么热，怎么这小伙子睡在这里，好可怜啊，偏偏又这么厚道和孝顺，我们帮帮他吧。

男的说，我们自己香火都不旺，还怎么帮啊。

女的说，对了，让那只鸭子来，它每天晚上到我们灵位底下下蛋，下一个就价值千金，给了这小伙子吧。

男的说，好是好，就是只能托梦给他让他自己取，让鸭子知道了可就不好办了。

黄小伙听完之后立刻明白了，这男的是土地公，女的是土地奶奶，看着自己这么潦倒，是要帮助自己了，就是不知道真假。正在迷糊，就听见嘎嘎的叫声传进来。他立刻眯上眼睛，躺在地铺上。从眼睛缝里看过去，就看见一只黄毛大鸭子摇摇摆摆走进来，然后走到土地公的座地下卧下来，稍一会，又起身，然后晃着身子嘎嘎叫着走了。

黄小伙等了一会，立刻起身到鸭子蹲下的地方，一掏，果然摸着了一个沉甸甸的蛋，想起土地奶奶价值万金的话，便装在了口袋里。早晨起来，放到阳光底下一看，果然金灿灿的。他也不敢给别人说，悄悄隔了几条街将这个金蛋到金铺里换得钱，不止买了房还有余钱帮助街坊邻居，因此过起了小富即安的生活。不过，这世界上没有不透风的墙，归根结蒂土地庙中藏有金鸭蛋的事情传了出去。这一来二去竟然被一个洋人知道了。那时节，洋人在官府眼中比天还大。红毛绿眼的洋人纠集了一帮子差役封锁了土地庙，不让周围的百姓靠近。洋人亲自上阵，就在土地庙的座位底下开始翻找，忽然就看见了一双鸭掌，大喜之下，他急忙用手去扯，可哪里扯得动，再一使劲，哄的一声，土地庙竟然塌了。洋人金鸭蛋没找见，一双胳膊反而给压断了，灰头土脸地走了。

从此以后，这个巷子里再也没听见过鸭子嘎嘎的叫声，黄小伙出钱重修了土地庙，也再没见那只鸭子出现。这个故事流传来流传去，于是，这个巷子便被人称为金鸭巷了。

白象街为什么那么兴盛

重庆渝中区，解放碑商业圈一带，一条街道中央立着一尊汉白玉石象，这里就是有名的白象街了。它曾是重庆最繁华和兴盛的地方，据说一切源于那尊石象，这是怎么回事呢？

佛教中向来有"青狮献瑞，白象呈祥"的说法。而在长江对岸，重庆南岸区南滨路一带有一座狮子山，山中有一座慈云寺，寺门左前卧有一对石狮，与白象街隔江相望。据说明清时，重庆经济繁荣文化发达，为锁住财气，重庆人在两岸立了青狮白象，寓意"青狮白象锁大江"。时光流转，青狮犹在，白象寺内的白象早在清朝乾隆时就了无踪影，如今的白象为今人为附会此传说所立。实际上，白象街的繁荣与其地理位置相关。

白象街位于望龙门和太平门之间，背城临江而建。街道外的太平门在南宋以前

白象街白象雕塑

即是重庆四大城门之一，为当时官民所重，因此多有船舶往来云集。作为货物集散的水运码头，少不了往来客商在埠头搭建客栈货房，由此兴盛绵延至相邻的白象街，这可以说是白象街兴起的地理因素。南宋时，四川安抚制置使兼重庆知府余玠在白象街设招贤馆，广纳四方人才，共图抗蒙大计。明代以后，道台衙门、府署相继在白象街后开府，由此白象街愈加兴盛。清朝末年，重庆开埠，因地邻府衙，洋人纷纷在白象街开办洋行，建立府馆。借此之故，中国商人也在此买房置地，一时白象街洋行、商会、钱庄比比皆是，客商官府奔走其间，由此成为重庆最为繁华的商业街之一。直至20世纪30年代，重庆上半城开发，此地才逐渐衰落下来。

打铜街为何人称华尔街

重庆因商而兴，商业功能和手工业集散区域的差异，在街名上可窥见一斑。比如磁器口、打铁街、打铜街等。说起打铜街，其实还有另一个称呼：华尔街。从打铜街到华尔街，差了十万八千里，这其中又有什么样的历史缘由呢？

打铜街位于重庆渝中区，下接陕西路，上承新华路，是连接重庆上下半城的最短街道，长200米，宽7米，但坡陡却有三十余度。虽然短而倾斜却占尽地利——毗邻东水门码头。重庆背山依水，因此商贸往来大都依水而行，江边的码头自然因此繁盛起来。商人们在城市与码头的往来中，少不了路过打铜街。于是，很多铜铁匠人三三两两开始在打铜街一带摆摊设点，专门制售铜制器具。从此渐成气候，打铜街由此扬名。在重庆开埠前夕，公元1891年，当时的重庆地图上已经有打铜街的名字，可见其繁盛。

20世纪20年代，督政四川的刘湘启动重庆上半城开发，连接上下半城的打铜街愈加热闹起来。1930年，川康银行落户打铜街。这是打铜街由传统手工业区域转向金融服务的开始。1935年，美丰银行在新华路落成。不久，随着国民政府迁至重庆，不断有银行迁入此地。1938年，交通银行迁至打铜街。之后，中国银行、聚兴诚银行以及各省的银行与钱庄相继在周边设址，一时打铜街一带成为全国的金融中心，于是有人便称此地为"战时华尔街"。

如今的打铜街早已没有当年铜铁敲制的叮当之声，更没有了金融往来的兴盛繁华，随着解放碑一带的兴起，这座400多米的斜坡窄巷终于结束了其特殊时代的特殊使命。

你知道抗战遗址三八街吗

重庆渝中区七星岗一带，有一条小巷，人称三八街。"三八"一词在南方人口中是骂人的话，因此，在2014年的地名普查清理中，重庆政府将此地"上三八街"改为"安中街"，将"下三八街"更名为"中民街"。这一改，名字是好听了，但还有多少人会记得这条街的历史呢？

"通远门，锣鼓响，看埋死人"，通远门附近坟场的一片荒地叫七星岗，因为荒凉，所以多有贩夫流民在此地搭建竹棚寓身，于是竹棚低檐连成一片，遂成棚户区。1936年，保节院的迁入彻底改变了这座棚户区的历史。那保节院是什么呢？

三八街保节院遗址

清同治年间，重庆丝织行的商家们捐资成立了一家民间救济机构，起名普善堂，用以救助孤寡。清光绪三年（1877年），普善堂又专门开办了保节院。保节即保守妇女节操，因此，保节院专门收助寡妇、终身未嫁者以及病残无依的老妇。1938年，保节院迁入七星岗棚户区，从此这个小巷以保节院而闻名，保节院街遂又叫"寡妇街"。保节院因收助志于守节者，常年大门紧闭，所住者鲜与外界交流，因此在当地居民看来颇为神秘。值得一提的是，在抗日战争时期，此地成为国民政府安顿抗日将领遗孀的所在。由此，这条寡妇街在神秘之外更多了一层庄严。

建国前后，这里成为了重庆有名的保姆市场。"文革"期间，当地人将此地更名为时髦的三八街。而随着经济大潮的波翻浪涌，具有重要纪念意义的保节院也没挡住推土机的碾压，最终成为了一片废土。

从棚户区到保节院街再到寡妇街、三八街，一条街的几度变易见证了时代的发展，也见证了妇女节操和价值观的变化。

重庆为何叫桥都

重庆因山多故称"山城"，因雾多而称"雾都"，其实，重庆还别称"桥都"，这是为什么呢？

重庆山重水复，为了连接方便，自然需要桥梁。据统计，重庆全境各种桥梁已达上万座，这在数量上已经稳压全国其他地方。2005年，经茅以升全国桥梁委员会认定，重庆为桥都。这一认定，分别是从以下角度出发的。

第一，在数量上，重庆桥梁多。截至2005年，重庆主城区中已经有22座特大型桥梁，而重庆全境更有上万座各种桥梁，这在数量上已经稳压全国其他城市。

第二，在技术上，重庆桥梁不断创新升级，拥有五座位居世界建筑前列的大桥：最大跨径连续钢构桥——长江大桥复线桥，世界最大跨径公轨两用结构拱桥——菜园坝长江大桥，世界最大跨径拱桥——朝天门大桥，跨径最大的钢筋混凝土拱桥——万县长江大桥，世界最大跨径钢管混凝土拱桥——巫山长江大桥。

第三，种类多样。就世界而言，现有桥梁无非四种：拱桥、梁桥、斜拉桥、悬索桥。这四种桥梁在重庆都可以找到，因此，重庆也

朝天门长江大桥

被称为桥梁博物馆。因为以上三种原因,所以重庆被称为"桥都"。

桥都古桥有多少座

重庆依山傍水而建,因此多需要凿山跨水修建各式各样的桥梁用以交通。尤其改革开放以来,为加快经济发展,当地更是修建了不少现代化的大桥。然而,重庆得桥都之名,不仅仅因为现代桥梁,更在于境内留存的大量古桥。那么,重庆境内有多少古桥呢?

据重庆地理信息中心、重庆地理地图书店编制的《重庆古桥地图》统计,目前重庆境内有记载的古桥近800座,这还不包括那些散落在村镇山涧的古桥。这些桥建筑时间上溯北宋,下至民国,尤以清代居多,大约有700多座。这些古桥经历了历

万州陆安桥

史的沧桑,有的已经残破不堪,所谓的车水马龙早已是历史的尘埃,而有的还安然横卧江溪之上,供南北往来。

你知道重庆现存最早的古桥在哪里吗

重庆桥梁甚多,古桥中清代所建居多,而那些建筑更为久远的桥梁,有的早已随历史沦为尘埃,但有的依然卧跨江心,继续发挥着作用。目前,重庆现存最早的古桥是哪一座呢?

在重庆涪陵区有一个马武镇,该镇的碑记提到村有一座单孔石拱桥,呈南北向跨溪而建,据史料记载,该桥始建于南宋绍熙五年,即公元1194年。桥身全长31.5米,宽5.32米,高7.7米,随时间流逝,如今桥面原有建筑物均已不见,立于桥头的则是现代标记、标志碑。

而在重庆荣昌县城西，有一座施济桥，横跨于赖溪河水之上。此桥为石拱桥，全长110.5米，宽7.8米，在民国时期是成渝公路的必经之桥。民间传说，桥的两边分别有石猪和石鼓，所以有谚："石猪对石鼓，银子五万五。"据历史记载，它始建于北宋仁宗皇祐二年，公元1050年，由北宋宰相文彦博命名为思济桥。让此桥名闻天下是在晚清。当时，太平天国崛起，随即建都南京，一向依赖淮盐的湘鄂两地因此无盐可食。情况紧急之下，清政府命令川盐出境，以救济两湖地区。而运输中，施济桥即为保障通道，因此被慈禧太后誉为"川东保障"。民国时，此桥桥面为洪水冲垮，后经维修，更名为"施济桥"。"文革"时，此桥桥孔中的石狮被毁，同时更名为"工农桥"。1997年，当地又在老桥附近建成施济新桥，而老桥，则高悬"严重危险桥梁"警示牌，在残破和落寞中诉说着曾经的沧桑。

荣昌施济桥

化龙桥的传说你知道吗

重庆依山傍水，水患在所难免。因此，重庆多地修桥时多以龙字命名。《巴县志》中曾统计，重庆古桥以龙命名的有18个座，其中，建于民国中期的化龙桥就是一例。

化龙桥原濒于嘉陵江南岸，此地时有洪水，旧时传说多附会有孽龙作怪，因此修桥予以镇降，得名"化龙桥"。还有一说认为此桥当年为建文帝所经之处，因天子为龙，故名"化龙桥"。其实，真实的化龙桥修建于1932年，当时重庆大兴公路建设，相继建成了川渝公路、川黔公路和川湘公路，而成渝公路的交通命脉即化龙桥。据说，化龙桥初建就成为当时重庆的第一大桥，可见此桥划时代的建筑意义。化龙桥建成之后便发挥了交通枢纽的作用，成为重庆有名的水码头，是中药材、水果、陶瓷等物资的集散地。随后，此地周围开始兴建居民区，而一些工厂企业相继再次落户，尤其建国后，化龙桥一带更是成为重庆主要的工业集中点。

奈何桥在哪里

奈何桥是中国古代民间传说中的阴间转世投胎的地方，在现代来看自然是不经之谈。但在重庆，却有两座桥名为"奈何"，且是一方胜景，这里就不得不多说一下。

一处奈何桥在重庆丰都。丰都因各种传说的演绎加上当地人有意地附会建筑，因此成了有名的鬼城。有鬼城自然就有奈何桥，这座桥位于丰都鬼府的廖阳殿前，共有三座，均起于平地，桥宽四尺，桥面略拱，用青石铺就，桥下有池。据历史记载，这三座桥为明朝

廖阳殿前奈何桥

蜀献王朱椿所建。朱椿为朱元璋十一子，博学多识，容止优雅，有蜀秀才之称，来蜀之后多有建树。他所建之桥，本意用在观瞻。不想，却被后世僧人改名为奈何桥，桥下方池也名为血河池，传言下有饿鬼，专门用以震慑世人。

另外一处则在重庆璧山县茅莱山，始建于南宋，为四孔石拱桥。因背后没有丰都鬼城这样的大背景，少为人知。

三无桥今在何方

汉语博大精深，往往以简略概括之语表达丰富的内涵。比如重庆有所谓"三无桥"，乍一听，莫名所以，但细细考究，其实内蕴颇深。

"三无桥"原位于重庆巫山县培石乡，为三座桥的总称，分别为"无夺桥""无伐桥""无暴桥"，均建于光绪十五年，公元1890年。之所以命名如此，其实都有典故蕴藏其中。"无夺"出自诸葛亮《便宜十六策·治人》"唯劝农业，无夺农时；唯薄赋敛，无尽民财"，意为鼓励农业生产，不要耽误农民耕种和收获，要轻徭薄赋，不要收尽民财。"无伐"则出自《论语·公冶长》，原文为"愿无伐善，无施劳"，指不要炫耀自己的德行也不要自夸自己的功劳，"无暴"典出《孟子》"持其志，无暴其气"，意指君子要坚定心志，不可放任内心的血气。三座桥的命名很明显有儒家文化的印迹，既表现出对君子的要求，也表现出对为政者的希冀。这三座桥一直留存于世，后来三峡蓄水，"三无桥"均在异地重新修建。

妃子桥中的妃子是谁

　　万灵镇有一条濑溪河，河上有一座桥，名叫"妃子桥"，又叫"报恩桥"。桥身低矮，看似平淡无奇，但是在当地政府所立的石碑上，却记载了这样一个美丽的故事。

　　乾隆年间，多有湖广两地百姓迁居四川，这就是所谓"湖广填四川"。移民队伍中有一户刘姓人家举家来川，不想水土不服，除幼女外全都相继病故。当地有一人姓林，好心收养幼女并更其名为林娇。后来，有一道士云游此地，见林娇骨相奇特，预言她将来必为贵人。林娇长大后出落得亭亭玉立。当时正值嘉庆即位，在天下广选美女。林家父母想起道士的话，便想让林娇参选，可惜家贫无力参与。幸好有左邻右舍相助，这才得以筹钱贿赂选美的太监，

妃子桥

就此入宫。幸运的是，林娇进宫后因品貌俱佳深得皇帝宠幸被封为贵妃，由此荣贵无比。虽然如此，但她时常感念家中双亲和众乡亲的养育之恩，于是打发贴身太监携带银两代她回乡，以报父母乡邻。可回到故乡后，双亲均已亡故。于是主事太监就在濑溪河上建了一座桥，一来纪念父母，二来方便乡邻。此后，这座桥便被称为"妃子桥"，也称"报恩桥"。

拱桥底下为何悬挂宝剑

重庆綦江曾因彩虹桥起用即坍塌而备受瞩目，除了感叹今人的无能与无良，不免让人想到古人建筑的用心良苦。其实，在綦江就有一座古桥，历经六百年历史而风雨不动，而且，其独特的构造也是一段传奇。

这座桥名为"太平桥"，位于綦江县东溪古镇，横跨东丁河与福林河。始建于明太祖洪武三年（1370年），距今六百四十多年。全长30米，宽5米，为石拱桥。两头各有两只石狮镇守，可惜世事变迁，狮头早已不知去向，而护栏之上的雕饰兽头也湮没无踪。在这

桥底悬剑想象图

座桥下，有一把重达83斤的宝剑，可随风力大小自然转动，也算是一道奇景。可惜，这把剑在20世纪50年代，因大炼钢铁被丢入了钢炉中。其实，在重庆多地的桥下皆有宝剑悬挂，不过因为历史原因最后都消失无踪了。那么，在桥下悬挂宝剑是为何呢？原来，重庆山多雨多，古人认为，山雨倾泻乃是蛟龙作祟，因此要在桥下悬挂斩龙宝剑，以镇杀邪祟，避免桥梁被冲毁。从科学角度来讲，这自然是无稽之谈了，但在民智未开、民力单薄的情况下，面对滔天的洪水，也就只能想出这些方法了。

太平桥的古剑早已化为乌有，对于现今的游客而言，除了凭吊古迹，赏景散心也是一大乐事。太平桥所在东溪镇有3000余棵黄葛树纠结而成的黄葛树群，为西南地区一绝，漫步其间颇多原始清幽之味。

有趣的地名

金竹寺在哪里

自巴蔓子割首自杀，尚义忠信的气性便始终流淌在巴人的血液中。而且此后，重庆人口中也一直流传着有关各种一诺千金、尚义守信的故事，其中金竹寺的故事便是一例。

据传在朝天门外有个接圣街，即如今的信义街，这里原先是迎接朝廷圣旨的地方，因此也相当繁盛。在这条街上，有一个脚夫叫张老大，在脚行里专门给人送货、送信为生。所谓脚行用现在的话来讲就是快递公司，而张老大就是快递员，说起来也是山城棒棒军的前身。张老大人高马大，舍得下力气，但是因为为人老实忠厚，所以一干脚夫就十几年，路跑了不少，但钱却没赚下几文。不过因为张老大为人守信，替人送货从来没耽误过，干的年头也比较长，相对于那些刚入行的年轻人更得客户的喜爱。有一年，张老大送趟货到成都，朝行夜宿赶到才将货物安安全全送到货主手中。返程时的货物比较轻，所以张老大悠悠在在便往重庆赶。路上有个驿

朝天门码头旧影

站叫龙泉驿，张老大赶到的时候已近傍晚，进了客栈才发现这里已经住满了南来北往的客人。正在发愁无处落脚，突然来了一个和尚，说自己的小庙就在附近，施主如果不嫌弃，就在那里借宿一晚。

这还有什么嫌弃的地方，张老大当即跟着和尚来到了一座小庙。地方也不甚大，但好歹睡一晚的地方是有的。和尚还用素斋款待了张老大一顿。这样一来，张老大就不好意思了，便问和尚有什么需要帮忙的。和尚这才说自己有封信送往重庆朝天门外的金竹寺，一直没个合适的人，昨晚有人托梦说在龙泉驿有个脚夫，可以完成这个愿望，所以特地找到了你。

张老大觉得奇怪，倒不是有人托梦，而是奇怪自己在朝天门外当脚夫十几年从来就没听说过一个金竹寺，犹豫之下，觉得不能接这封信。不想和尚却苦苦哀求，说这封信十分重要，要赶在八月初五前寄给金竹寺的长老，请张老大务必帮忙。

受人滴水之恩，当涌泉相报。张老大想到这一层，便应下了这个差事，心中想也许自己来去匆匆，真没注意到这个金竹寺呢。睡了一晚后，张老大天明即启程，带着原来的货物，怀中揣着信便往重庆赶。一路不敢停息，终于在八月头返回了重庆。受人之托，忠人之事。张老大心中一直有着这个念想，可是，打听来打听去，在朝天门外就是没有一个叫金竹寺的地方。眼看就到八月初五了，可还是没消息。初四那天傍晚，他坐在江边的茶馆里发愁，突然远远看着一个小沙弥打着灯笼走过来，灯笼上正是三个红字"金竹寺"。张老大一下跳起来，跑过去就抱住了小沙弥，倒把对方吓了一跳。张老大这才说明来意，于是便在小沙弥的带领下前往金竹寺。夜色漆黑，灯笼也只有微末的光，张老大深一脚浅一脚地也不知到了哪里，只看见前面有一片竹林，小沙弥便说到了。张老大跟着往前才看见竹林深处坐落着一座庙宇。进了庙宇之后，见了住持，将信交出来，张老大这才松了一口气。

住持看完信后非常感谢张老大，于是便提出答谢张老大。张老大是个实诚人，说来时已被款待过，哪里敢再要酬金，况且一封信也出不了多少力气，就是走路顺带的事。但住持哪里肯依，张老大见推辞不过，便说:"既然这样,那我也就不客气了,我是脚夫,进来的时候看见长老寺庙里的竹子长得旺,不如砍下一根来,给我做个扁担吧。"

住持于是便命小沙弥取了砍刀,引着张老大砍下了一根竹子。张老大看后非常喜欢,觉得自己真得了一个好扁担,便欢欢喜喜出寺去了。第二天醒来忽然发现哪有竹子,昨夜砍下的分明是一根金竹子。张老大再去找,却哪有什么金竹寺,这才知道自己是好人有了好报,冥冥中乃是神佛降福了。

金竹寺的传说一直在重庆广为流传,有人说脚夫叫老陈,有人说叫刘诚,而且在重庆的某些龙门阵中,这个故事也越说越精彩,越说越丰富,但其核心内容却是忠直守信,惟其如此,才能体现出巴渝人的传统和气性。而金竹寺,有人说就在朝天门外的嘉陵江畔,但至今为止,还是如故事中一样,渺无踪影。

九龙坡的传说你知道吗

重庆水多,而中国神话传说中水中有龙,于是,重庆全境中以龙命名的地方就较多,最有名的自然就是九龙坡区了。九龙坡区位于重庆西南,1955年由第四区更名而来。提到九龙,很多人会想到古语"龙生九子"。其实,重庆九龙坡和这个一点关系也没有。《重庆市地名词典》:"九龙坡……境内王坪山岩上'镌有九龙滩古迹五个大字,滩在江心,有九石翘首若龙',因名九龙滩。后设店铺,称九龙铺。又因地处长江北岸,呈斜坡地形,遂演化今名。"乾隆《巴县志·建置之度外山川》:"王坪山:智里一甲,城西南十一里。坪下岩高十余丈,镌有佛像,

九龙坡夜景

又镌有'九龙滩古×'五大字。滩在江心，有九龙古翘首若龙"，这便是九龙坡了。而在这背后，还有一个传奇的故事。

旧时重庆王坪山下有一户姓王，王家一对夫妻育有九子，可惜，妻子早逝，只剩下老头早起晚睡抚养儿子们长大。有一年，王老汉家中来了一位阴阳先生，据说是为寻找风水宝穴而来。王老汉每日尽心招待使阴阳先生颇为感动。他告诉老汉，自己所找宝穴不旺当代旺后人，自己无儿无女于此穴无用，你慷慨待客我无以为报，就将这宝穴送与你，你死后如此这般埋葬，后代必能富贵无量。阴阳先生交代完不久就去世，紧接着王老汉也感觉自己行将就木。于是，在临死前，他将九个儿子叫过来，嘱咐他们门前江心中有一月光闪闪的地方，下方有一洞，即是埋葬之处。不过，埋葬之后，在河坝上捡九块大的鹅石宝回来，然后从水洞开始按下水方向，由老大开始，每隔十丈将石块丢下水。丢完后立即回家缝制九套麻衣麻裤，在家闭门不出七七四十九天，等四十九天子时一过，立即披麻戴孝在城门外等候，卯时之后，立刻杀入重庆城，杀掉知府，随即宣布你们是九龙天子，到时万民拥戴，王家也算出头了。但切记出门的时刻不可提前也不可延后。

王老汉死后，九兄弟按照老汉的盼咐找到了水洞、抛洒了石头，然后在家闭门七七四十九天。可到那天子时，年幼的兄弟说什么也耐不住性子，怂恿老大未过子时就出了门。其实，若按时辰出门，在别人眼中他们会幻化成九龙腾云，自然没有人能认出他们是去造反。可惜，他们时辰未过就出门，在别人眼中就成了半人半龙的怪物，身上杀气腾腾。这就被重庆的城隍土地发现，为免血光之灾，这些保佑一方的土菩萨托梦给重庆知府。知府醒来后急忙召集兵丁将这九个急躁的汉子就地捉拿，随后大刑侍候、押赴刑场了事。为了斩除后患，知府又连夜派人到江心石洞处，用乌鸡狗血等秽物灭了宝穴的灵气。于是，九块鹅石宝从水中露出，倒像是九个龙脑壳一般。九个兄弟的故事也随即传开，于是此地便命名为九龙滩。后来，岸边开始有人陆续开店，九龙滩由此便成为了九龙铺。再后来，九龙铺上居民越来越多，田地住宅纷纷挪至坡上，于是就有了九龙坡。

还有一说认为古时此地有青鱼精为害,所到之处常有滔天恶浪,当地苦不堪言。有李氏兄弟九人自愿冲入江中与它恶战三天三夜,终于为民除害,从此风调雨顺。而九兄弟也化成九条巨龙,腾空而去。曾经恶战的江心,出现九块大石,状如龙首昂扬,所以此地便名为九龙滩。这验证了乾隆年间《巴县志·建置之度外山川》:"王坪山,智里一甲,城西南十一里。坪下岩高十余丈,镌有佛像,又镌有'九龙滩古×'五大字。滩在江心,有九龙古翘首若龙"。

酉阳县和《酉阳杂俎》有什么关系

重庆有个酉阳县,这里有座酉阳山,山中有洞,洞中山崖上有"太古藏书"四字,联想酉阳古境中传说纷纭,不由让人想到了唐代笔记小说集《酉阳杂俎》,那么,这个酉阳是否就是指酉阳县呢?

《酉阳杂俎》是一部笔记小说集,其中多有志怪传奇之语,其中所述历史风物神佛鬼怪皆可一观,不少内容神奇迷幻。俎为古代礼器,用以盛放祭祀的食物。杂俎取其义即为杂录。而酉阳与藏书联系起来,还要从更久远的秦朝说起。

秦始皇焚书坑儒,天下典籍尽遭荼毒。为了保存文明火种,有书生

酉阳古城

藏书于鸟兽绝迹的酉阳洞中，因此之后历代名家的诗文均将"酉阳"誉为藏书圣地。《方舆记》云："昔秦人隐学于大小酉山，石穴中有所藏书千卷。"南朝梁元帝亦曾有"访酉阳之逸典"之语。成语中有"学富五车，书通二酉"之说，意指一个人博学多识。这里的二酉，即大西洞与二酉洞。段成式以"酉阳"名书，或指全书内容博采众收，可比拟酉阳之丰富。那么，重庆酉阳就是秦人藏书之地吗？

从重庆大酉洞的一些题刻来看，此处即秦人藏书之处。比如，大酉洞左侧高崖悬有清代酉阳知州罗升梧手书"太古藏书"四字，而进入洞顶石窟，有栈门一道，上有"陶翁传记成玄景；秦儒藏书隐洞天"的对联。而据《酉阳直隶州总志》记载，"有秦人，负书笈，辗转来酉"，而且乾隆时酉阳直隶州知州章恺题《咏大酉洞》中说："荆州记载岂荒唐？古洞探奇事渺茫！千卷遗书秦火后，几人负笈酉山阳。溪峦昼暝寒云合，魑魅春深白日藏。自古名山多典故，谁知林壑亦沧桑。"到此，似乎重庆酉阳为秦人藏书之处确实无疑。但是，在湖南怀化的沅陵县，那里也有二酉山，山中有大酉洞与二酉洞。《太平御览》卷四九引南朝·宋·盛弘之《荆州记》："小酉山上石穴中有书千卷，相传秦人于此而学，因留之。"《郡县志》："大酉山有洞，名大酉。小酉山在酉溪口，山下有石穴，中有书千卷，旧云秦人避地隐学于此。自酉溪北行十余里，与大酉山相连，故曰二酉。"似乎，二酉洞又在湖南，其真相纷纭，似乎已经不可考究了。段成式《酉阳杂俎》当然是借用"酉阳藏书广博"的典故，至于究竟在现实中的何地，就只能由后人想象了。

佛图关的历史你知道吗

佛图关，旧名"浮图关"。一说，关内山顶岩壁之上有石刻佛像，故名"佛图"。一说，浮图源自楚语。此关峭壁绝岭，易守难攻，如虎把守，而楚人称虎为"於菟（wū tú）"，音讹成"浮图关"。前者说出此地的风景，后者则说明了此地形势的险要。

佛图关位于重庆老城西，为三国李严所筑。李严为刘备托孤之臣，诸葛亮北伐中原时，他受命屯驻江州。在任江州都护时，他曾想凿断西南一带，让嘉陵江和长江在此汇流，但此一来江州势必成为江心孤岛。诸葛亮怀疑李严此举想据岛为王，没有同意。李严不得已，只好在江州西南山崖筑城修垣，称之为"浮图关"。

佛图关环水而立，海拔近400米，有"四塞之险，甲於天下"之称。《巴县志》记载："渝城三面抱江，陆路惟浮图关一线壁立万仞，磴曲千层，两江虹束如带，实为咽喉扼要之区，能守全城可保无恙。"自李严修筑后，此地便成为兵家必争之地。不过因为重庆地处西南，少有烽火绵延此地。值得一提的战争发生在明朝末年。

明朝末年，四川永宁宣抚司奢崇明素有复兴"彝族国"之志，在明天启元年，公元1621年率兵发动叛乱，占据重庆、合江等地，建国"大梁"，进逼成都，一时全蜀震动。消息传到京师，明政府立刻派兵与著名巾帼英雄石柱土司秦良玉合力平叛。秦良玉部与明军合攻重庆，秦良玉部破二郎关，明军破佛图关，进而收复重庆，奢崇明兵败逃走。

佛图题刻

公元1644年，张献忠所率大西军入川，从菜园坝登陆，奇袭佛图关。佛图关守军闻讯败走，重庆西出要道由此落入义军之手。进而，张献忠才炮轰通远门，杀进重庆。

民国时期，此地一度曾名为"复兴关"，原因则颇为搞笑。1937年，国民政府迁都重庆后曾在佛图关夜雨寺创建"青干班"，培训青年军官。不想，"佛图"二字在重庆话中与"糊涂"谐音，于是，民间称"佛图关训练糊涂官"，蒋介石闻讯后不得已将佛图关更名为"复兴关"。

建国后，佛图关一带被更名为更符合时代的"八一村"，"文革"结束后，又恢复旧名。

世事沧桑，如今的佛图关早已被重庆政府辟为佛图关公园，关南的石壁上刻有赵朴初先生"佛图雄关"题字。而园内,还有自唐宋以来历代的石刻、佛像功德碑等。如今所见,大多为晚清及民国时题刻。如蒋介石所题"挺起胸膛,竖起脊梁"、冯玉祥所题"兴亡皆有责,敌我不俱生"等。

长寿区因何得名

长命百岁是每个人的愿望,自古而然。因此,那些寿者居多的地方自然就倍加受人瞩目。重庆中部有一区,名为长寿区,境内则有长寿湖、长寿山。那么,以长寿命名是否就是因为此地居民大多长寿呢?

长寿区前身为长寿县,但在更久远的唐代之前,这里属枳县。唐高祖武德二年,公元619年,此地"因其地常温,禾稼早熟,民乐之",被设置定名为乐温县。明太祖洪武六年(1373年),当时明玉珍所建大夏

长寿湖景区

国割据重庆,因长寿县北有长寿山,山下多有长寿老人,明玉珍将乐温县更名为"长寿县"。这是有文献记载的长寿得名的始末。不过,在长寿地区,长寿得名还有一个更为生动的传说。

据传,明代洪武年间,宰相戴渠亨在民间微服私巡,路经长寿时突遇大雨。在路边酒店暂避歇息时,他看见对面庭院张灯结彩、鼓乐齐鸣,想是在庆贺喜庆之事。正想问问店家,就看见一位满头银发的老翁前来沽酒,说是要给爷爷做寿。戴大为讶异,一问之下,老翁已经九十有余,而其祖父正满一百五十高龄。这时,戴又见一中年人持伞前来,称呼老人为爷爷,专为送伞而来。戴越发惊讶,又看见一幼童雀跃前来,称中年人为爷爷,要他回家拜寿行礼。戴渠亨惊异不已,亲自前往祝寿。进了庭院,果见一老翁鹤发童颜正在接受一干儿孙的膜拜。宾主

欢庆，热闹不已。寒暄时，主人深感戴谈吐不凡，于是请求留下墨宝。戴提笔挥毫，写下四句：

"花甲两轮半，眼观七代孙。偶遇风雨阻，文星拜寿星。"下方题款"天子门生门生天子"。主人一时恍然，来人既是状元又是帝师，细问姓名，乃是当朝宰相，一时肃然，顿感荣幸。戴渠亨回朝后将此事禀报皇帝，说此地物阜民丰、人民和乐，因此长寿者比比皆是，建议更名为长寿县。从此，乐温县便有了今天的名字。

查遍明史，并未有宰相名叫戴渠亨，且明朝初年，此地属大夏所据，也没有此人任职宰相的记录。只是大夏政权中有一丞相名为戴寿，这可以算是与这则故事唯一的关联了。

奉节为何有"诗城"的美誉

华夏大地，雄州纷峙。不少地方因其独具魅力的自然人文特色而获得别样的美誉。比如重庆号称雾都、桥都，而重庆下辖的奉节县则人称"诗城"，这是为何呢？

奉节地处长江上游，闻名世界的长江三峡其西端瞿塘峡即在此处，峡口夔门因地势短窄，江面恶浪奔涌，再加上两边断崖壁立让人心悸，有"夔门天下雄"之称。而奉节历来是咽喉紧要之地，被称为"控带二川，限隔五溪，据荆楚之上游，为巴蜀之喉吭""西南四道之咽喉，吴楚万里之襟带"。

因为此地风景殊异，所以迁客骚人游览此地无不写诗留念，据记载，在此写诗的相继有陈子昂、王维、李白、杜甫、白居易、刘禹锡、李贺、苏轼、苏辙、王十朋、范成大、陆游、杨慎、沈庆、王士祯、张问陶等历代著名诗人，其中以杜甫为最。

诗城广场

他曾寄身奉节近两年，在此写诗四百余首。其中有八十余首谈及奉节的盐、酒、船、麻衣等。比如《送十五弟待御使蜀》："数杯巫峡酒，百丈内江船。"再如"峡中丈夫绝轻死，少在公门多在水。富豪有钱驾大舸，贫穷取给行艓子。"奉节古时为巴渝造船中心，因此当地百姓多赖船运谋生，这首诗即是写此。

而这些人的诗歌中关于奉节流传最广的当属李白的《早发白帝城》，为其遇赦放还后所作。

除了风景殊异，奉节白帝城为三国蜀汉刘备托孤之处，而奉节也正是因此在唐贞观二十三年由鱼复县更名为"奉节县"，目的就是为尊崇诸葛亮奉刘备"托孤寄命，临大节而不可夺"的品质。刘备托孤于诸葛亮，后世文人从未停息过对此的想象和议论，自然也少不了以诗来咏之叹之。

飞仙岩真的藏有国宝吗

重庆巴南区有个安澜镇，镇内永寿村有个飞仙岩，这里原本籍籍无名，但是从七七事变中日全面开战后，这里变得神秘起来。而从建国之后，这里竟然兴起了一个传说，说境内藏有宝藏。一时有不少探险者和好奇者纷纷到达此地，一探究竟。那么，这里是否真藏有什么宝物呢？

七七事变，日军悍然入侵北平。为了保护故宫文物免遭日军劫掠，故宫相关负责人将一应文物封箱保存，然后于8月14日兵分三路，辗转送于大后方保存。1944年冬，本来藏于贵州的文物因日军进入贵州独山而再次转移，这次的目的地便是安澜镇飞仙岩。一来永寿飞仙岩深处后方腹地无人知晓；二来，飞仙岩藏于深山，可以免去日军大轰炸之虞。1944年12月5日，80个铁皮箱在军队押送下秘密前往飞仙岩。

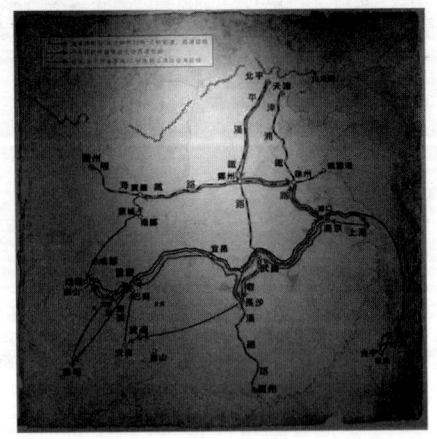

国宝迁移路线图

在深山雪藏一年有余后，1946年1月，这些国宝才由巴县转送至重庆。1947年，再经长江航运至南京，存于南京朝天宫内。1949年1月，国民党全面败退，文物也随蒋介石一声令下，被运至台湾，由台北故宫博物院保存。但是，故宫国宝迁出之后，却带给当地百姓不少的震动。据说，当初保存文物的铁皮箱为83箱，在飞仙岩遗失了3箱，内有龙袍、皇冠、玉碗、如意等。且安澜镇某处还有藏宝图，据此可找到价值连城的宝物。一时各种传说甚嚣尘上，惹来不少好事者的猎险探奇。其实，据当地乡民介绍，当时确有文物负责人为防止文物受潮，将各式珍宝拿出晾晒，但临时仓库外有一个排的兵力日夜把守，他们轮番换岗，除个别乡民送水送饭外，寻常百姓根本休想近身。如此严密的防守自然不可能将3箱文物丢失，只能是后人茶余饭后的想象罢了。如今的飞仙岩早已寻常如往，当日的临时库房早已化为民居。

重庆地名为何多"巫"

来到重庆就会发现，有好多地名都与"巫"联系在一起，比如县有"巫山""巫溪"，长江三峡中有"巫峡"，巫溪更有"灵巫洞"。这是什么原因呢？

巫山

"巫"据郭沫若考证,"巫""舞"相同,也就是说巫即以舞蹈来降神的人,在古代有沟通天地、调动鬼神之力,因此就有了传达祖先天地意旨和为人消灾祈福的本事。中国古代神话传说有巫咸、巫彭等人。《吕氏春秋》有"巫彭作医,巫咸作筮"之说。东汉王逸做《楚辞章句》,就认为"巫咸,古神巫也"。但在后世的记载中,关于巫咸生活的时代却众说纷纭。《列子》云:黄帝时"有神巫自齐来,处于郑命巫咸"。而东晋郭璞《巫咸山赋》则注:"巫咸以鸿术为帝尧医",也有学者认为巫咸为殷商时人,据说还是鼓的发明者。其中多不可辨,也许我们可以这样认为:不同时代有不同的巫者,他们曾分别服务于上古的帝王,因其成就巨大而被人统一用古时名气最大的巫咸来纪念。这就如同春秋战国时名医秦越人,因其医术高超,所以时人用上古时名医"扁鹊"的名字来称呼他,久而久之,人们不知有秦越人而只知扁鹊。而巫咸之所以和重庆地名中的"巫"有关系,据说是因为在舜统治时期,当时有外敌入侵。舜派手下大将夔去迎战,不想夔被妇人所缠,贻误战机。舜斩杀了夔,又派巫咸应战。巫咸以夔皮制鼓,用夔骨做鼓槌,擂鼓声声,一震五百里,使敌人闻鼓声而胆破,最后丢盔弃甲而走。后来,舜为了纪念夔,就以夔之名命名他所生活的地方,即如今的夔门。而夔门附近的灵山则命名为巫山,以纪念巫咸。由此延伸,所以重庆地名中多有"巫"字。

男石柱和女石柱的故事你知道吗

重庆下辖的县区有一个石柱土家族自治县,本名叫南宾县,南宾县有万寿山,山上有两尊石柱,人称男石柱、女石柱,南宾县由此更名为石柱县。石柱何来男女之分呢,这和一则美丽的民间传说有关。

据传,万寿山上有一猎户,人称柱子,年轻力壮不说,为人还勤劳和善。他经常拿着猎物到山下交换日用。山下有农户姓付,全家守着几亩薄田度日。付家有一姑娘名唤小花,经常山上打柴采药。这上山下山之间,两个年轻人有了往来。你帮我砍柴采药我帮你收拾猎物,时间慢慢过去，柱子和小花互生情愫，私下约定了终生。不想有一天，下山的小花被山下的财主黄霸遇见了，对方见小花年轻貌美，立誓要娶她为妾。小花回去之后，面对巧舌如簧的媒婆，死活不动心。黄霸见明媒正娶不成，心生毒计，立刻协同管家家丁要上山害死柱子，以绝小花的相思。小花见势不对，立刻往山上跑。不想后面黄霸一路紧追，慌不择路间，前方石崖壁立，道路狭窄难行。面对壁立一旁的石崖，小花含泪祷祝，祈求山神保佑，如能抵挡敌人上山，自己情愿化作河流巨石。祷祝完毕，黄霸已协同恶奴追了上来。刹那间，电闪雷鸣，小花腾空而起化为了巨石，然后从天而降挡住了他们的去路。黄霸气急败坏，命令手下从巨石旁凿开一条小道去杀了柱子出气。化为巨石的小花搬下已化为石峰的左乳砸过去，当场将黄霸和管家砸死。而柱子呢，闻听山中大呼小叫，急忙前来查看。看见横尸山间的黄霸和管家，再看看酷似小花的巨石，瞬间明了一切。伤心欲绝中，他也跪求山神，将自己化为石柱，日夜守护小花。山神感其至诚，就将他化为了石柱。这就是万寿山男石柱和女石柱的来历，而女石柱上只有一个乳峰。

日月门内的水井为何用不枯竭

重庆万灵镇中心原为古寨，当地人呼之为大荣寨，先是在清代嘉庆年间，当地士绅民众为防止川东白莲教起义的战火绵延至此，于是捐资扩建了大荣寨。咸丰时，李永和、蓝朝鼎等人从云南起义打向四川，当地士绅再次出资对大荣寨进行了修补。大荣寨内有四大城门，其北门名为日月门，门楼之上有日月亭，亭中有联"桥横古渡烟霞聚，寨耸雄关日月巡。"而在日月门内，有一块石板，重达一吨，石板下则是一瓮形古井，深约12米，据说永不枯竭，因此日月门便肩负了军事和战备两大功能的城门。那么这是怎么回事呢？

大荣寨设计者为清朝嘉庆年间举人赵代仲，他生于乾隆三年（1738年），卒于道光六年（1826年），随其父赵万胜于1744年奉旨入蜀，定居于荣昌万灵镇。赵代仲本人见于史传乃是因为他在嘉庆五年（1800

年），主持并设计修建了大荣寨及日月门。之所以他要在日月门下深挖古井，乃是饱读诗书的他参考了演义和历史上的两次战役。一是《三国演义》中的"失街亭"一战。当时马谡领兵据守街亭，却刚愎狂妄，囤军于山坡之上，自以为可以"居高临下，势如破竹"，不想却为魏军所困，粮道、水道皆断，不出三日，五千军马不战自乱，最后马谡被诸葛亮挥泪斩杀。二是南宋末年，蒙古大汗蒙哥率兵对合川钓鱼城先攻后围长达半年，企图断绝水粮来逼迫城内守军投降。不料不仅未见城内降意，城内守将王坚还用竹竿挑出一尾鲤鱼向蒙军示威。而钓鱼城之所以能如此，据后人考证，城内应有暗井通往嘉陵江和涪江。联想这两个典故，赵代仲便在城门下挖了一口瓮井，井底通向了大荣寨之前的濑溪河。这样，即便有外敌围困，但寨内人众依然不会有水竭之患。

日月亭下水井

你知道濑溪河的二十四个望娘滩吗

濑溪河为沱江支流，发源于重庆大足县，后流经荣昌、四川泸县再经四川泸州市龙马潭区注入沱江，全长238公里，为古时大足通往荣昌再至泸州的重要航道。但此河石滩颇多，过往船舶需要一滩一转船，在不断转运中才能不断航行。据统计，濑溪河全程有白银滩、白木滩、马足滩、铜鼓滩、玉滩、吉滩、幺滩等二十四个滩，人们呼之为望娘滩，这是为什么呢？

相传古时濑溪河边有母子二人相依为命，母亲双目失明，儿子聂郎则打柴采药供养母亲。一天，聂郎在山中发现一株草极为茂盛就采摘回家。不料，第二日上山这株草翠绿如常。聂郎想，不如直接连根拔回家，这样每天都会有一把草。可一拔起来，草立刻枯萎，而草根处滚出一颗明珠来。于是,他就把明珠带回家。没想到这颗明珠具有神奇的功能,放在米缸里,米缸就"生"出好多米;放在钱袋里,钱永远也取不完。于是,聂郎家的日子一天天好起来。这件事被当地的财主知道了,就和家丁来抢明珠。聂郎情急之下就将明珠咽进了肚子中。瞬间,他感到嗓

濑溪河白银滩

子火燎一般,于是抓起水瓢就往嗓子里一瓢又一瓢地灌水。就这样,他还是无法解渴,于是就跑到附近的濑溪河去喝水。而他的娘则跟在身后一步一步呼喊着:"儿啊,儿啊!"聂郎则一步一回头答应:"娘啊,娘啊!"聂郎喝了濑溪河的水后,没想到立刻摇身一变,成了一条巨龙,在"娘啊,娘啊"的不断回应中,龙尾一扇一扇,形成了24个河滩。这便是望娘滩的由来,而第5个石滩就是大荣寨之前的白银滩。

狮子门的九姑坟在哪里

清朝咸丰年间,民乱四起。清政府派出主力镇压对其威胁较大的太平天国起义,同时号召各地乡绅自发组织乡勇团队,结寨自保。万灵镇的大荣寨就是在这种背景下建立的。大荣寨一共有四道门,其中一道为狮子门。门外绝壁悬崖,下临河水,可以说易守难攻。而且这还不够,当地人又在门洞上设寨门两道,称之为大门、二门。门洞内再凿以小洞,专门用于插门杠。然而即便如此层层防护,也难保大寨万无一失。咸丰十一年(1861年)正月十六,白莲教义

狮子门旧址

军张国福部率千余人围攻大荣寨。三日后,狮子门大门被攻破。一时寨内人心惶惶。城内百姓纷纷传言义军残暴无德,奸淫掳掠无恶不作。当地大户赵家的七个姑娘和两个儿媳妇闻言后相约集体自杀,以免城破受辱。不想,狮子门二门坚固难攻,张国福部攻城七日后无功而撤。之后,赵家人便从城内抬出了九座黑棺材,将之葬在了城外,当地人称之为"九姑坟"。据说,清政府还对这九位以死守节的女子追加谥号,这在当时来说可算无上的荣光。改革开放后,为修建荣路公路,当地曾将九座坟挖开,但奇怪的棺木内空空如也。后人猜测,可能是赵家人为防止不良之徒盗墓或辱尸仿曹操72墓的先例,故设疑冢来掩人耳目。而这七姑二嫂究竟葬在何处,只有她们的兄弟夫婿才知道。

尔雅书院是谁建立的

重庆荣昌万灵镇大河街上,有一座木式的二层小楼,翘角飞檐古香古色。题匾上是篆书的四个大字"尔雅书院",两侧门柱上则挂有"衍祖宗一脉真传,克忠克孝;教子孙两行正路,惟读惟耕"的楹联。2016年,中纪委官网曾

尔雅书院

对这里进行专题报道,一时人们的目光都投向了这座书院。那么这里是什么地方,又是何人所立,值得我们如此重视呢?

喻茂坚(1474—1566年),明代重庆府荣昌县(今荣昌区)人,字月梧,号心庵。其生活时期集中在明正德、嘉靖年间。喻茂坚官品甚佳,为官爱民如子,治土有方;为臣直言敢谏,不避权贵。嘉靖年间,皇帝醉心长生,政事均委托于夏言和严嵩两人。严嵩为独掌内阁,不断在皇帝面前构陷夏言。最终,夏言被下旨入狱。时任刑部尚书的喻茂坚据《大明律》"议贵""议能"二条,坚请嘉靖赦免夏言死罪,但不

被采纳。夏言处死后，喻茂坚因有开脱夏言之嫌，被罚俸、训斥以示惩戒。年过古稀的喻茂坚深感朝堂已被严嵩把持，自己无力挽回，于是坚决向皇帝请求致仕还乡。嘉靖二十八年（1549年）冬，喻茂坚辞官回家。十年后，创建尔雅书院。

喻茂坚在嘉靖四十五年（1566年）病故，寿享92岁。他以自己的人格力量和丰富的学识在当地影响深远。他死之后，不仅留存了一座尔雅书院，同时还有他对子孙的教训。明朝末年，其后人喻国人将其家训补充深化，再加自己所写，形成了相对完整的喻氏家规家训。正是在这种浓厚的规训影响下，喻氏后人人才辈出。《喻氏族谱》中曾加载，在明清两代，重庆喻氏族人取得功名者就有322人，而高中进士者就有27人。

白鹤梁的传说你知道吗

长江三峡库区的上游中，有一道长约1600米、宽16米的巨型石梁，上有题刻165段，共计3万多字，此外，还刻有18条石鱼、2尊观音和1只白鹤。题刻中文字有108段与水文有关，字体繁复多样，篆、隶、行、楷、草皆备，且兼具颜、柳、苏、黄之体，集历代书法家之大成。这道石梁每年12月到次年3月长江水枯，露出水面，用以观测记录水文，因始刻于唐朝广德元年（公元763年）之前，故有"世界第一古代水文站"之

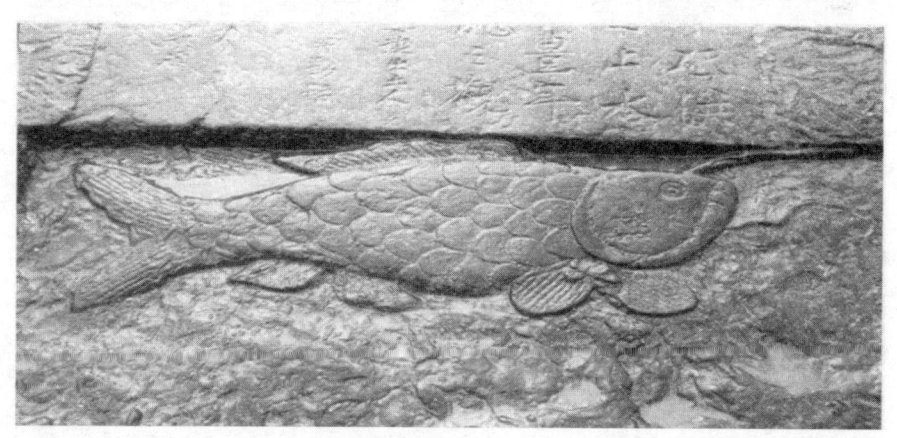

白鹤梁石鱼

称。它是三峡景区唯一一座全国重点文物保护单位。三峡库区修建后，这道石梁将永远沉没于水下，考虑它有如此重要的艺术、历史价值，所以专门修建了一所水下博物馆。博物馆于2003年动工，2009年5月18日正式落成，次年4月正式开放，从此游客尽可通过水下博物馆来一睹白鹤梁题刻的风采了。

至于白鹤梁因何得名，这还要从北魏说起。北魏有一权臣叫尔朱荣，是历史上有名的枭雄。他因拥戴帝王有功，所以挟天子以令诸侯，经常做一些违背臣伦的事，并且图谋废帝自立。他有一族弟名叫尔朱通微，看不惯族兄的行为，于是出家修道，人称尔朱真人。一次，他游历至合川，在街市上贩卖自己炼制的丹药，被合川的太守知晓。太守也想长生不老，于是问他丹药价钱几何。尔朱真人知道此人素来暴虐，便戏谑道："太守钱多，药钱加倍，需银十二万。"太守闻言大怒，命人将尔朱真人装入竹笼，沉入江中。不想，尔朱真人仙法护身，随着竹笼顺江而下，一直漂流至涪陵石梁附近。其间真人坦然入眠，被附近渔人打捞上来仍自酣睡。据《涪州志》记载，渔人姓石，"举网而得之"。此时，正好涪陵城一声磬响，尔朱真人"闻磬方醒"。此后，尔朱真人与渔人结伴修炼，最后分食丹药，乘鹤而去。从此，这里便称之"白鹤梁"了。

天坑地缝是怎么来的

奉节有个兴隆镇，兴隆则有个小寨村，这里有一座巨大的坑，坑口直径达622米，坑深666.2米，近前向洞内张望，里面深不见底，四面都是峭壁绝石，这就是世界上最大的天坑——武隆小寨天坑。而离此15公里处，则有一条天然缝隙，宛如撕裂的伤口一样贯穿于地表，这就是天井峡地缝了。那么，天坑地缝是怎么来的呢？

在奉节县有这样一个传说，据说织女嫁给牛郎后，惹得天庭大怒，于是派天兵天将抓走了织女。牛郎肩挑一双儿女，再身披家中神牛所留的牛皮，一路紧追不舍。王母娘娘见此情景，用手一划，于是地面出现了一道地缝。牛郎穿着牛皮衣纵身一跃跳过了地缝。王母娘娘拿出银簪,又是一划,地面出现了一个大坑,心想这回你可过不去了吧。不想牛郎照旧一跃,跳过了天坑。王母气急败坏,最后划出银河,牛郎毕竟凡胎,这一次终归没有跨越,从此每年七夕与织女靠鹊桥来相会,互诉衷肠。

这当然只是传说了,作为特殊的地质构造,奉节天坑地缝自有其成因。"天坑"在地理学上有个专业的名称即岩溶漏斗地貌,其形成原因是奉节分布有大片的可溶性岩层,而此地降水充沛,于是,水顺着岩层不断向下渗漏,岩层裂隙因水的侵蚀作用不断扩大,地面便开始出现孔洞,孔洞扩大后,地表土壤层逐步塌陷,便形成了巨大的漏斗。因此,天坑的形成并不神秘。不过,因为坑内暗河密布,且地形复杂,虽经中外探险家不断探索,坑洞的情况目前还不能说完全了解,也正因此,这里吸引了不少科学家和探险家前来科考探险。

呼归石是为了呼唤大禹吗

重庆朝天门码头之外弹子石江边,有一块长约120米、宽80米的大石头,呈椭圆形俯卧在江心。民间相传,这块石头为大禹妻子涂山氏所化,这是否真有其事呢?

相传远古之时,天降大水。洪水漫溢大地导致生灵涂炭,民不聊生。有鲧从天宫中偷得息壤,落地为土,拯救黎民于水火之中。但这件事很快被天帝发现,鲧就被处死了。之后,天帝派鲧的儿子大禹

呼归石

降临人间,治理洪水,以补父过。大禹降临人间后,遇见了涂山女,双方情投意合,喜结良缘。但新婚不久,大禹因治水不得不匆匆离开,此后,年年奔波,以致"三过其家而不入"。涂山氏在家独守空房,苦苦守候,一次次登上江心呼唤大禹回家,可终究不见大禹回应。最后,涂

山氏化为巨石,日夜在江水的澎湃中呼唤着"禹——归来"。据说涂山氏化为石头时曾产下一子,名启(即后来夏朝的国君),因此,这块石头又称"诞子石",年深日久后讹传为"弹子石"。

此说异常凄美,但大禹治水一事,在《山海经》《史记》中均有记载,《山海经》中涂山女见到化为大熊的大禹羞惭而去,化为石头,很明显有神话演绎的成分,不可为凭。但《史记》曾言"禹伤先人父鲧功之不成受诛,乃劳身焦思,居外十三年,过家门不敢入",《吕氏春秋》亦记载:"禹娶涂山氏女,不以私害公,自辛至甲四日,复往治水。"因此可说历史上真有大禹治水一事,且因治水,大禹忽略了自己的妻子涂山氏。而《华阳国志·巴志》中"禹娶于涂,辛、壬、癸、甲而去,生子启呱呱啼不及视,三过其门而不入室,务在救时,今江州涂山是也,帝禹之庙铭存焉。"的记载则直接认定,大禹治水在如今的江州,这里却有待商榷。大禹所治水患在古代多指黄河流域,目前其治水遗迹据考古考证,最重要的是位于安徽蚌埠市涂山南麓的禹会村,据传为大禹大会诸侯之处。因此或可认定大禹治水实有其事,但与此地无甚关系。2008年,三峡蓄水之后,朝天门水域的航道变宽,呼归石骤然处于航道中心,这势必成为过往轮船的障碍,因此当地政府准备将其爆破。消息传出后引发当地市民争议。后经专家考证,呼归石与大禹治水无关,其名为后人附会而来,不能作为历史遗迹,因此可予以爆破。不久,随着一声爆响,呼归石被炸。从此,传说只能止于口头的想象了。而弹子石,如今已是和解放碑、江北嘴一样的中央商务区了。

望乡台的传说你知道吗

重庆江津的四面山景区内,有一条瀑布,高悬于崖壁之间,在山崖一侧,有古朴苍劲的题刻"望乡台"。望乡台瀑布高158米,宽48米,比闻名世界的贵州黄果树瀑布还要高。这条瀑布每到天朗气清之日总会在太阳折射下出现一道彩虹,色彩斑斓,如彩练飞舞,如仙桥横跨,让人神往。但当地人相传,此地原名叫鹰愁岩,"鹰愁"二字倒颇能显示此地崖壁的气势，那为何又叫望乡台呢？这和一个凄美的传说有关。

望乡台

据说，在鹰愁岩下有清平湾，清平湾附近住着两户人家。一户人家姓张，只有寡母和独子俊哥；另一户人家姓李，只有父亲和女儿秀妹。两家的年轻人青梅伴竹马，从小携手长大。成年后，俊哥英挺能干，秀妹聪慧漂亮，两人互生爱慕之心。本是天设地造的一对，两家父母也有意成全二人。不想，当地还有一个恶霸，他看中了秀妹，想要强娶回家做妾，秀妹父亲和秀妹宁死不从。一天，恶霸打听到李老汉和俊哥上山砍柴去了，于是率领一帮恶奴就将秀妹抢了回来，还将阻拦的张寡妇打伤。俊哥晚上砍柴回来，立刻拿着柴刀赶到恶霸家中。打听清楚秀妹所在后，他砍开关押秀妹的房门，救出了秀妹。正在两人抱头痛哭之时，恶霸率领恶奴们赶了过来。一对情人仓皇而逃，但慌不择路间竟然到了鹰愁岩。眼见无路生还，二人便携手跳下了悬崖，一对璧人就此玉碎。随后，一轮朝霞照射着岩下水潭，潭中一道彩虹一路跨到了清平湾。善良的乡亲们认为这是俊哥与秀妹不忘父老，所以化身为彩虹前来看望，于是便将此地称之为"望乡台"。

会龙庄是和珅的府邸吗

一般豪宅府邸要么居于闹市繁华之地，要么处于野外僻幽之处，很少有人将宅邸安于原始森林中。重庆江津四面山会龙庄却居于双凤原始森林内，它规模宏大，气势磅礴。有人传说此庄园为建文帝避难居所，也有人说是和珅避居府邸，那么，这是一座什么样的庄园，又是什么人所建呢？

会龙庄为复合式四合院，占地深广。据统计，院内有16所院落，大小202间房屋，门308道，窗户近900个，虽然传承至今，屡遭劫难，但仍可想见当年覆压百里、楼阁相错的庞大规模。据有关学者考证，会龙庄的建筑形制与紫禁城相仿，这就有点奇怪了，会龙庄地处西南，当地原著居民无论从条件还是从视野上，都不可能建造这样一座与京城相仿的建筑，那么，这座庄园的主人究竟是谁呢？在当地广为流传的有这样几种说法。

第一种认为，会龙庄为建文帝避难之所。明朝初期，朱元璋因皇长子朱标早逝，于是将帝位传于自己的皇长孙朱允炆，即后来的建文帝，这就引发了其余皇子的不满。更可气的是，建文帝临朝称制后，下令各地削藩，这就更让他

会龙庄外景

们恼火了。于是，燕王朱棣首先起兵，以"靖难"的旗帜带头攻打自己的侄子。这场叔侄之间的皇家内斗最终以朱棣完胜结束，建文帝在朱棣入京时随着一场大火无影无踪。有人说他烧死了，有的人说他从地道逃跑了。建文帝远走一事于史无考，但在中国民间却广有传说，尤其巴蜀一带，更是传说中建文帝的隐居所在，比如龙隐镇、化龙桥均是建文帝隐居、踏足之处。这是因为在历史上曾发生过这样一件事：明正统五年（1441年），其时在位皇帝已是朱棣曾孙明英宗。一日，突然有一位来自广西、年逾九旬的和尚自称是建文帝，一下朝野震动。经过审问，不过是一民间好事者而已。但自此之后，建文帝流寓巴蜀滇黔的传说就开始纷纷传开。建文帝流落民间现在已不可考，而且当地方志记载"明末清初山西太原人王财美来津修建会龙庄"，因此，建文帝建造此庄基本可以证伪。此外，修建此庄园所耗甚巨，光说动用人力已经足够引起人们的注意，建文帝身为朝廷钦犯，绝无可能闹出如此大的动静。

第二种说法认为，此官邸为和珅所建。此一说流传最为久远。据说，乾隆禅位于其子嘉庆后，和珅便恐惧自己会因江山易主而失宠，于

是秘密派一王姓侍卫四处探访，在双凤山森林深处为自己修建了这座庄园，以备将来自己脱身隐居。不想，一世精明终究抵不过天道轮回。乾隆死后，嘉庆立即向和珅开刀，一代巨蠹被赐自尽。远在西南的王姓侍卫闻听消息后，就此在会龙庄隐居，并严厉命令家人不得读书求官，专心经商，从此延续至今。从和珅的财力讲，自然有钱出资建造此屋，而且可以根据紫禁城的形制建造，但这又与当地方志记载不合。

第三种说法，认为此庄乃是明代官宦为躲避官场险恶，携家人在此隐居所建。这位官员姓王，但具体名姓已不可考。封建时代，官场往往就是名利和权势的角逐地，一着不慎便立刻沦为阶下囚以致付出身家性命。从王姓家谱上看，其祖先也曾列将封侯，比如建文时期的王真曾随朱棣起兵，为人忠勇，重伤后不想死于敌手，拔剑自刎。朱棣即位后，追封其为金乡侯，谥"忠壮"来褒扬他。其子王通在明景帝朱祁钰即位时，因守卫京城抵御蒙古首领也先的入侵也备受皇帝恩宠，其子孙还享有皇帝御赐诰券。但史书所载王真为陕西咸宁人，因何迁至重庆，就不得而知了。不过，会龙庄内但凡雕梁画栋之处，皆有龙凤图案，这在封建时代，属于僭越；且会龙庄还有华表，这可以说得上是大逆不道了。之所以敢于如此建筑，必定是与皇族有关。这一点，王姓族人有证据可言，即王家一位祖婆乃皇帝堂妹。而会龙庄旁的墓碑铭刻上也有"金枝玉叶"字眼，看来此言非虚。

以上无论哪种说法，都有其道理，但究竟主人是谁，现在已然无处查证了。但可以肯定的是在西南森林中建造如此一座深宅大院，当地方志却寥寥几笔，肯定是庄园主人有意隐瞒藏匿，不欲为外人所知。因此其背景和财力一定了得，至于是谁，就只能等待后续史料的挖掘和考证了。

会龙庄有多少防御设施

会龙庄是庄主避居所在，安居于此免不了人丁众多且携带大量财物，而西南地区多有土著盗匪出没，因此如何保卫自身自然是建造者要考虑的问题。

首先加固城墙。据悉，会龙庄共有三道墙，外墙为石墙，内墙两道为土墙，每道墙之间相隔十米到三十米。外墙高达五米，绵延环绕整座庄园，有数千米长，而且墙顶上有步道，专门供人巡逻。而在外墙里面，还有两道由厚土夯成的土墙。这样，若有外敌攻破石墙，而两道土墙还可进行防御。如今的会龙庄外墙只剩地基，这是因为墙身用石头砌成，所以在早年间被当地村民拿来修路、建房。

可是如果连土墙都无法抵御呢，不要紧，在庄园内，还有一座绣楼。绣楼古时为女眷居所，在会龙庄中同样有此作用，但这里的绣楼一面墙中还设有夹墙，与院墙相聚约一米，从一楼通至顶楼，既可通行，又可藏人，当然更重要的作用在于，若有土匪为乱，那么家中老幼妇孺以及珍贵财物均可藏之夹墙。

会龙庄绣楼

除了里外三层墙和绣楼夹墙外，会龙庄还修建了一座五层的碉楼，据称为西南最大，高约38米。每层均布置有枪眼和小窗户用以伏击和观察。

如此层层的设防，可见主人较强的防卫意识，同时也说明其家产的雄厚。那么，这座庄园中究竟藏了多少宝贝呢？且看下文。

会龙庄有多少财富

会龙庄壁垒森严，修造时所费不赀，其家中所藏亦是不菲。

首先，光从庄园内石柱看，庄主的经济实力极为雄厚。庄园内石柱有300余根，最重的达数十吨，这些石柱的建造、运输、安装均非一般大户所能承担得起的。而庄园地盘庞大，庄主当时有"王半城"之称。

其次，正因为会龙庄建造时如此庞大的规模，所以后世中有不少的盗墓者光顾此地，因此古玩市场中多有从会龙庄流出的古董，如珠玉、瓷器、首饰、赤金足链等。据传，当地有人曾购得会龙庄砚台一方，而背后则是唐代大诗人陈子昂的题跋，未知真假。但重庆解放后，因国家政策，会

会龙庄内景

龙庄王氏家族的一应家具财物等被均分，当地村民中至今尚存高档牙床。由此可见会龙庄确实有富可敌国的雄厚财力。正因如此，越发让人想象当年建造者的面目，这些财物何来？庄主又是何人？因为何事隐居到此？又如何动用物力人力修造？两百余年间又经历了什么？但这些信息都只隐藏在那些青砖白瓦中，其真实面目，还有待后世学者的考证。

路孔镇因何得名

重庆荣昌区有一个万灵镇，原名叫路孔镇，位于荣昌区东部，是重庆十大历史文化名镇之一，2010年3月，还被评为"中国特色景观旅游名镇"。"路孔"二字，初看上去，颇为不通，其实这和一段传说有关系。据说明朝时有一位游方和尚，法号曾傲，他见路孔镇山明水秀，便想建寺铸佛，从此在这里修身向佛。修筑时，他看见此地有一条河，河边坡地上有六个石孔。他怀疑石孔与河内相通，于是向里面倒入糠壳，不久就见糠壳从河中浮出，于是便把此河称为"六孔河"。川话中"路""六"相近，于是这里便被叫做"路孔河"了。之后，路孔场、路孔乡、路孔镇也由此

路孔镇风光

得名。

而路孔为何又成为"万灵"呢？这是因为据专家考证，"万灵"之名有四百多年历史，而路孔之名不过两百余年。镇内万灵寺更可远溯至东晋咸和元年（公元326年），为了更好更全面地复原历史，经当地反复论证和市民投票参与，现在恢复旧名为"万灵镇"。

重庆现存唯一的瓮城在哪里

这几年，好多城市为了逐渐兴起的文化旅游热，开始逐步复建古代的城墙，比如洛阳、西安这些在封建时代曾具有重要政治和历史意义的城市，都在重新修建古时的城墙。复建时一个很重要的内容就是重建城门前的瓮城。瓮城，是古代城门外的防御设施，一般修筑于城门外，两侧与城墙连为一体，设有箭楼、门闸、雉堞等防御设施，目的就是为了加强城堡或关隘的防守。可惜，这种建筑在建国后

涞滩瓮城

遭到了史无前例的破坏，包括中国建筑史上最大的瓮城——南京通济门瓮城。目前，瓮城在全国少有保留，幸运的是重庆也有一座，即涞滩古镇的瓮城。

位于重庆合川区东北的鹫峰山下，有一座古镇，名叫涞滩，始建于宋代，距今已经有近千年的历史。咸丰至同治年间，太平天国运动爆发，起义军转战各地，翼王石达开甚至带领太平军七次入川。而为了剿灭太平军，清统治者加紧了对云南、四川两地人民的盘剥以筹措军费，这又激起了两地的民变。云南昭通李永和、蓝朝鼎等人揭竿而起，很快聚众数万，一路攻城略地，在四川各地影响甚烈。在这种背景下，清朝政府兵力支绌，敕令各地筑城结寨，可自备团勇以抵挡万一。为防范太

平军和李、蓝义军攻城,涞滩古寨的清军在城西加筑了一道瓮城,长60余米,深7米,高4米而墙厚则达3米,呈弧形拱卫整座城墙。如此坚固,自然想万无一失。不过,不知幸与不幸,起义军最终没来涞滩,所以这座城寨也未发挥作用。

现在瓮城主门上仍有"众志成城"四个字,上标"大清同治元年壬戌岁季夏月建立",说明了此城的建立时间。其正门为归极门,这是因为人死之后都要入西方极乐世界,而进此门可直至鹫峰山二佛寺朝拜佛祖。左门为速归门,据说旧时城内有扶棺出殡者需经此门而出。右门为长治门,寓意长治久安。此外还有暗门,主要作为藏兵洞使用。若真有敌军来犯,攻入瓮城之后,自然会有瓮城内藏兵"瓮中捉鳖",这大概就是"瓮城"命名的缘由吧。涞滩瓮城为重庆唯一一座保存完好的军事防御堡垒,具有重要的历史和文化价值,加上涞滩古镇为中国十大古镇之一,因此一直吸引着中外游客前来游访。

潼南崇龛镇是陈抟故里吗

在重庆潼南区30公里处,有一个崇龛镇。崇龛镇境内有琼江水奔流而过,每年都会举行盛大的油菜花节。而油菜花田内,则有直径236米长的太极图,它以油菜花为背景,以小麦为配景,景色蔚为壮观。站在菜花田内向高处仰望,不远处就会看见一座雕像,他身着道袍,一手托太极图,一手道指,俯瞰着山下的众生。无论是太极图还是雕像,其实都是为了纪念出生在这里的道教传奇人物——陈抟。

陈抟(871—989年)字图南,自

陈抟塑像

号扶摇子，世称"希夷先生"，为中国道教思想家。他一生经历唐、五代、宋，因其传奇的人生经历而被民间百姓广为颂扬，以致最后神化，有老祖之称。根据历史记载，陈抟少时博学多识，经史百家无一不通。唐僖宗年间，曾应诏入阙，与皇帝对答自如。唐僖宗大喜，有意招揽却被他拒绝，故赐号为"清虚处士"。唐朝灭亡后，他隐居不仕，弃儒修道，隐居在武当山修道。学成后曾游峨眉山讲学，自号"峨眉真人"。后周世宗、宋太祖及宋太宗都曾有意招揽，但都被他婉拒。宋太宗因他儒道皆通而不滋滋于名利，因此赐号"希夷先生"。后羽化于华山，享年118岁。陈抟一生著述颇多，在《易》学、道家内丹学、文史方面均有所著作，倡导三教合一，创造先天易图，开宋代理学法门，因此广有声望。

在崇龛镇陈抟山景区内，不仅有高达36.9米的陈抟雕像，还有陈抟与宋太祖对弈像。而这和民间广为流传的一则故事有关。据传，陈抟能前知五百年，后知五百年。当年宋太祖赵匡胤衣食无着，混迹于市井江湖。陈抟知道他将流落至华山，于是便在其必经之处设下了棋局。赵匡胤路过便和他赌棋作乐。不想陈抟棋高一着，赵匡胤连输两盘，将自己所带的武器和衣裳全输光了。赵匡胤无物可赌，正待走人，不想却被陈抟拉住，说壮士身无长物，不妨将这华山一赌。赵匡胤心中直笑，想这华山天生地长，也不是我能有的，不过赌了就赌了。于是，赵匡胤便以华山做赌，又和老道对弈一局，结果还是输了。三局棋完，天色已晚。陈抟临别时方才自称名姓，希望赵匡胤不要忘了今日之诺，走时还给他衣裳武器，嘱咐他前去投奔于后周世宗柴荣帐下。后来，赵匡胤黄袍加身，不免想起当日下棋之事，方才悟到陈抟早已预知后事，于是免去了华山一带赋税钱粮。

除此之外，流传于陈抟之上的传说还有很多，可见这位道家奇人在民间的影响力。崇龛镇为陈抟出生故地，因此当地对此进行不遗余力的保护和开发，包括太极花田、陈抟塑像等，既是对这位道教老祖的尊崇和纪念，也满足了当下旅游文化的需要。

磁器口是否就是建文帝隐居处

磁器口位于重庆沙坪坝区，是国家4A级景区，中国历史文化名街，为重庆新确立的"巴渝十二景"之一。此地背山临水，是古时嘉陵江畔重要的货运码头。因有白石高耸岸边，所以最初名为白岩镇。清朝初年，此地主产瓷器，而川人"瓷""磁"不分，因此得名"磁器口"。但从白岩镇到磁器口，这里其实还曾叫做龙隐镇。龙隐者，天子隐身之处。据说这位天子就是明成祖朱棣"上穷碧落下黄泉"想要寻找的建文帝。

靖难之役后，建文帝下落不明。朱棣虽坐上皇位，但始终对这位远遁的侄子念念不忘，因此多番派人打听，包括在国人心目中远扬国威的郑和七下西洋，也包含了寻找建文帝的目的。但四海茫茫，建文帝去哪里了呢？在重庆磁器口就有建文帝曾流落到此的传说。而且，此地有多处地名都与建文帝有关。

磁器口

据说当年建文帝为摆脱朱棣追杀，一路辗转逃至重庆，但怕被城内守军发现，因此盘桓于城外南泉镇禹山下，还曾在此地掘地为井。因饮食困难，也曾接受当地村姑接济。后来，禹山就名为"建文峰"，水井又称"建文井"，村姑因送饭有功之后也得道成仙。

后来，建文帝梦中得仙人指点，于是前往有白色巨石的白岩镇隐居。而路经李子坝时，所过之桥便为化龙桥，所走之路便为龙隐路。建文帝进白岩镇后在宝轮寺出家为僧，每日打坐参禅，就此终老。此后，宝轮寺便更名为"龙隐寺"。而白岩镇也因此名为"龙隐镇"。而通往嘉陵江码头上，就此多了一个巨大的牌坊，上书"龙隐门"三个大字。

建文帝究竟流落何方，到现在依然是谜。当年最热衷于此的寻找者朱棣在去世前一年也才"疑始释",但史书描述也到此为止。而磁器口的种种传说自然是不能为凭的,不过,对于一个被逼退位的帝王来说,成仙称王绝无可能,能终老寺院,也算是善终了,那我们就权当这个传说是真的吧。

磁器口钟家院有何特点

磁器口是重庆有名的古镇,这里美食小吃触鼻皆香,因此颇获游客的青睐。很多人来到这里都是为了寻访美食,但这里也不乏遗迹古踪,比如钟家院,就是一处绝佳的古式建筑,它结合了南北建筑的特点,保留了明清时建筑的特色,具有非常重要的历史和文化价值,那么它的主人是谁呢?答案便是慈禧太后的外采办钟云亭。

钟云亭是磁器口五灵观人,少时聪慧过人,琴棋书画无一不精。后来经亲友举荐成为慈禧太后的外采办,专门替慈禧收购金银珠宝以及山珍皮货。因其通权达变,办事诚恳而机敏,所以备受慈禧的宠信。后来,他告老还乡,便在磁器口修建

钟家院内景

了如今的钟家大院。因其一直仕宦京城,回乡前又在京城专请高手设计规划,所以钟家大院轴线对称、天井宽敞,颇有北京四合院的特色。但所用小青瓦和穿斗式木架又颇具川东民居特色,因此算得上是南北建筑融合的一个范例。

另外还要说及的是钟家大院的两处细节。一是钟家的闺房床围构图具有鲜明的时代特色。中国传统一向是男尊女卑,所以不少刻有龙凤的纹饰图案中都是龙在上、凤在下。但慈禧掌权后,不知是有意还是无意,在很多地方的纹饰中皆推崇凤在上、龙在下的构图。这一特点在

钟家大院的闺房中体现出来。床围中彩凤耀翅于云天之际，样子招展醒目；而龙身却蜿蜒委屈成边框，形象不甚明了。

第二，据故老回忆，在钟家大院的天井中原有四根柱子，上面刻着两副对联。一副是"金鸡引路，莫道因缘有蹊跷；锦衣还乡，仍需从头做文章"，另一幅是"琴棋书画，熟能生巧；之乎者也，勤可补拙"。可惜，后来兵荒马乱，到如今也不见踪迹了。不过，这里面的故事却值得一说。

据说钟云亭还乡之后便终日饮酒作乐，将家中子女养育、生计财务等大小事务全都托付于妻子李氏，不再醉心于学问的精进和家务的料理。李氏不忍他日益颓废，于是便写下了第一联，勉励丈夫重新开始。下联好理解，为鼓励丈夫之语，但上联中所谓"金鸡引路"却是来自钟云亭早年的一段传奇经历。据说有一年慈禧大寿，钟云亭奉命前往东北采办山珍皮货用以贺寿。寿礼采办整齐后正待出发，突然天降大雪，原路一条河流结冰，一时阻住了人马。天气并非苦寒，很多人怀疑冰层并不结实，所以不敢踏冰前行，为此耽误了很多时日。钟云亭也很是焦急，眼看太后生辰已到，若要误了时辰是要被杀头的。钟云亭急得每天都在河岸上走来走去，忽然有一天，前方光芒闪耀，不知是什么。钟云亭好奇之下便沿着光芒前行，走到跟前才发现这是一座庙宇。奇怪的是大殿上竟然供奉着一只金鸡。出于见庙烧香的礼俗，钟云亭便跪在金鸡前叩头膜拜，并暗自祷祝神灵保佑，早日过河。第二天，天刚放亮，钟云亭便听到了一声鸡叫。他起身出屋，便看见结冰的河川上，出现了一路的鸡爪印一直通到对岸。他急忙招呼众人整理行装和货物沿着鸡爪印一路向前，最终平安过河，而且赶在慈禧寿辰前两日到达。慈禧大喜，对他大加赏赐。

李氏之联说出丈夫早年的一段奇特经历，是告诉他命运因缘皆非偶然，不可全然依赖，如今还乡还可有另外一番作为。钟云亭看了顿悟，于是写下一联，"琴棋书画，熟能生巧，之乎者也，勤可补拙"，不但警示自己也是告勉子女，勤奋和反复练习是补拙生巧之道。从此之后钟云亭和李氏琴瑟和谐，在内共同经营家务教养子女；在外善待乡邻，扶危济困,从此成为了磁器口德高望重、人人称道的善士大户。

钟家大院约建于1880年,距今已经一百多年。目前院内尚有前厅、正厅等建筑主体木结构保留比较完整。除了展现慈禧近臣的生活面貌之外,当地政府还向民间广泛征集杯盏碗勺、桌椅床凳等各种生活用品,将这里开辟为清代民居的展示场所,因此颇具可观之处。

磁器口为何有少妇尿童的雕像

大凡古镇名街标明自己的历史文化特色大多要摆放雕塑,这些雕塑或是将相才子或是历史事件,大都形象雅正。但在磁器口宝轮寺金碧桥却有一尊雕塑——少妇尿童,其形貌为一年轻女子为一童子把尿,充满了生活气息,既不正也不雅。你可别小看这座雕塑,凡是来磁器口的游客一定要用童子的"尿水"洗手,或者摸摸童子,以求灵气染身,百病不生。那么这尊雕塑有何传奇之处呢?这要从建文帝说起。

据说建文帝当年为逃避朱棣追杀,一路奔逃隐居至白岩镇宝轮寺。因为连日奔波且心内恐惧不安,他有了哮喘、劳损和风湿之症。病痛绵延又难以出面寻医问药,所以痛苦不堪。一天夜晚,建文帝辗转反侧时忽然有大神托梦,说七岁男童的尿可解此顽疾。第二天,建文帝便手托钵盂,一路化缘寻找童子尿。行至金碧桥画家村边时,正好有一少妇为童子把尿,而男童正好七岁。于是建文帝便征得少妇同意,将童尿接入钵盂,然后一饮而尽。不久,果然体健身轻,神

少妇尿童雕像

清目明。后来，建文帝隐居和喝童子尿得以病愈的故事在白岩镇传开，于是这里便被称为龙隐镇，而童子尿便被称为"护龙水"了。

在《本草纲目》中，12岁以下男童之尿被誉为轮回酒、还阳汤，清热、性偏凉，主治寒热头痛、症积满腹，润肌肤、利大肠，可以去咳嗽肺痿，止劳渴、润心肺。在民间不少医案中曾有这样的表述，即某某因喝了童子尿，此后如何身体轻健云云。童子尿功效如何，还需现代医学验证，但"护龙水"的传说却一直流传在磁器口，并且吸引着源源不断的游客，前来摸"尿"。

磁器口为何又称"小重庆"

一条石板路，千年磁器口。

磁器口位于重庆沙坪坝区，是国家4A级景区，中国历史文化名街。不过，这里还有一个"小重庆"之称，那么磁器口有哪些历史，为何又称"小重庆"呢？

磁器口古镇始建于宋真宗咸平年间（公元998—1003年），这里地势极为优越，有一江两溪三山四街之美誉。所谓一江，是指嘉陵江，古称"汉水"又称"内江"，流经磁器口使之成为江水下游的天然码头。

两溪是指清水溪和凤凰溪。清水溪穿磁器口正街而过。而凤凰溪自童家桥蜿蜒西南再流经老米市最后流入嘉陵江。

三山分别指马鞍山、金碧山和凤凰山。马鞍山位于古镇中段，因形似马鞍而得名。山中有白色巨石耸峙崖边，因此磁器口原名"白岩镇"。马鞍山顶有宝轮寺，据传当年建文帝避难曾隐居于此。马鞍山为磁器口风景的最佳观景台，若要一览磁器口景色，必须登上山顶。

金碧山位于磁器口北面，而凤凰山与其相对雄峙于古镇南端。凤凰山呈南北走向，山形酷似凤凰，因此得名。陪都时期，国民政府教育部美术委员会曾驻扎此地，当时徐悲鸿、傅抱石、丰子恺、宗白华等美术大师和美学家都云集此地。

四街便是指磁器口正街（金蓉正街）、新街（金沙街）、横街、小街（金碧正街）。清朝初年，这里主要生产瓷器，但多为小作坊式生产。虽然工艺不断精进，但一直未能出蜀。民国初期，当地商绅集资建立"蜀瓷厂"，由此，这里的瓷器开始行销国内。抗战全面爆发后，重庆成为陪都。因为古镇一江两溪的便利水运条件，这里成为嘉陵江中上游以及各支流州、县农副产品的集散地，一时商贩云集，船只往来，据统计，古镇码头每日进出船只达300多艘，且这些船只均载重为10吨，可见其繁盛。且为方便交易，这里自发形成专门的货物贸易区，米有米市、猪有猪市，铁货竹木陶瓷等皆各有专门区域交易。由此不知何时起，龙隐镇便开始成为瓷器口，因"瓷""磁"相通，于是这里便被人称为"磁器口"。因为这种繁荣，当时国民政府主席林森游览此地时还有感而发题写"小重庆"三字，后刻碑留念于如今的古镇丁字路口处。

磁器口码头贸易的繁盛一直延续至解放后，当年民谣中"白日里千人拱手，入夜后万盏明灯"，简练而形象地表现了磁器口的繁盛。"千人拱手"是说磁器口码头白天每日船只来往频繁，艄公划船拱手向此停靠。"万盏明灯"是指入夜后这里灯火通明，通宵不夜。

林森"小重庆"题碑

20世纪50年代末，货物运转码头移至汉渝路，磁器口由此不再成为货物集散地，昔日的繁华与热闹一时成为了冷清和寂寞。后来，当地政府挖掘这里丰厚的历史和文化遗迹，将古镇打造成了民俗文化风景区。如今你在这里可以看到榨油、制糖、捏面人、川戏等传统表演项目，更可以尝到毛血旺、千张皮、陈麻花、椒盐花生、糍粑以及磁器口古镇老火锅等传统美食。作为民俗文化景区，这里又是红岩文化、陪都文化、沙磁文化及巴渝文化的绝佳展示地。每至传统佳节，磁器口举办的各种盛典源源不断地吸引着海内外的游客，显示着这座千年古镇旺盛的生命力。

此外，磁器口因当年水运繁忙而被称为小重庆，但也有人说磁器口的发展和变迁是重庆古城的缩影和象征，所以称之为"小重庆"，无论哪种解释，如今的磁器口和重庆一样，有美食，有文化，有历史，有现代的繁荣。

九石缸河滩真的有张献忠宝藏吗

"石缸对石鼓，黄金万万五，谁人能知晓，买下重庆府。"在重庆嘉陵江畔，一直流传着这样一首童谣，尤其九石缸河滩一带是当年张献忠进军重庆时的宝地，因此宝藏之说在此更为风行。于是乎，这里每天都会有人在河滩上拿着铁质短钩掏挖，而且还有不少人挖到了古钱币。那么，这里真的有宝藏吗？是否就为张献忠的宝藏呢？

张献忠沉银子

据专家考证，磁器口的九石缸河滩，江面广阔，水面看起来波澜不惊其实底下暗流涌动，因此船难较多，自古以来都是艄公眼中的鬼门关。过往船只为求平安，过此河滩必定投下钱币向河神祈求平安。沉船中的钱币和过往船只扔下的祈福钱币在日积月累中，加上潮水涨退，被冲上河滩夹带进石沙，自然成就了九石缸河滩"钱滩"的美名，一句"石马河桂花香，九石缸有宝藏"让这里越发著名。自从古钱币成为文物起，当地居民就开始在河滩上挖宝，但大多以古钱币为主，据说至今为止最为值钱的一枚卖价17万元。但大多居民虽然日挖上百枚，其实大都寻常。

目前为止，并未有明确记载显示张献忠大量宝藏沉没于九石缸河滩，且河滩钱币属国家，盗挖违法，因此那些整日幻想挖宝的人可以休矣。

洪安古镇是《边城》的原型吗

沈从文先生的小说《边城》自出版之后,其风景优美、民风淳朴的化外之地——边城一直诱引着读者的幻想和追寻,人们希望在现实中可以找寻到这样一个真正的边城。而位于重庆秀山的洪安古镇就被好多人誉为"边城",那么,这里真的是小说中所谓的边城吗?

洪安古镇隶属重庆秀山县,位于重庆东南,自古以来就有"渝东南之门户"之称。这里依山傍水,石浦河和清水江(《边城》中的白河)交汇于此,因地跨重庆、湖南、贵州三地,所以有一脚跨三省之名。清代人章恺曾用"蜀道有近时,春风几处分;吹来黔地雨,卷入楚天云"来形容。这里绿树成荫、碧波荡漾,自然风光极为秀丽。

洪安镇主要居民为土家族和苗族,另有瑶族、侗族、白族、布依族等少数民族,各个民族和谐共处,因此在这里可以欣赏到颇具各民族特色的建筑以及民风民俗。不过相对名声在外的凤凰古城,这里因地僻山幽遗世而独立,因此在宁静中反而更有一份边城的意味。

洪安古镇

古镇除土家苗寨之外,还有"三不管"岛颇具盛名。之所以命名三不管,乃是因为当年这里是三省交界,所以无人管辖。境内若有居民冲突,往往自行约定前往该岛进行械斗,官府一概不问。当地民众或过往客商又称呼此岛为"景阳岗",由此可见该岛之风。

在洪安古镇还有一处可与《边城》印证,便是拉拉渡。跟小说一样,也是由缆绳连接两岸,然后以此为动力,牵动船只在两岸来去。不同的是小说中人们用活动的铁环攀着缆绳移动船只,而现实中艄公则坐在船屋内用圆木做绞杆卡在钢丝上一点一点地拖船。

根据以上描述,边城原型似与洪安可以印证,但可惜的是,在《边城》中有这样的表述:"由四川过湖南去,靠东有一条官路。这官路将近湘西边境到了一个地方名为'茶峒'的小城时……"也就是说洪安并非边城原型,那么原型在哪里呢?其实不远,就是洪安古镇的对岸,湖南省湘西州花垣县境内东南的茶峒镇,不过现在已经更名为边城镇。如果读者不较真的话,其实两岸的景观民风都颇具边城清静淳朴的特色,而且洪安没有过度开发,因此更加幽静宁谧。

洪安除绝佳的自然景观和淳朴的民风之外,这里还是著名的红色旅游胜地。解放战争时,刘邓大军挺进大西南,入川第一站便是洪安。在如今洪安信合宾馆门前广场上,耸立有刘邓大军进军大西南纪念碑,碑高十余米,呈三棱形。碑前有刘伯承和邓小平塑像。因刘邓入驻洪安,因此如今镇内还有中国人民解放军二野司令部遗址和刘邓大军进军大西南陈列馆等,皆是当年革命先烈在解放全国的漫漫长途中留下的印迹。

此外,洪安的美食亦是首屈一指,其名菜"一锅煮三省"为此地美食首选。该菜取湖南鱼、贵州豆腐、重庆腌菜烹制,所以就此命名。所用湖南鱼乃是因为洪安临靠清水江,江中的鱼多由下游湖南上溯而来,鱼肉细嫩入口即化。而选取豆腐来自贵州松桃,原料精优、加工细致,成品后雪白细滑。腌菜则为洪安特产,多由农家就地选取萝卜、白菜、豇豆、大蒜、辣椒等腌制而成,种类不一但味道酸爽。三者熬煮一锅再辅之辣椒、花椒、味精等熬煮,成菜后汤色红亮,加上鱼肉和豆腐的白嫩,闻起来气味酸辣,让人食指大动。除此之外,石耶汤锅、腌菜豆腐鱼、手工烤糍粑都在当地美食中榜上有名,读者若有兴趣尽可在游览边城风景时大快朵颐一番。

你知道养心亭吗

"水陆草木之花,可爱者甚蕃……予独爱莲之出淤泥而不染,濯清涟而不妖……"这是北宋理学家周敦颐的名篇《爱莲说》,全文不过百余字,但却真切生动地描述出莲花清白高洁的特点,同时也表现出作者自己的人格理想,因而成为后世文人众口相传的名篇。其实,在学界还流传着一篇短文《养心亭记》，这篇比《爱莲说》更为直白地表达了作者的哲学思想，而养心亭就在重庆的合川。

合川因南宋末年的钓鱼城保卫战而闻名中外，但在北宋时此地被称为合州。北宋嘉佑元年（1056年），周敦颐出任合州通判，自此合州的历史上迎来了光彩的一页。当时合州虽达万户，但全州竟然没有一个州学。周

养心亭

敦颐到任后，便想以兴学办校来改变当地落后的文化状况。他找到了当地名绅张宗范。

张宗范与其共商州学事宜时，很是钦佩周敦颐的人品和学识，于是慨然允诺将自己的私家花园捐于州府，周敦颐便在此开坛授学，并延请天下名士前来讲学。一时间，合州学子慕名求学，合州学风蔚然大盛。张宗范也因此而广受赞誉。为答谢周敦颐，他将自己后花园中小山起名为"学士山"，并在山顶修建一八角亭，请周敦颐题名。周于是挥毫将此亭题名为"养心亭"，并说："人，贵在养心也。"同时理学名篇《养心亭记》曰："予讲养心，不止于寡而存耳。盖寡焉以至于无，则诚立明通。诚立贤也，明通圣也。是圣贤非性生，必养心而至之。养心之善有大焉如此，存乎其人而已。"此文虽短，却强调了人人皆可为圣贤的道理，只要寡欲养心，那么自然可以诚立明通。养心亭建成之后，周敦颐亦在此小住。南宋时，合州因蒙古入侵，养心亭毁于战乱。明成化年间，合州知州唐珣仰慕周敦颐之学识为人，于是依旧址重建了养心亭，并于墙上彩绘周敦颐、张宗范的画像。清光绪年间，合州官员又在附近建甘泉寺，并塑周敦颐像，日夜香火供奉，并对养心亭予以修造，遂成今日之规模。

你知道重庆有座鬼城吗

在《西游记》中,地下的幽冥鬼府名为酆都,这里有十殿阎罗还有十八层地狱,阎罗王执掌人的生死轮回,地狱则是根据不同罪孽予以相应惩罚的地方,里面鬼怪林立,阴森恐怖。孙悟空梦中被拘管到此因而大闹地府,唐太宗梦中神游也吓得神魂俱裂。其实,在现实世界中,真有这样一个地方可以让你一饱地狱的眼福,这就是位于重庆丰都县的鬼城。这里又称"鬼国京都、幽都",属国家级旅游风景区。在这里你可入鬼门关,可过奈何桥,还可到鬼怪幽冥集中的鬼国神宫一览,实在是奇特的体验。那么,为什么神话传说中的幽冥鬼府建立在这里呢?

丰都缘何成为鬼城,传说不一。其中广为流传的则是阴、王二方士的故事。东汉末年,有两位方士王方平、阴长生来到丰都的平都山修炼,后来此地便被道家列为三十六洞天、七十二福地之一。而阴、王并称,后人于是附会为"阴王",就此成为阴间鬼王,平

鬼城白无常像

都山也由此成为鬼都。加上丰都巴人喜好巫蛊之术,盛行各种各样的传说,本来就为此地流传下了神秘和奇异的传说。两者相加,又兼后世文人在小说、诗词、游记中亦真亦幻的描述,再兼绘画、建筑、雕塑等艺术的形象塑造,丰都逐渐形成了今天的鬼都文化。

鬼城地处长江上游,若依重庆顺流而下,是长江三峡的第一个风景区。它隐于山间岩丛,草木葱郁中更添一份神秘与阴森。拾级而上,奈何桥、鬼门关、黄泉路、十八层地狱……殿阁森然,鬼怪林立,使人举步生寒,心魂俱颤,仿佛真的已魂胆俱破,只待忘却前生,投胎转世了。

重庆的民俗特色

　　重庆僻居西南，聚居或散居着多个少数民族，因此这里的风俗习惯虽然在时序上和全国同步，但又因地制宜，拥有着自己的特点和风味。荣昌杀年猪的程序和讲究、塘河婚俗需要经历多少程序、土家族为何赶年、秀山花灯和狸猫换太子有关吗、摆手舞是否起源于武王伐纣，在一个个民俗背后，是这个民族的历史记忆和心灵图谱，只有了解这些，你才能有"近乡情更'切'"之感，这"切"便是"不是吾乡胜吾乡"的熟悉和亲切。

重庆的节日习俗

老重庆人怎么过清明节

春秋战国时,我们的先祖已经划分出了二十四节气,清明即是其中之一。《岁时百问》中说"万物生长此时,皆清洁而明净,故谓之清明。"虽然是一个节气,但在清明节,我们要扫墓、踏青、祭拜祖先,这在注重祖宗崇拜的中国人眼中都是极为重要的仪式。那么,深处西南的重庆人怎么过清明呢?

首先,清明这天,重庆人是要吃寒食的。当年晋文公流亡国外,饥寒交迫时介子推割肉以食。后晋文公登基,犒赏众臣,介子推却和母亲隐居绵山不出,拒绝受封。晋文公以烧山相逼,未想到介子推和母亲宁肯烧死也拒绝出山。晋文公感喟于介子推

清明粑

宁死守义,下令这一天所有百姓严禁生火,以此纪念这位臣子,遂有今日寒食节。因寒食节与清明相近,后合二为一,所以清明节这天,人们扫墓吃冷食。老重庆人在这一天往往吃锅盔加卤菜和凉菜,此外,锅盔里面要加"和菜"。所谓和菜,是由粉丝、莴笋丝和肉丝加上春芽凉拌而成。和西南地区的其他居民一样,重庆人还要吃清明粑。清明粑由清

明菜做成，因清明与"聪明"发音相近，所以民间相传小孩吃了清明菜会变聪明。清明菜学名"鼠曲草"，高有约三寸甚至更高，叶片覆有白色的厚棉毛，花开成黄色。开花前，重庆人将之采摘回家切碎和面，加盐或糖烙成粑粑，色泽嫩绿，气味清香。清明菜因具有药用价值，所以当地人吃之还有治病驱邪的作用。

其次，稍微上点年岁的老重庆人还记得过清明要"挂青"。所谓挂青，就是人们扫墓时以一串用纸剪成的纸串挂在坟前，所谓"有儿坟上挂白纸，无儿坟上屙狗屎"，因此，能否挂青实际上表明坟主是否后继有人、是否父慈子孝、是否家业昌隆。不过从实际说来，挂青还有远超象征意义的实际用处——清明时大地回春、万物复苏、草长莺飞，此时多有狐兔钻穴穿洞，因此多需后人定期查看，除草加土以防毁坏。

第三，清明会。这是一个老传统了，截至现在，重庆还有部分世家大族在清明日举行清明会。这一天，所有族人都要齐聚家族祠堂，按辈论座，接着由族中最为年长者带领全族向先祖叩头烧香，同时将家族近况汇报。诸如年成丰歉、学业进退、事业成败、家庭和睦与否等，都在汇报交流之列。旧时，清明会其实为封建宗法制下的产物，有封建守旧的一面，所以建国之后曾被取缔；改革开放后，清明会又慢慢恢复。其实，辩证地看这种古老传统，虽然有其腐朽没落的一面，但其尊老爱幼、孝悌互助的思想应得到发扬，这样才会使其与时俱进。

第四，喝糯米酒，唱竹枝词。这一点见于奉节一带。当年刘禹锡因参与永贞革新而屡屡被贬，在任夔州（今奉节）刺史期间，曾写诗"两岸山花似雪开，家家春酒满盈杯，昭君村中多女伴，永安宫外踏青来。"从此诗来看，旧时奉节人有踏青喝春酒的习俗。而如今奉节人，每逢清明都要酿造米酒，能歌善舞者还会以山歌唱和。

重庆人过年为什么不午睡

九百六十万平方公里的土地，虽然都为泱泱华邦，但因为各地的历史、文化和民族相异，所以各地的年节风俗皆有不同的讲究。比如，

大年初一,很多地方已经开始走亲串友了,但重庆人这一天是要待在家里的。而且,这一天不能扫地和倒垃圾,因为这样会将家里的财气扫掉倒掉。更重要的是,大年初一,中午是不能午睡的。当地人称之为"霉睡",会一年倒霉的。"霉"在重庆方言中是个形容词,意指运气不好,当地人说"霉惨了""很霉"都是此意。因此在重庆过大年初一,最好不要午睡。

转转饭是什么

过年走亲串友是每家每户过年必不可少的活动,重庆人也是如此。每到大年初二,重庆人开始在亲戚家轮流走动,走动时免不了吃饭,因此每家负责一天,这就是重庆人眼中的转转饭了。转转饭基本都是重庆人的家常饭,既显地方特色,也显户主诚意。因为亲族众多,所以很多时候一摆一大桌,很多户主为了这一天,年前就开始定制菜单,购买食材。不过,随着现代服务业的发展,很多忙碌的重庆人更愿意在外边订餐。亲戚之间"不走不亲,常走常新",因此逢年过节走动是必要的,而在饭席之间,亲戚们相互拉拉家常,话话家长里短也能增进彼此之间的感情联系。

重庆年夜饭

重庆人团圆饭吃什么?

大年三十是除夕之夜,忙碌了一年的中国人开始围坐在年夜饭前共享团圆。很多北方人的记忆中,年夜饭中少不了一碗饺子。但在重庆人眼中,年夜饭必不可少的却是汤圆,取其形,寓意团团圆圆;取其味,寓意甜甜美美。在吃的时候，学生要吃三粒，这是希望能三步登科；上班族要吃四粒，这是希望四季平安。一粒香糯软滑的汤圆就在碗匙的滚动中被重庆人赋予了多重意味。

山城小汤圆

重庆人过腊八有什么讲究

腊八是中国民间的传统节日，在这一天人们要祭祀祖先，祈祷来年丰收吉祥，一些地区还要喝腊八粥。不过，在一些佛教气息浓郁，有大型寺庙的地方，腊八这一天还有别样的风俗，比如重庆人过腊八，就要相约到华岩寺去喝腊八粥。这是为什么呢？

相传佛祖释迦牟尼见众生痛苦，于是舍弃王位弃家苦修。但终日苦修并不见正果，他便到尼连禅河沐浴。在那里他接受了附近牧牛女难陀波罗的乳糜供养，然后到尼连禅河对岸的菩提树下开悟得道。而得道之

华岩寺金佛

日便是腊月初八。所以，腊八这一天在佛门中也是成道会。为了纪念佛祖开悟，一些寺庙每年腊八都要熬制腊八粥免费发放给市民品尝。重庆华岩寺位于九龙坡区，是川东第一名刹。旧时，每到年末，当地的各大商会与行会以及富有名望的乡绅都要齐聚华岩寺，由华岩寺长老主持成立腊八会，大家一起推举产生"总会首"，然后在其领导下捐款捐物，开始腊八祭。祭祀结束后，要将供奉的腊八粥免费施舍给当地民众。由此形成传统，每到腊月初八这一天，该寺僧众和寺院义工都要不辞辛劳地用糯米、红枣、橘皮、山楂、薏仁、雪莲花、枸杞、山药等数十种原材料熬制腊八粥。2016年腊八，他们熬制了近10万碗腊八粥，以供给更多的市民。而前来喝粥的市民从凌晨四点开始排队，喝粥长龙甚至一直排到了山门以外，其虔诚与热闹可见一斑。除了在寺庙舍粥，义工们还将腊八粥送至派出所、医院、福利院、养老院等地，让平时关爱服务我们的和需要我们关爱服务的人们，也感受到佛门的温暖。

荣昌杀年猪有什么讲究

"大寒小寒，杀猪过年。"旧时农村，都有杀猪过年的传统。尤其是养猪业发达的巴渝地区，这里的人每到年末有杀年猪、吃"刨猪汤"的习俗，这算是旧时简单甚至贫乏的物质生产活动中一个最为丰富和热闹的时刻。荣昌隶属重庆，这里的猪耐粗食、易育肥且瘦肉率较高，曾被国家农牧渔业部评为三大优良保护猪种之一。荣昌猪种优良由来已久，因此，荣昌屠户杀年猪也随着时间的积淀而形成了自己的讲究和程序。

从讲究上说，首先荣昌屠户以张飞为开业祖师，因此每年农历五月二十三日即张飞生日这一天，屠户们要进行屠刀会来进行祭祀。其次，有禁忌。杀猪不能说"杀"，而说出栏。每年腊月二十九日为封刀之日，从冬至到腊月二十九就要择期杀猪了。第三，猪为六畜之首，所以每逢农历初六、十六和二十六是不能动刀的。

而从杀猪的程序来说，荣昌的讲究更是繁琐多样。

首先是准备工作：

第一，就是请屠户，约定宰杀时间。同时要将杀猪刀带回来，放在自家盛放猪血的盆子上，然后一并放于香案之上祭祀。

第二，则是请客，便是要求邻里亲朋以及家族中的长辈来家中帮忙，届时还要聚在一起吃"刨猪汤"。

第三，便是备好鸡、鱼、酒、茶、米、香、烛、纸钱、鞭炮各式祭品。一切准备就绪，就开始正式祭祀。祭祀时先由主人向祖宗上香，敬酒、茶、鸡、鱼以及条形的猪肉（当地人称之刀头），然后燃纸放炮。接下来屠户上场，请来张飞的神位供奉于主家祖宗神位右侧。摆放好祭品，开始诵唱祭曲和祭文，内容多为希望祖宗以及张飞保佑家门平安，来年风调雨顺等。

荣昌猪

第三项则进行象征性的放生仪式，由主人将事先预备好鱼放于周围池塘之内，并由主持人吟唱祷文。

准备工作就绪，祭祀已毕，便开始正式宰杀了。此时，屠户要将相关器物上事先扎好的红绸解去，并将杀猪板凳横放于大门之前，意指不能杀进杀出，而猪则头朝大门左侧摆放，然后再念祭文：

神通浩浩，圣德昭昭，先师弟子，把香来烧；

大财上凳，听我昭告，送你西去，来生人道。

这里的大财就是猪了。杀猪对屠户的技术要求较高，因为农村人讲究"一道清"，即一刀杀死，一刀不死就是不吉利。此外，屠户在猪死之后在猪后腿处划一小口，用嘴对准小口将猪身吹涨，这样利于褪毛。而且褪毛时，猪头上要留巴掌大小的毛，尾巴尖上则要留三寸左右的毛，象征有头有尾。

接下来便是"裈猪愿"，这一个环节是将死猪抬到香案前进行祭祀，然后将猪一分两半，内脏取出清洗，猪头猪尾巴割下供于张飞神位前，其余猪肉则按用途腌制或清洗下锅。

一般大户人家，还有挂喜肉的传统，这其实是一桩善事。为了表示主人的富有和大方，主家要将猪肉分割成小块然后系上红绸，悬挂于大门之外。到了晚上，自然会有贫民穷人拿去食用，名为传递喜气，其实也是济困施善。

喜肉挂好后就剩下答谢了。答谢对象首先是屠户，为感谢屠宰顺利，所以将酬金包于红包中送给屠户，同时唱道：

手拿红、就说红，不多不少正当中；

今日万事都顺遂，当阳桥头大英雄。

这是把屠户夸成张飞了。唱完之后，鞭炮齐鸣屠宰结束，接下来答谢众亲友，此时宾朋满座，主人家用猪的内脏和猪血以及精肉做成鲜美的食物供来客品尝，一般讲究七大碗八大碟，比如粉蒸肉、回锅肉、炒猪肝、酸菜滑肉面块，最重要的一道便是刨猪汤，这是用猪内脏略加作料熬成的，算是对杀年猪一系列的忙碌做了一个口腹上的收尾。

土家族赶年与秦良玉有什么关系

汉族人过年，一般为每年的大年三十或腊月二十九。而在重庆秀山，当地的土家族人过年却要提前一天，并称之为"赶年"。据说，这一传统和明朝末年的巾帼英雄秦良玉有关，这是为什么呢？

秦良玉是明朝末年著名女将，为明代四川忠州（今重庆忠县）人。其丈夫马千乘为石砫（今重庆石柱县）土司。丈夫死后因其子年幼，遂有秦良玉代领土司一职。她所率部队因士兵手持白杆长矛而被称为"白杆兵"。当时天下大乱，她率领白杆兵曾参与抗击张献忠、奢崇明等地方叛乱，也曾参与抗击清军，所到之处无不望风披靡，无论是当世崇祯皇帝还是后世名家都对她多有歌颂。

据说，当年皇太极久攻榆关不下，于是率十万精兵绕道长城，在攻陷遵化后直逼北京。崇祯帝即令各地军镇入京勤王。秦良玉部亦在诏令之列，当时正值腊月，当地民众正杀猪宰羊准备过年。秦良玉深知此去一战大多将士有去无回，此番生离即是死别。"起码得让将士们过一个年！"情急之下，秦良玉当即下令所有土家百姓一律提前过年，大年三十，所有白杆兵入伍出征！

于是，还没到大年三十，土家人民都热闹起来，提前贴春联、舞狮子、走亲串友。因为时间紧迫，所以年猪是来不及切碎剁细炒菜的，只能大坨大坨与香菇、粉条、豆腐等菜合锅煮了让将士们吃；酒自然也不及细斟慢饮，直接搬来酒坛子，上面插一根竹管然后抱着坛子喝。大块吃肉、大碗喝酒之后，土家的白杆兵们才了无遗憾地走上战场，奋勇杀敌。此一战，秦良玉部与清军主力部队鏖战于京师外围，一番血战后接连收复滦州、永平、迁安、遵化四城，缓解了京城紧张的局势，受到了崇祯皇帝的褒扬。

此后，为了纪念秦良玉和白杆兵在年夜之前抗击清兵，重庆土家族人便赶在腊月二十九或腊月二十八之前过年，谓之"赶年"。过年时，土家人都要吃大坨猪肉与各种菜蔬煮成一锅的合菜，俗称"团年菜"；家家户户桌子上要摆一坛酒，上插竹管，谓之"咂酒"。

重庆土家人年夜饭吃什么

年夜饭是每个中国人大年之夜共同的记忆，但因地方有异、民俗不同，所以年夜饭也不一样，比如汉族人吃炒菜包饺子，而重庆土家族人则要吃"扣肉"和"灌海椒"。

扣肉是中国人的传统菜肴，土家人亦有，是将五花肉烫好洗净后加入各种佐料再蒸煮而成，好的扣肉要做到肥而不腻、嫩滑爽口。

灌海椒其实就是灌辣椒，因川人以为辣椒从海上传来，故名海椒。灌海椒需要主人提前半月将辣椒掏空洗净，内装拌入佐料的糯米

扣肉

面，然后放入咸菜罐封存，到除夕时取出油炸即可食用。之所以这两道菜成为土家人年夜饭的主菜，乃是因为旧时生活艰难，肉与糯米面均是平日难得一尝的食物，因此每逢年夜，各家各户都要大方地舍出一碗扣肉来，既是乘着年夜解馋，也是对忙碌一年的家人的犒劳。

土家族赶年有什么传统

重庆地处西南，除汉族之外还有很多少数民族聚居在一起，他们的节日礼俗又与汉族有所不一。比如，重庆土家族有"赶年"的习俗，即赶在汉族春节之前就把年过了，具体时间和礼俗，又因姓氏不同有异。最典型的，莫过于酉阳土家族苗族自治乡。这里有个老寨乡，那里有彭姓一族，他们过年一般为腊月二十九日，而且此日清晨由家中的男子做饭，之后祭祀祖宗，最后再叫醒家人。而可大乡和沙滩乡的李氏一族，却在腊月二十八赶年。并且赶年时，他们是禁止杀鸡和猪的，晚上也不能点油灯，只能通宵点着蜡烛。这样多的讲究可以说一姓一俗了，所以如果读者朋友要去重庆少数民族地区过年，一定要记着入"姓"随俗。

酉阳土家村寨

重庆土家人的"守田埂"是指什么

汉族人过年，一般讲究在年夜饭之后守岁，一家人团聚在一起围炉夜话，一起熬过新旧交替的一天。而重庆土家族人过年，也有守岁，不过名目却不一样，当地人称之为"守田埂"。鞭炮已尽，年夜饭也已经吃过，各家各户都会燃起柴火，然后围坐在一起，聆听老人讲述久远的故事，在漫长而絮叨的讲述中一直守到天亮。之所以命名为"守田埂",或许是为了表达对土地的热爱;还有一说认为乃是对来年收成的守候,因此谁家守候的时间最长,谁家的庄稼就长得最好。

重庆中山古镇长宴为何有千米

重庆江津区的中山镇是一座历史悠久的古镇,当地的人们每逢一年一度的元宵佳节,都会赶着去参加一个宴席,这道宴,可以从古镇的街头吃到街尾,一眼望过去,一个挨一个的圆桌上摆满了让人馋涎欲滴的美味,这便是古镇闻名天下的千米宴了。

古镇长宴

千米宴为中山古镇特有风俗,据说已经有千年之久。中山古镇老街长1132米,每至春节,沿街的家家户户都会自发贡献几道菜肴摆至门前组成百家宴,以供拜访的宾客品尝。主客觥筹交错,一起预祝家业兴旺、五谷丰登。演绎至今,遂成今日有名的千米长宴。在开宴之前,当地民众还要举行敬神、祭祖、祈福等传统仪式。一般由八位老者带领进行,他们头戴白帕、身着长衫,肃立于香案之前,燃纸焚香,然后祝拳齐祷上苍和祖宗的保佑,以保来年风调雨顺,百业兴旺。之后,鞭炮齐鸣,宴会开始。宴会上,不仅有中山古镇的石板糍粑、红苕条粉、烟熏豆干等特色菜肴,还有别具一格的风俗表演。最值得一提的当属"打盆"。所谓打盆,其实是民间一种上菜方式。一般为上菜者头顶托盘穿梭于食客宴席中间,其绝技有二:一是托盘长,一般为2米,最长有4米,上面可盛放10到20多道菜肴;二是如此重量,上菜者却不举不托,单靠一只头颅顶举,虽宾客如云,但步履从容,连汤汁都不带洒出。

千米长宴原为民间举行,2005年开始由当地政府组织启动,从此一年一届，每年吸引着四面八方的游客前来观赏品尝，不仅是当地有名的民俗文化节日，更影响至境外，获得了海外的美誉。

东泉镇为何盛行裸浴

重庆巴南区有个东泉镇，这里的温泉属硫酸钙镁型优质医疗矿泉水，富含氡、氟等微量元素，因此是疗养旅游的胜地。与其他温泉不同的地方在于，此地民风淳朴，流行裸浴，这在讲究风化的中国大地可说绝无仅有，那么这里为什么会盛行裸浴呢？

据当地传说，明朝时东泉镇附近有一孝子，其母双目失明。为保养母亲身体，此子每日都会背着母亲来到东泉河边洗澡。不想，经年累月的沐浴竟然使得母亲重见光明。消息传开，附近村民争先来到河边洗浴，久而

东泉浴场

久之，竟蔚然成风。于是，东泉裸浴便成当地特有的习俗。据说，先是约定俗成，洗浴时分定时段，若有女子洗浴便先到河边探问是否有人，若有男子回答"女的不来，男的来"，女子便要在附近竹林等隐藏视野处继续等待。后来这样有点麻烦，于是开始男女混浴，但中间架以条石，规定男左女右，"看得摸不得"。似乎这样下来也并未发生有违人伦和法律的事情。不过，例外的是当地少女洗浴，一般是在夜间，而且有其母亲或男友陪伴。

据当地村民称，20世纪八九十年代，多有村民一日劳作后以家为单位裸浴，来解除身体的乏困。其实，泡温泉对疥疮等皮肤病以及肩周炎、关节炎都有显著疗效，因此，不仅当地人来裸浴，更有附近村民前来洗尘解困。后来，当地政府开发温泉资源，外来游客不断涌入，于是裸浴之风渐行渐远，已经没有村民愿意赤身露体曝光在乡郊野外了。不

过，新世纪以来，当地政府又免费修建了几个温泉浴场，意图恢复当地裸浴之风，虽多为老人孩童光顾，但也算是古风的遗存了。

塘河婚俗有多少道程序

"人逢喜事精神爽，不知不觉就走拢了；恭喜主人，花轿来到你家门；你姑娘打扮好没有？迎亲队伍都到了哟……"一个打扮妖娆的半老徐娘高声叫着，来到了一户贴着大红喜字的人家。身后，则是骑着高头大马，头戴礼帽身披红花的新郎官，而在新郎官身后则是穿红着绿，各个喜气洋洋的迎亲队。前面的敲锣打鼓，后面的身插彩旗，最后的则抬着花红表礼。这样传统而热闹的迎亲场景如今已经很少见了，因此吸引了周围十里八乡的居民，自然也吸引了中外的游客。不过，迎亲只是塘河婚俗的一部分，后续还有更多的程序有待一对新人走完。

塘河镇位于重庆江津区西南，以流经古镇的小河得名。小镇古脉悠悠，民风淳朴。在长期的生产生活中逐渐形成了自己独有的生活礼俗。根据当地乡志记载，塘河婚俗兴起于宋代，兴盛于明代，并在清代逐渐影响至周边，建国后一度衰落。而随着现代社会生活的节奏加快，塘河婚俗因复杂而繁琐的程序并不被当代人所喜。新世纪后，随着塘河婚俗文化内涵的挖掘和人们对传统生活的追溯，这一古老的婚俗又逐渐兴起。

塘河婚俗包括说媒、做相（订婚）、开庚（三元合婚）、男方办接收、女方办嫁妆、出阁、踩斗、丢筷、骂媒、压轿、哭嫁、送亲、陪嫁、道锣、唢呐、花轿、旗伞、抬盒、迎娶、拜轿、回车马、过革筛、拜堂、坐烛、请拜、席酒、送花菜、下马饭、抢凳、闹房、闹茶、参厨、谢媒、回门等三十多道程序，虽礼节繁多但却拥有宏大的场面和热烈的气氛，全程突出"德、礼、情、孝"的

塘河婚俗

主题，蕴含着丰富的文化内涵。

除去前期的铺垫活动，整个婚俗过程需时三天。结婚时，新娘要凤冠霞帔，新郎则需身着马褂腰缠红花。迎亲时，新郎和媒婆需要提早出发，带着彩旗队、锣鼓队、礼盒队浩浩荡荡前往新娘家。进门时，媒婆则要与女方家高声应答，之后男方呈上礼单。接下来，高潮戏开始，就是女方的出阁仪式，包括了踩斗、丢筷、骂媒、压轿、哭嫁。所谓踩斗，即指新娘子穿上嫁衣，然后踩到用红纸包裹的谷斗上，从肩上向后抛出竹筷，一边抛一边还要向娘家弟兄说发家致富的吉祥话，而弟兄们则纷纷接筷子。哭嫁时先哭爹娘、后哭婶婶、接着哭叔娘、哭姐妹。哭时对象不同，唱词也有不一。比如哭爹娘时要唱："女儿家女儿外相，十七八岁选才郎，倘若奴身是男儿，早晚二时奉高堂。自己的爹娘糍粑心，人家的爹娘两样心。"哭嫁之后，新娘便在家中拜别爹娘，然后在预定好的时刻坐轿前往新郎家。一路的颠簸虽然辛苦，但在喧天的锣鼓声中倒也算是热闹。进入新郎家后，便有司仪来主事了。此时司仪早已备下香烛、公鸡，对新人进行一番祝福。之后，司仪便将公鸡脖颈割开，然后绕花轿一周，沿途洒下鸡血，这一环节名为"回车马"，目的在于祭神辟邪。接着新娘缓缓下轿，正式拜堂成亲。新郎新娘进入洞房之时还要争先恐后，抢在对方之前坐在洞房内的凳子上，这就是"抢凳"仪式，它预示着谁先坐下谁就是这个家未来的主人。

塘河婚俗虽然繁琐多样，但是包含着丰富的礼俗内容，场面喜庆、热烈，是我国民间婚俗文化的重要组成部分。目前，当地政府已启动多项措施来保护这一民俗，如果读者有兴趣也尽可到塘河古镇，在热闹非凡中体验一把传统的"嫁娶"。

重庆人的休闲娱乐

巴渝木偶戏都有哪些绝技

伴随着电影艺术的日新月异，好多传统的艺术剧目都面临凋零和失传的境遇。重庆的巴渝木偶戏即是其中之一。不过在旧时，这种民间艺术出没于茶馆、戏院、庙会，所到之处人山人海，往往引来当地乡民的翘首观望。

巴渝木偶属于传统的杖头木偶，因为长期扎根于巴山蜀水，因此无论从表演形式上还是从表演内容上都体现出浓厚的巴渝地方特色。木偶戏本身源于民间走街串巷的街头木偶艺人，建国后艺人们组团演出，表演的

巴渝木偶《变脸吐火》

《三打白骨精》成为川东木偶界的代表之作。好的木偶戏不但剧情动人，在人物塑造上也颇费功夫。首先是人物造型要神形毕肖，其次各种表情和动作机关要有，这样人物不显得呆板，剧目也更具有可看性。这就要靠木偶制作人在前期制作时加入机关设置。改革开放后，尤其是现代影像娱乐的遍地开花，人们对于木偶戏的兴趣逐渐寡淡，目前巴渝木偶戏的制作人和表演团队也日渐凋零，希望进入非物质文化遗产名录后，这

一融合了民间手工艺术和传统戏剧的剧种能够继续留存并发扬光大。

秀山花灯与狸猫换太子有什么关系

　　花灯艺术广泛流传于我国各地，其中重庆秀山土家族苗族自治县的花灯艺术，因其古朴多样的艺术形式而位列我国第一批国家级非物质文化遗产名录。其起源众说纷纭，有人说秀山花灯渊源颇深，虽然地处西南，却与北宋的一大奇案有莫大的关系，这是怎么回事呢？

　　据说北宋真宗时，皇后去世无子，而刘、李两个妃子同时怀有身孕。按照立嫡立长的原则，谁若产子在先，自然谁就是未来的正宫皇后，说不定就是将来的皇太后。产子全靠天机，生性妒忌的刘妃自然动起了歪脑筋，她收买了李妃身边的太监宫女，待李妃生产时用剥皮的狸猫换走了刚出生的孩子。李妃因诞生妖孽而被打入冷宫，终日以泪洗面以致双眼枯干。后来，刘妃生下一子，顺利上位，不想天道无常，小太子长至六岁时生病夭折。真宗无人可继承大统，于是过继了八贤王的儿子赵祯。其实，赵祯即是当年被狸猫换掉的皇子。当年主事的宫女将他偷送出宫，本拟溺毙但一时心善便将他送给了八贤王抚养。真宗驾崩，赵祯即位是为仁宗，在包拯相助之下查明了自己的身世真相，于是认祖归宗。此时李妃双目已枯，孝顺的仁宗听说花灯可以祛病除灾，于是下令京城布下三千六百盏花灯，张灯结彩为生母祈福祛灾。同时，他还特命各地广进特产，以襄此盛举。当时重庆秀山有龙、石、张、罗、方五番（宋元时统治者称外族为"番蛮"）数百人进京献贡。在京城畅游之后，这些人见花灯五彩缤纷且意寓光明，于是偷了几盏带回秀山，想让秀山百姓祈福纳祥。于是，花灯由此代代相传，渐渐成为秀山一绝。持此一说的人，是因为某些花灯班在启灯仪式上曾有这样的唱词："灯是灯，灯是灯，灯从何时起？灯从何时兴？灯从唐朝起，灯从宋朝兴。"尤其是《大闹红灯》中有"灯是灯，灯是灯，灯由何处起？灯由何时生？仁宗皇帝登龙位，国母娘娘瞎眼睛，许下红灯三千六百盏，流传两盏到如今"的唱段可为佐证。而至今某些花灯班灯样类似宫灯，曲调也有与宫廷音乐相似之处。

其实，宋仁宗赵祯确有认母一事，只是不似民间传说那样血腥传奇。因此，秀山花灯起源于此也是民间的想象。在秀山地区，还有人认为花灯起源于当地土著，也有人认为秀山花灯乃是元朝末年，与朱元璋交战失败的陈友谅残部进入渝南、湘西一带与当地人融合兴起的艺术。无论起源何时，秀山花灯都集聚了民间百姓的智慧，是中国民俗文化中的重要组成部分。

花灯舞

秀山花灯有哪些程序

现实中的秀山花灯，乃是汇聚歌舞吹打表演于一体的民间艺术，一般于每年正月初二开始，至正月十五结束。其表演不受场地局限，只需平地即可。因此寻常院落、街头巷尾皆可见其身影。传统的花灯表演有非常完整的程序，包括设灯堂、启灯（又叫请灯）、跳灯、辞灯。

设灯堂就是花灯班在外出巡演之前，设置灯堂，然后将"金花小姐""银花二娘"神位供奉在桌子上。接下来便是启灯了，由花灯客燃烛烧纸敬奉二位灯神，请求保佑跳灯人吉祥平安。祭拜完毕，花灯客们又唱又跳，先是由灯师傅领唱"安位""唱位""开光"之后，所有人齐唱"起灯调"。之后再将要演出的曲调唱一遍。整个过程既是向神灵祈福也是对所演剧目的排练。启灯结束之后，花灯客们便可走街串巷，外出跳花灯了。

花灯舞

跳灯就是花灯班外出表演。一般都是在接灯人家的堂屋、院坝等平敞的地方跳。进入家门，先唱《观灯调》《祝贺调》，临走时要感谢主人唱《谢主调》。

到正月十五，花灯表演结束，此时就要辞灯了。辞灯仪式一般是在河边坝子，由花灯班自己主持。主要仪式先是祭拜神灵，演唱《送灯调》，接着所有人在调灯师傅的带领下齐唱春节期间所有演唱的花灯曲调，这叫"收调"。最后焚烧花灯及神位，并将所有花灯客的衣服从熊熊火光上抛过，寓意来年红红火火，平平安安。

秀山花灯都有哪些经典曲目

秀山花灯在表演形式上，有花灯二人转、双花灯（四人表演）、花灯群舞、花灯戏之分。除去花灯戏，其余表演均由一旦一丑两个角色组成，旦角称之"幺妹子"，丑角称之"赖花子"。赖花子围着幺妹子跳团团，二人一边跳一边唱，以古朴的表演和滑稽诙谐的动作来逗引观众发笑。其剧目纷繁多样，主要有：《牧童看牛》《看牛下棋》《三媳敬寿》《箍桶匠》《小媳妇》《盘花》《表妹盘花》《老伴盘花》《三碗饭盘花》《闹五更》等30余折，内容多取自乡土生活，虽显粗浅却是百姓寻常，所以一直为当地百姓喜闻乐见。这其中闻名全国的如《黄杨扁担》，歌曲轻快欢畅，歌颂了心灵手巧的酉州姑娘，在中国民乐界广为传唱。

秀山花灯为何无崴不成灯

秀山花灯演出以古朴诙谐见长，表演时舞者要结合音乐，讲求动作的灵活协调和体态的自然。秀山人总结出一个基本动律特征就是"崴"，甚至有"无崴不成灯"一说。那么什么是"崴"呢？

崴是秀山花灯的基础舞步，要求舞者表演时随着乐律移动步伐，同时伴以腰胯的扭动。但这种扭动要配合膝盖的左曲右伸。崴步的动作也是多样，有所谓"等点步、正崴、反崴、蹂踩步、斜跨送扇、螺蛳转背"等。这些崴步不仅样式繁多，更重要的在于与人物性格成对应关系。朴实大方的人走"正崴"，轻松活泼时耍"小崴"，明快活泼时则有"男小反崴"，浪漫悠然时则为"女反崴"。

崴步时还要求手部动作的配合，因手摆如柳，故称花灯手势为风摆柳。表演者手中道具的变化称为"手中花"，有"平绕花""下挽花""挑绕花""后翻花""双绕花""侧甩巾""小甩巾""背巾"等多种变化；而手中耍扇子称为"扇花"，有"怀中抱月""蜻蜓点水""金丝滚绣球""雪花盖顶""凤点头"等70余种变化，可以说穷尽了表演者的想象力。而正因为如此丰富多样的脚步和手势，才成就了秀山花灯今天的精彩和盛名。

秀山民家花灯舞

踩山节的爱情传说你知道吗

踩山节是苗族人的节日，又称"踩山会、踩花山"，风行于我国苗族聚居区。重庆万盛区青年、关坝、石林、黑山等镇多有苗人世居于此，踩山会也是当地颇为盛大的民间集会。举办时间一般为每年的正月初三至正月初五，这一天，苗族同胞们盛装出行，进行对歌、射箭、斗牛、打牛、爬花杆、喝牛角酒、祭神还愿等各项活动。其目的在于欢庆丰收，同时还要会亲访友。不过，更重要的是，这一天也是苗家青年男女的相亲会——苗家的"咪彩"（苗语称未婚姑娘）和"咪哆"（苗语称未婚男子）要在芦笙伴奏的歌舞声中，尽展风采；要在情歌对唱中互抒胸臆，谈情说爱。如果双方有意，则男女互赠腰带、手绢，之后再出男方派人上门提亲。那么，踩山节为何与此相关呢？

据说，旧时万盛散居着很多苗寨，因山高水阔所以各寨之间少有来往。其中一寨有一冷姓的大户，户主冷懂生有一女名唤米紫彩，伶俐可爱。一天，米紫彩正在窗前独坐，忽然从外面飞来一只小鸟，对着她大声啼叫"米紫彩嫁给我，米紫彩嫁给我"。米紫彩顿时跌落在地，神志不清。直到小鸟飞走后，她才醒转。从此，只要这只小鸟出现，米紫彩便立刻神魂出窍，小鸟走后才恢复正常。冷懂全家为此甚为头痛，但不知如何是好。

这一天，来了一个英挺俊俏的苗家小伙，他瞄准怪鸟，拈弓搭箭，然后一箭射出，将怪鸟射落在地。从那以后，米紫彩再也没有犯过病，但是她却整日茶饭不思，郁郁不乐。父母询问一番，才明白女儿已经暗恋上了那天的小伙。只是，苗寨之间山隔水阻，到哪里去寻找这个人呢？冷懂苦思之下，决定联系各村寨，在正月初三这天，相聚于石林，举办踩山会。届时邀请各家青年男女参加，吹笙跳舞，一来寻找女儿的意中人，二来也加强了各村寨的联系。于是，正月初三，附近苗寨的男女老少们全都盛装来会，在大会上人们唱歌跳舞，举行各种文娱活动。而米紫彩也找到了那个小伙，两人互诉衷肠，从此情定终生。之后，踩山节便成为了苗家人固定的节日。

万盛苗族踩山会

苗族踩山会传承颇久，建国后曾因历史原因一度沉寂。改革开放后，当地政府充分开发了这一资源，并在苗族同胞的同意下，将举办时间放在了夏天，地点则为万盛区石林（今龙鳞石海景区）。虽然为重新举办，但所保留的情歌对唱、滚山珠、苗族婚礼、绝技展演、打牛等节目均为苗家特色，充分表现了苗族人的生产和生活。现在，这一节日不仅是苗族人载歌载舞的节日，更是各地民众借此娱情怡性的盛大集会。

酉阳土家的摆手舞有何特色

重庆酉阳号称"摆手舞之乡"，这里盛行的摆手舞是一种大型民间群众舞蹈，那么，这是一种什么样的舞蹈呢？

土家族人有语言而无文字，因此关于本民族的历史和文化就全靠口耳相传，因此一些集体的祭祀活动就承担了这一任务。土家摆手舞本身为一种宗教祭祀活动，活动时间一般为农历的二月初七，且大都为晚上，被土家人称为"社巴日"。在"社巴日"里，土家男女老幼都要集中在"摆手堂"。月夜中，只见龙凤大旗迎风招展，灯笼火把如火龙窜于大地，牛角号、唢呐声音凝重嘹亮，在震耳欲聋的鞭炮声中，人们身披"西兰布卡（花被面）"，捧着贴有"福"字的酒罐，担着五谷、抬着牛头刀头（大块熟肉）、端着粑粑、手持短棍、神刀等浩浩荡荡来到摆手堂。

庄严肃穆的气氛中，首先由众人面向神位叩拜，之后便在神位下边跳边唱。而歌唱内容，表达的是对先祖恩德和功绩的怀念和颂扬。祭奠仪式结束后，众人便来到摆手堂外的坪坝上，这里一般有树，树上事先挂满各色灯笼，所有人围绕大树携手站立，然后随着锣鼓齐鸣，开始翩跹舞蹈。

众人齐跳摆手舞时，一般由当地的巫师用土家语演唱摆手歌，然后周围人众合唱。而随着歌唱内容的变化，负责伴奏的乐手们也应相应变化鼓点节奏。比如，追忆先祖时节奏庄重舒缓，表现战斗厮杀时节奏高

亢激越等。摆手舞身体动作多样，有所谓"单摆""双摆""回旋摆"等，舞蹈时要求身体协调一致，比如摆手舞所谓"顺拐"，即甩同边手，手脚要配合默契、摆动线条要流畅大方。

摆手舞的表演既是土家民间对先祖神灵的祭祀活动，同时也是民众相亲互娱的大型集会，因其气氛热闹、舞姿缤纷而一直流存于世，且名扬于巴渝内外。但随着现代文明的熏染，这一传统大型舞蹈渐有失传之虞，目前土家聚居地的各地政府正在努力加强对其拯救和保护工作，希望这样的努力不要使这一舞蹈湮没无闻。

摆手舞起源于武王伐纣吗

广泛流传于土家族的摆手舞有着别样的风采。关于这种舞蹈的起源，众说纷纭，其中很重要的一种说法认为，摆手舞源自旧时的白虎舞、巴渝舞。

巴人能歌善舞，但在商朝时备受当朝欺压。商朝末年，武王兴兵伐纣，巴人积极参与。《华阳国志·巴志》载："巴师勇锐，歌舞以凌殷人。前徒仰戈，故世称之曰武王伐纣，前歌后舞也。"这里巴人所演绎舞蹈即巴渝舞。而历史中曾记载，巴渝舞中有"矛渝""弩

摆手舞

渝"等动作,而摆手舞中"披甲""列队""拉弓射箭"等动作多与其重合,因此,有专家认定,或可推断摆手舞即源自武王伐纣时的巴渝舞。

当然,舞蹈动作的相似只是起源考证的证据之一,根据多地考证,摆手舞与土家人的生产生活相关,其"赶猴子""拖野鸡尾巴""犀牛望月""磨鹰闪翅""跳蛤蟆"等动作就是对狩猎与禽兽活动的模拟。所以,土家人的摆手舞又或可认为是土家先祖生产生活的经验积淀而成。不管起源如何,其悠久的历史渊源,却是普世公认的。

走马镇有多少故事

故事每个人都爱听,尤其是流传在故里乡间的民间故事。它们上到神仙庙堂,下到地府村野,其题材丰富多样,是中国百姓茶余饭后的重要谈资。而要说哪里的故事最丰富,这就要提一下重庆九龙坡区的走马镇了。这里是全国有名的故事之乡,是重庆文化局定名的"民间文学之乡"。那么这里有哪些故事?又有多少种故事呢?

走马故事会

走马镇原为重庆通往成都的古驿站,又因西临璧山南接江津,所以有"一脚踏三县"之说。如此地理位置,自然各路客商往来频繁。客人或打尖或住店,少不了天南海北地一通乱侃。久而久之,各地的奇闻异事便在这里流传开来。现在已不可考走马镇的故事可以上溯多远,但走马场建于明末清初,因此故事产生的年代应该不会晚于四百年。在四百年的流传过程中,走马镇逐渐产生了类型多样、内容丰富的各种故事。据20世纪80年代重庆文化部门统计,走马镇故事包括神话传说、风物、动植物、生活民俗等多达10915则故事,并且还挖掘出了316个民间讲故事能手,当地人称"故事篓子"。1998年联合国教科文组织、中国民间文艺家协会联合授予走马镇居民魏显德"中国民间故事家"称号,而获此称号的全国仅有10人。据统计,魏显德老人会讲一千余则故事,真可谓民间故事高手。

走马镇民间故事以其丰富生动的故事内容一直吸引着周边的民众,更重要的是走马镇故事里蕴含着先民的民俗、信仰、生活等方方面面的内容,对我们研究古时人类的生活具有重要的历史意义和参考价值。

鬼城庙会都有什么内容

重庆丰都是中国有名的鬼城,因其名称与民间传说的阎王所居之地酆都重名,因此经过千百年的附会演绎而逐渐成为今日的鬼城。既然称之为鬼城,那其习俗自然有异于其他地方,最典型的莫过于庙会了。旧时鬼城寺庙林立,因此庙会也纷繁多样,有正月初九的玉皇大帝圣诞会,有二月初二阎罗王天子圣诞会,有四月初八的释迦牟尼佛主会等,地点不一,主事名称自然也有变化。建国后,这些庙会因涉嫌宣扬封建迷信而被迫中断。改革开放后,当地政府于1988年4月18日首次出面主持了首届鬼城庙会,由此形成传统,一年一届。

鬼城庙会

鬼城庙会以其丰富多彩的民间才艺展示和民俗文化活动著称于世。在文化展演上,内容多表现民间传说和鬼神故事,如"阴天子娶亲""活捉秦桧""城隍出巡""钟馗嫁妹"等。此外还夹杂各式各样的地方舞蹈,比如神鼓舞、鬼面舞、响篙舞等。一时众鬼林立,歌舞齐欢,带给人不一样的感受。

阴天子为何娶亲？

在鬼城庙会中，阴天子娶亲是庙会表演中的主线。而在丰都名山的天子殿中，也有一座小佛龛，里面供奉着一位凤冠霞帔的年轻女子，据说这就是天子娘娘。都说神仙不可思凡，那么阴天子怎么会娶亲呢？

据民间传说，旧时四川大竹有一卢员外，虽有万贯家财，但命中无子，只有一个女儿，名唤卢瑛，因此倍加珍爱。成年之后，对其婚事自然也颇费思量，总想许个好人家，因此，虽然年方十八，依然待字闺中。

鬼城庙会——阴天子娶亲

有一年，卢员外外出收账，数月未归。卢家母女甚是担心，因此便择选吉日到丰都名山烧香祈福，期盼员外平安归来。进入名山后时，卢瑛偶然抬头，看见阴天子神清目朗，扮相英挺，不由脸上一红，心中竟然暗自期盼：若命中有缘，得此男儿相伴一生，也了无遗憾了。不想，那神像也注目相应，眼中秋波流转，对她也颇为动情。

卢瑛心中一热，便走开了。烧香时，便听见耳边有一声音在耳边嗡嗡说道，若得终生相许，员外三日之内便可回家。卢瑛见四下无人，便知道是天子显灵，于是便在心中暗自答应。

三日之后，卢员外果然回家，谈及归程，说自己差点客死异乡，幸得菩萨保佑，才能安然回家。卢瑛听后，心中一下了然。于是，茶饭不思，终日神魂颠倒，虽经卢员外延请名医多方救治，但刚过三日即香消玉殒。员外夫妇正在痛心不已，谁知晚上女儿即来托梦，说自己已经嫁于阴天子，父母不可挂念。次日一早醒来，员外夫妇立即登上丰都名山，只见阴天子身边真有一年轻女子，虽为泥胎金身，但形貌酷似自己的女儿。员外夫妇既悲又喜，但终究无可奈何。而这一天正是农历三月初三。从此，每到这一天，附近的善男信女都要齐备香烛黄纸，在锣鼓

喧天中浩浩荡荡一起来庆贺阴天子娶亲。特别是卢瑛的家乡大竹县还专有天子娘娘庙，四时皆有香火供奉，以表达百姓对她的敬重。

因为娶亲往往迎得四方朝贺，因此"阴天子娶亲"便成为了当地庙会巡游的主线，同时附带三界神仙汇聚一堂的热闹场面，届时不仅有牛头马面、十殿阎罗等阴间鬼神，还会有上界神佛，可说是中国古代神仙的一次大展览了。

当然，阴天子娶亲不止巡游展览那么简单，重头戏还在娶亲。娶亲的仪式非常古典，全面还原了汉代的婚礼仪式，包括沃盥、饮合卺酒、解缨礼、结发礼等。

沃盥是婚礼的首先仪程，所谓沃盥即是浇水洗手，古人行礼之前必须先要洗手。《周礼·春官·郁人》："凡祼事沃盥。"后孙诒让注曰："沃盥者，谓行礼时必澡手，使人奉匜盛水以浇沃之，而下以槃承其弃水也。"因此作为新婚夫妻，"阴天子"必须洗手以示虔敬。

接下来便是饮合卺酒了，合卺酒其实就是古人的交杯酒。卺，即瓠瓜，因味苦不可食，多用来做瓢。古时结婚，一个瓠瓜剖成两半，然后中间用一条绳子相连，夫妻各饮一瓢，以示从此合二为一了。

第三项便是解缨礼。缨为彩带，是古代汉族女子许婚出嫁时的彩带，因此可当婚礼信物使用。婚礼上，作为新郎的阴天子要将缨解下，然后昭示众人，以示明媒正娶。

最后便是结发礼了，此时阴天子将新娘头发剪下一绺，接着把自己的头发也剪下来一绺，之后用红缨挽在一起，以示永结同心，此即后人称结发夫妻的由来。

阴天子娶亲仪式颇为宏大，乃是当地政府着力开发的一项旅游项目，因此颇有可观之处。而故事中卢瑛是哪朝哪代人，早已无从查考。何时有此传说，也无从考证。

石壕杨戏为何被称为"戏曲活化石"

中国地大物博，各地风俗不一，民间文化娱乐活动也多姿多样。目前在国际上拥有广泛知名度的京剧虽是国宝,却远没有重庆綦江石壕镇杨戏那样久远的渊源,后者被研究者称为民间戏曲的活化石,那么这是怎样的一种戏曲呢?

杨戏距今已有上千年的历史,其最早起源于古代的巫祭傩仪。巫祭即是古代由巫师主持的祭祀仪式,而傩仪则是盛行于商周时的祭礼。人们借此活动来沟通天地、驱鬼逐疫、消灾祈福。在后来的演变中加之戏舞遂成今日之面目。杨戏因首倡者和发明者大多姓杨,且供奉杨姓神仙如杨戬,于是人们称之为"杨戏"。清朝咸丰年间,有杨姓一族自贵州迁入今綦江石壕镇皂泥村,从此,杨戏便在此发展传承。皂泥村隔绝于世,石壕杨戏较少与其他戏种交流,因此最为纯粹;同时也由此侥幸保留下来。

石壕杨戏内容以三国、封神、二十四孝等传统民间故事为主,伴以二胡、唢呐、笛子、大锣、堂鼓、勾锣、马锣、木鱼等乐器进行演唱,宣传忠孝节义等传统价值观。演出前,演员要画脸或佩戴面具,如二郎神、土地、菩萨或各路神仙等,接着穿戴服装整理道具。杨戏道具大多较为粗糙,准备工作完成后才可登场演出。演出时分正台、开场、撒帐、开坛、造盆、扫盆、开路、请神、领牲、点盆、回熟、陪神、贺戏、勾消、下祭和送神十六个程序,每个程序都有不同的唱词和念白。不仅程序繁琐,演员演出时还要烧香、杀鸡、宰猪,祭祀天地呼唤鬼神,以达到纳吉祈福的目的。

"当初只因放牛起,而今成了一堂神,三圣老祖临法会,烧香三炷神恩降……"从这段杨戏唱词,你可以看出该戏曲表演的初衷和渊源。如今,石壕杨戏仅存于皂泥村徐家杨戏班,因此,如何抢救这笔久远的文化遗产,还有更多重要的工作去做。

钱棍舞怎么跳

在重庆城口县境内的高望、修齐、岚大、巴山等镇,广泛流传着一种舞蹈,名叫"钱棍舞",其场面壮观,气氛浓烈,因此广受当地民众的欢迎。这是一种什么样的舞蹈呢?

钱棍舞又称"连宵",此舞独特之处在于舞者手中所持钱棍。所谓钱棍乃是由竹竿所制,一般选取金竹,一寸粗细,长约三尺,然后在竹子两头钻小孔,每个小孔中穿以铜钱,坠以流苏或扎上色泽鲜艳的花朵以为装饰。钱棍敲打起来叮当作响,有金玉之声,铿锵有力,再辅之以音乐节律和变幻多端的动作,让观赏者也难免手舞足蹈。

钱棍舞起源甚早,据说清乾隆年间,湖北襄州有巨富曹卓,因铜钱之上有天子之年号,于是将铜钱悬挂于宅门之上,以祈上天赐福辟邪。久而久之,这种避灾祈福的活动便传至民间,广泛流传于各地。最后乃至贩夫走卒等都喜欢在烟杠、扁担上坠上铜钱,在铜钱叮当相撞的声音中消除疲劳。后来,人们便统一用竹竿取代木棍,在上面凿以小孔,并编排动作、配以音乐节律,于是形成今日的钱棍舞。表演时,表演者右手持棍,然后上下左右敲击自己的肩膀、脊背、腰身和四肢,间或敲击地面或与其他舞者对打,在整齐的步伐和节律中既可健身又可娱乐。钱棍舞发展至今,动作花样繁多,其中有名目者如"黄龙缠腰""扫地盘子""太公钓鱼""跑马射箭""仙女摘花""滚龙莲香""观音坐莲""雪花盖顶"等,从其名称可以想见其舞姿摇曳。

如今的钱棍舞早已不再是贩夫走卒的专利,男女老少皆可手持钱棍在街头巷口持杆而舞。当年红军入川时,为播撒革命火种,不少革命宣传工作者也利用钱棍舞在街头巷尾向劳苦大众宣传革命道理。解放之后,钱棍舞越发兴盛,并且随着时代的发展,加入了时事唱词,场面也更加宏大,因此也越具有可观之处。2012年12月,中国民间文艺家协会正式命名城口县为"中国钱棍舞之乡",如果游客有兴趣,尽可去城口持杆而舞。

钱棍舞

你知道周恩来曾抬过滑竿吗

周恩来是我国著名的政治家和外交家,是万人敬仰的政府总理,发生在他身上的逸闻典故数不胜数。比如,他曾抬过滑竿。那么,一代领袖怎么又和滑竿联系起来了呢?

这里首先要提到周恩来的母校即天津南开中学。自"九一八"后,日军加快了侵华的脚步。为防止文化教育事业受到破坏,许多地方相继开启对教育机关的迁移工作。南开之父张伯苓为存续南开火种,于1936年由天津赴重庆在沙坪坝选土地800余亩,创办了重庆南开中学。

1944年10月17日,重庆沙坪坝南开中学举行建校40周年暨校长张伯苓68岁寿辰庆典,各地南开校友纷纷前来祝贺。这其中包括时任共产党军委会政治部副主任的周恩来以及国民党常委张厉生。当时,张伯苓住所院内正好有一个滑竿,于是周恩来便协同张厉生一道抬着老校长绕着院子

滑竿塑像

走了一圈,一时传为国共合作的佳话。第二日,南开校园墙报上甚至出现了这样的顺口溜:"国共两部长,合作抬校长,师生情谊厚,佳话山城扬。"

国共两党部长所抬滑竿在山城境内其实遍地可见。其起源据说源自蔡锷讨袁,当时战事惨烈,救护伤兵的担架数量不够,于是就地取材,将竹子砍伐进行简单绑扎,才有今日的滑竿。也有人说滑竿乃由轿子简化而成。滑竿主体乃是两根三米多的竹竿,两头分别有尺把长的短杠作为抬肩,而中间则是由竹片或绳索编成的躺椅坐兜,冷天垫毛毯,热天撑凉棚。前面则垂下脚踏以供乘客踏脚。滑竿由两名轿夫抬行,乘客或坐或卧,随着竹竿的弹动上下颠动。滑竿制作简便,形制简单轻便,因此走街串巷、上山下坡都极为便利,在山城曲折斗转的小路中反而走转

得极为顺畅，因此成为了此地颇受欢迎的代步工具。

另外，有趣的是，因为滑竿后面的轿夫因视线被挡，需要前方轿夫提醒，因此两者一呼一应的唱词也成为滑竿一大特色，称之为报路号子。如"之字拐，两边甩""三块板板两条缝，专踩中间不踩缝""上有一个坝，歇气好说话""大钉带小钉（指石头），脚上长眼睛"。前面路很平直，前呼："大路一条线。"后应："跑得马来射得箭。"要上桥了，前呼："人走桥上过。"后应："水往东海流。"路上有牛粪，前呼："天上一枝花。"后应："地下牛屎巴。"路上有个奶孩，前呼："地下娃娃叫。"后应："喊他妈来抱。"狭路上遇到行人，前呼："两边有。"后面的知道了，便答："当中走。"一位娇娃在前面行，前面脚夫便唱："前面一枝花。"后面的幽默地回他一句："只能白看当不了家。"

滑竿在重庆成为陪都时曾一时大盛，究其原因乃是因为政府机关内迁导致重庆人口激增，当时重庆公共交通只有木炭公交车，且汽车、黄包车等更无法在路况比较复杂的山城内来去自如，因此远远无法满足人们出行的要求，于是简便易行的滑竿自然成为人们出行的最佳选择。加之当时正值抗战，经济一片萧条，重庆多有失业和无业者游荡城内。而抬滑竿这种没有技术、成本投入又较低的职业，自然成为无业者的唯一选择。于是，山城上下，滑竿到处颤颤悠悠，载着一拨又一拨的人们南来北往。

重庆的美食及特产

　　重庆、火锅,不知什么时候起,这两者就形成了固定搭配,所以进重庆,必须吃火锅。不过,美食的诱惑就在于口味和形式上的多样与丰富,因此吃什么样的火锅,怎么吃,都大有讲究。重庆的符号是火锅,但重庆还有小面,还有花样叠出的江湖菜。个性犷悍的山城人结合天时地利不断开发,泉水鸡、毛血旺、黔江鸡杂、万州烤鱼、渝州酸汤鱼等,无一不是取材乡野,就地烹制,结合南北各大菜系的做法,在粗放与杂糅中形成了以辛、香为特色的巴渝风味。当然,除此之外,巴渝还有合川桃片、涪陵榨菜、怪味胡豆等这样行销全国的特色食品,或佐餐提味,或养生垫饥。重庆美食虽然背后没有多少故事,但有的是味道,重庆的味道。

重庆的美食

重庆火锅怎么吃

到了重庆，自然离不开吃火锅。火锅与一般菜肴不同，除了汤底考验厨家的手艺和功夫外，如何吃出味，吃出精彩来，重点不是看厨师会不会做，而是看食客会不会吃：是否掌握涮锅的火候时间，是否能拿捏菜品的硬脆软绵，是否把控菜品入锅的节奏等。在重庆，有经验的食客甚至总结出"毛肚要起泡，鸭肠要起圈"的涮锅名言，那么，重庆火锅应该如何吃呢？

首先，荤素搭配要适宜。大块吃肉大碗喝酒自然是人生美事，但吃火锅的时候并不讲究这些。火锅食材水陆兼有、荤素杂陈，因此吃的时候讲究荤素搭配。一般而言，吃火锅讲究先荤后素，然后荤素搭配。所谓先荤后素，是指待锅煮沸后，食客先将荤菜入锅，牛肉、羊肉、鸡翅、鳝鱼片、泥鳅等尽可，有经验的食客还会放少许青蒜段或黄葱节，煮熟后便可将白菜、豆尖、莲白、海带等素菜入锅。这样的顺序是因为先以荤菜入锅可以增加原汤的香醇。放蒜葱则是为了去除荤菜的腥膻。此外，如果先放素菜，如菠菜白菜等容易携带原汤中的调料如花椒、辣椒，菜叶还容易吃油，导致原汤的香味就没有了。而荤素搭配则是讲究吃火锅时不能一味专吃，讲究荤素一锅一锅往下走，毛肚、鸭肠、腰片吃完再涮青笋、藕片、海带，在口味轻重之间来回颠倒，如此循环，一方面既可饱腹，另一方面也符合养生之道。

其次，食材脆软要看准。涮菜入锅要看火候也要看食材的特性，否则出锅时要么太生要么太老。荤菜多有脆嫩之选，如牛肚、鸭肠、黄喉、腰片等急火滚烫之下即可入口，时间久了便没有脆嫩爽口之味。而海参、牛筋、鸡翅、肉丸等则需慢煮徐熬，否则生硬难嚼。相比荤菜，素菜脆软皆可，根据个人口味可自主选择涮煮的时间。如青笋、竹笋、土豆、海带等若要硬脆，那么在滚汤中稍煮即可，但要想老绵敦厚，那么就需要煮的时间长一点。但也有一些素菜还是有硬讲究的，比如粉丝、香菇等，时间太短不易软熟入味，红薯土豆滚的时间太长则容易化为碎片，不但无法捞食还容易让火锅原汤浑浊不堪。

第三，口味选择不宜依赖料碗。重庆以毛肚红汤火锅出名，但人有千种，口有百味，随着烹饪技术的发展，火锅的口味已经不再单一，这既体现在清汤、多味火锅上，也体现在料碗的调制上。现在，一般的老火锅店中，橱柜中都有盐、辣椒、老姜汁、

重庆火锅

牛油、豆豉等供顾客自行添加。但有经验的食客，其实很多时候并不精心调制料碗，而是通过食材特质、入锅时间长短来满足口味需要。如果想吃辣，往往从锅沸处烫涮，然后从锅边捞起；若要口味清淡，则将涮菜直接从沸处捞起食用。这是因为火锅煮沸时，锅内的调料油脂都扩散至锅边，因此锅心味道清淡而锅边味道辣重。此外，一般脆生易熟的菜品如毛肚、肉片、黄喉等入锅时间较短，所以口味相对薄淡；而蹄筋、鱼片、鳝鱼等因需时较长，所以香辣入味。还有，食材各有特质，因此虽然入锅时间一样，但口味也大有异趣。像一些蔬菜如白菜、蘑菇、黄花、菠菜等因为受热收缩，容易卷附油汤调料，所以味道浓辣。而一些荤菜因为质地紧实，如鱿鱼、海参、牛肚、牛筋等不易入味，所以还是比较清淡。重庆火锅多用老汤熬制，因此火大味重，一般来讲，常见的

如蚝油、香菜、葱花等调料,味道重浓,容易掩盖老汤的鲜味,所以重庆火锅的油碟一般只用香油、大蒜、盐、醋等调制,这样才能吃出老火锅的味道。

第四,茶不离口。重庆有"毛肚火锅老荫茶"的说法。火锅尤其是红汤火锅料多味重,因此很多人吃了容易上火,口干舌燥不说,还因为麻辣之味对味蕾的刺激导致失却对其他食物的敏感。而重庆老火锅店中总有一个大瓦茶壶,内泡老荫茶。所谓老荫茶并非茶叶,而是川西一带的一种树叶,树身多长在高山密林中,叶子厚大,本身富含芳香油和多酚类化合物,因此入药后有清热解毒之功效,煮沸后则是生津解渴的佳品。老荫茶为重庆最为大众化的茶品,加上有以上功效,自然是火锅店内去火生津的上选。吃火锅间隙再饮一口茶,不但可以清洁口腔,还可让味蕾在麻辣过后重新恢复平静,此时若要再品尝甜品小吃,自然可以更加敏感地入味。随着现代经济的发展,这种老荫茶很多时候已经不再进入食客法眼,不过很多人在涮火锅时依然要选择花茶或绿茶佐餐,以备时时清口去火。

人间多味,但其味如何,有时并不在味道本身而在于体验者。重庆火锅固然有名,但要真正吃得香、吃得爽、吃得够劲,还要食客自己发挥。

重庆火锅有多少种

火锅是重庆的铭牌与符号,来重庆旅游,要玩要吃,吃当然首推重庆火锅,但你知道吗,重庆火锅自创制至今,其味道种类已不下百余种,所以,尝鲜可以,但想尝尽火锅滋味,那就要久居山城,才能知其味、得其髓了。那么,重庆火锅究竟有哪些呢?

其实,总体来说就三味,一为红汤火锅,二为清汤火锅,三为多味火锅。但根据材料的不同,这三者之下又分多类,先略述一二,聊饱口福。

第一,红汤火锅。红汤火锅为重庆火锅主流,当初嘉陵江畔贩夫走卒为解饥驱寒,多用辛辣食材调味,因此锅底红油滚滚。这其中根据主要食材的不同,有毛肚火锅、全牛火锅、红汤牛杂火锅、麻花肥牛火锅、橙香鲜兔火锅、酸汤羊肉火锅等。毛肚火锅是重庆火锅的第一招牌，其原汤一般要用牛骨、老母鸡加黄酒和姜熬煮。底料则是用牛油将蒜瓣、豆瓣酱、老姜、豆豉、花椒、辣椒炒香，待锅底油色红亮，其味香辣时，再加入牛骨原汤熬煮，之后放入盐、黄酒、糖、鸡精等调制出味，之后便可涮菜开吃了。之所以命名为牛肚火锅，乃是因此锅主菜即为牛肚，其余牛肝、牛腰、牛脑花等可任意搭配，味道集麻辣鲜香于一体，实在是提味饱腹的上品。江边纤夫船工带动了毛肚火锅，而重庆南纪门外的川道拐一带因为专门屠宰牛肉，于是这里便又兴起了全牛火锅。其底料的炒制和毛肚火锅相差不是很大，区别在于全牛火锅的食材上主要选取牛的各个部位，如牛睾丸、牛胎盘、牛头皮、牛头掌、牛筋、牛肚、牛心、牛腰、牛鞭，当然还有乳牛肉等，上菜时则按头尾顺序依次排列，真正展现出全牛的壮观气派。

三味锅

第二，清汤火锅。随着经济和文化的发展，人们对于吃的要求不再限于果腹，而重在口味的品尝乃至养生保健，因此，重庆火锅中又出现了清汤类火锅，这些锅底和中华传统药膳相结合，多选取甲鱼、羊肉、虫草、乳鸽乃至药膳等入锅，集美味养生于一体，也算是现代火锅中的佳品。

比如甲鱼火锅，就选取甲鱼入锅。熬制原汤时，先将甲鱼净血，淘洗内脏后冲洗，然后入锅加姜、葱、黄酒去腥，汆水后切块待用。然后选取老母鸡一只，洗净切块。此外还需泡发的人参、枸杞。之后，用热油将甲鱼块、鸡块煸炒，肉块定型后再注入清水熬炖，此时再下入人参、大枣、荔枝，以小火慢煨。等到甲鱼、鸡块有六七成熟时，再放入盐、胡椒粉鸡精等料，然后撒入枸杞。清汤之上，红星点点，相比红汤火锅少了一份华丽的油彩，但自有汤清香浓的风采。而甲鱼、人参、枸杞都是传统滋补上品，这味火锅自然是补阴滋肾者的首选。再如，像霸王牛鞭汤锅,以甲鱼牛鞭入汤,据说有壮阳益肾的功能。此外,清汤火锅还有羊肉菊花锅、花江狗肉锅、龟蛇汤锅、砂锅虫草锅、药膳火锅等,以及醉鱼头海鲜火锅等,天上地下,无不可涮,无不可吃。

第三便是多味火锅了。重庆火锅自从诞生起便以红油火锅独步天下,后来随着人们的需要才有了清汤火锅。两者相互调和补充,但口味总显得有点单调,于是后来便有人开发出多味火锅,如子母锅、鸳鸯锅、三味乃至四味、五味火锅等,给了食客更多的口味选择,但其汤底仍脱离不了红汤和清汤。至于做法,其实都是在锅上做文章。所谓子母锅乃是火锅依锅心分内、外两圈,内圈为子锅,外圈为母锅。比较知名者如乌鸡山珍子母锅、游龙戏凤子母锅等。鸳鸯锅的锅分两格,有海鲜类、香水鱼类等。而三味火锅乃是锅分三格,分别入滋补清汤、麻辣红汤和泡菜酸汤。

火锅流行于重庆,在发展过程中不断有各路食客对其底料、食材进行持续开掘,涌现了不少新的口味和新的做法,因此重庆火锅的种类只会越来越多。至于读者想品尝哪样,只有亲自去重庆尝一尝了。现在,重庆火锅品牌无数,如秦妈、苏大姐、巴将军、渝味晓宇等,在加盟店的助推之下,已经遍及山南水北的口鼻舌尖,而在这过程中又因地制宜,口味也愈发纷繁多样了。

毛血旺的来历你知道吗

但凡走进川菜馆,上面的菜谱上都会列有"毛血旺"的名字,看菜样的展示,只见红汤滚滚,葱花点点,汤内毛肚、鱼块、猪肉、火腿、鱿鱼肉嫩味香,顿时让人眼前一亮,食指大动,恨不得立刻大快朵颐一番。那么,这道菜为什么叫毛血旺,又从何而来呢?

毛血旺

其实，这道菜相传并不久远，与其他渝菜同样起自江湖。据说乃是民国时重庆沙坪坝磁器口古镇一户王姓屠户首创。这位屠户每日杀猪卖肉，因杂碎腥膻不好处理或者便宜价甩卖或者就地扔弃。他的妻子张氏一向勤俭，见这些东西如此处理很觉可惜，于是便摆了一个小摊，然后将猪骨入水，加入猪头肉、猪肺叶、肥肠等熬制成杂碎汤当街贩卖。一次偶然的机会，张氏将生猪血旺（即血豆腐，为动物血加盐加热凝固而成）加入，发现血旺熬煮之后味道更为鲜美，于是取名为"毛血旺"。此处"毛"在重庆话中，乃是粗犷、马虎之意。因此菜将血旺现烫现吃，多选杂碎入料，且在众多调料烹制下口味鲜美，于是流传甚广。

一般来讲，毛血旺主料荤有血旺（猪血、鸭血、鸡血皆可）、毛肚、猪肉、火腿肠、鱿鱼等，素有豆芽、莴苣、木耳、白菜，在流传过程中还加入了海参、鳝鱼肉、午餐肉等。烹制方法多样，或用重庆火锅料压底，或用葱、花椒、辣椒等放入油锅炒香然后加入香汤，接着将各式主料放入锅中熬煮。此菜麻、辣、鲜、香四味俱全，且汤色红亮，是一道开胃良菜。而在重庆，若想品尝毛血旺，自然首选磁器口，这里的美食一条街，可以让你尽尝毛血旺的原汁原味。

重庆江湖菜是什么

"江湖"一词，相对于庙堂，指的就是乡野民间。既然人分庙堂江湖，那么菜也就有了正宗和乡野的区别。重庆在古代属于巴国，本属于化外之地。这里的人民好义尚气，因此对于饭菜的讲究多有别于中原，也就有了所谓的重庆江湖菜。

重庆江湖菜并非指一类菜式，乃是重庆各种各样菜式的总称呼，其中取自江边水域的有酸菜鱼、来凤鱼、沸腾鱼、六合鱼、万州烤鱼、渝州酸汤鱼等；取自乡野农家的有辣子鸡、口水鸡、泉水鸡、烧鸡公、飘香鸭、魔芋鸭、炝锅鸭掌等，这里列举的只是重庆江湖菜的一小部分，其实还有香辣牛排、五味牛柳、土鸡烧"三巴"、酸菜牛肚、孜然羊腿、纸包羊肉、沥水羊肉、火爆羊肠、火爆羊肾、红橘羊肉等各色菜肴，可以说花样频出，百菜俱鲜。重庆江湖菜的出现，多印证"江湖"二字，大多是由贩夫走卒就地取材而创，做法不拘，形式多样，今人评价重庆江湖菜有"土""粗""杂"三种特点，可谓形象。

所谓"土"，是指江湖菜多产自乡土，江边渔夫、路边屠户均参与创制。比如重庆有名的毛肚火锅，即是由嘉陵江畔的纤夫水手所创，他们见江边回民将牛羊下水扔弃不用，于是捡来就地下锅，和着生姜辣椒熬煮，一来驱寒二来果腹，才有今日的毛肚

酸菜鱼

火锅。再比如来凤鱼、辣子鸡等的发明，都来自濒临公路的餐厅，这里车来车往，过往司机就在路边就食，因时间仓促而又想食香味美地吃一顿，于是就地取材，杀鱼宰鸡，然后便烹制成了今日的来凤鱼、辣子鸡。

所谓"粗"，即指做法的粗放与吃法的豪爽。江湖菜的烹制大多不拘于常规做法，往往花椒、辣椒大把撒用，以求味觉上的刺激，如毛血旺、水煮鱼等；而盛装时往往用大盘大碗乃至大盆，没有正式菜系的精致与秀气。食客吃的时候也颇见江湖好汉的气势，往往大块吃肉，大碗喝酒，在麻辣滋味中挥汗如雨，风卷残云。

所谓"杂"，即是指在做法上兼收并蓄，融合东西南北各系菜肴的做法，其菜品极为常见，却又难寻其路数。诸如火锅鱼、水煮鱼，观其名称就知道乃是由火锅延伸糅合而来。再如铁板烧源自日本，啤酒鸭构想来自西餐，而砂锅来自江浙菜系等，可以说汇八方勺技于一锅。

重庆人"尚滋味，好辛香"，正因为巴人的这一特点，所以江湖菜始终处于不断创新之中，尤其是改革开放以来，因商贸往来的频繁和经济的繁荣，巴人对菜品的要求日趋多样，无论是星级饭店还是路边野店都热衷于创制各类菜品，因此江湖菜越发多样，以致今日不可胜数，俨然成为中华美食文化中的一大特色。

黔江鸡杂有何特点

鸡杂即鸡内脏，包括鸡心、鸡肝、鸡肠、鸡胗。相较于鸡身其余部位，鸡杂腥膻味重不好入口，但重庆黔江却有一道以鸡杂为原料的菜品，广为知名，这就是黔江鸡杂。黔江鸡杂由何人所创至今已无处考证，只知道和重庆江湖菜的其他菜品一样，源自民间，其味道酸辣爽口，颇有渝菜风味。

正宗的黔江鸡杂纯粹以鸡的内脏入锅，不加其他任何食材，然后以泡椒、泡萝卜丝入菜。无论这道

鸡杂

菜在外传过程中如何变化，这一点始终不变。黔江鸡杂还有另一特色，就是黔江鸡杂所用泡菜的泡菜水，当地人呼之为母子水。这种泡菜水在当初腌制泡菜时要加入十余种香料，另外，为使泡菜脆爽，还要加入麻糖。母子水少则几年多则几十年保存，其间只打捞出沉淀，不能换水，因此味道醇厚爽口。

有了陈年泡菜水的保障，因此黔江鸡杂便有了与其余鸡杂菜品不一样的风味。为防止黔江鸡杂在流传过程中良莠不齐，损害这一品牌菜的形象，黔江还专门成立了黔江鸡杂协会，并注册商标，以保护这一菜品的醇正。

头刀菜是怎么做出来的

重庆自明清始，多有外省居民迁入，因此在菜肴的制作上既有外省风味也融合了山城特色，如重庆所谓江湖菜，多由当地百姓根据原有菜品信手创制，不过也有部分菜传承久远，已形成固有的风味，备受食客青睐。在重庆双江古镇，就有一味菜叫头刀菜，据说传自明时御膳房，专供皇家享用。清朝初年，此菜从宫廷外传，流入江南杨氏家族。后因

重庆人烟稀少，江南湖广多有家族奉诏迁徙至巴蜀，杨氏一族也位列其中。其中一脉落户于重庆双江古镇。该族有一个叫杨淮清的人在双江老猪巷开了一家饭馆，起名"君子居"，招牌菜即头刀菜。因色香俱佳，吸引了不少人前来品尝，从此双江头刀菜便扬名天下。

头刀菜，从名称上看，自然是第一刀了。但这里并非厨师首刀，而是刚刚出生的猪崽未满月便挨的第一刀（第二刀自然是出栏时一刀了，也是最后一刀）。农家多有经验，猪崽阉割后长得快而且壮，因此猪崽未满月时便要阉割去势，其生殖器无处可去，扔之可惜，于是便有厨师和着泡姜、泡椒爆炒成

头刀菜

菜，便有了双江的头刀菜。不过，此菜主料毕竟不雅，于是便起名为头刀菜。制作时，此菜原料腥膻难闻（而且还有地方要将初生母猪的卵巢入菜），因此需要添加多种配料（如花椒、胡椒、野山椒、蒜、葱、陈年的泡姜泡海椒、白糖、醋、火锅底料、料酒）来去其腥膻，之后用热油爆炒出锅。装盘后，此菜红的泡椒、绿的葱花加上鲜嫩的猪肉，色彩绚丽，入口酸辣。因为中国民间自古有"吃什么补什么"的信仰，因此越发吸引了众多食客前来一品此菜，在大吃大嚼中既品尝了美食，也满足了养生的幻想。

你知道南山泉水鸡吗

在重庆南岸区南山有一条街，称为"泉水鸡一条街"，这里家家户户都以炒制"泉水鸡"为长，而且每年还要举行"南山泉水鸡文化节"，整合当地文化和旅游资源，吸引了大量游客，那么泉水鸡为何有如此之名？

泉水鸡为渝菜新品，亦属重庆江湖菜的一种，原创地即在南山。据

说为当地名叫李仁和的村民首创。之所以称为泉水鸡，乃是他院后有井，井水源自山泉，他用泉水洗鸡，亦用泉水入锅煨炒，所以称之为"泉水鸡"。泉水鸡做法较为简便，一般选取嫩鸡洗净斩块，然后用姜、花椒、料酒、盐等腌制。再起油锅将蒜末、姜末、豆豉、干红辣椒等炒出红油，入水加鸡块煨炒，待鸡熟后再放入味精即可食用。此菜以触鼻鲜香，入口麻辣，鸡肉鲜嫩为特点，因此成为重庆江湖菜中的代表。值得一提的是泉水鸡"一鸡三吃"的做法，即泉水鸡、鸡血旺和鸡杂，以一鸡而成就三样渝菜名品，可谓匠心。

泉水鸡

泉水鸡原味需用泉水成汤，现在有家常制作者往往以矿泉水代替，虽不知其味如何，但从侧面表现出食客对于此菜的迷恋，也怪不得南山会以一只鸡为主题举办文化节了。

涪陵榨菜的创始人是谁

谈到腌菜，就难免说到广泛分布于大街小巷杂食店的"涪陵榨菜"，这种价廉味美的腌菜不只是国内百姓的爽口菜，更远销海外，是世界知名三大腌菜之一（另外两种为法国酸黄瓜和德国酸甜甘蓝）。那么，它是如何制作出来的呢？又是谁创制的呢？

涪陵榨菜起源于清末，当时涪陵邱家湾有一商人名叫邱寿安，他祖籍湖北宜昌，后定居于涪陵。清光绪二十四年（1898年），他用涪陵青菜头风干脱水，之后加盐腌制，再经榨压脱去盐水，拌入香料，之后封入陶坛，经五六月后发酵，开封便成榨菜。邱寿安品尝此菜后口齿生香，敏感意识到这是一个商机，于是制作了80余坛，送至湖北宜昌老家试销，不想被抢购一空。于是，他开始扩地修厂，大量加工生产此菜，并根据盐腌榨压的过程，命名为"榨菜"。从此涪陵榨菜开始名扬全国。邱寿安因享有独家制作秘方，独家经营榨菜十余年，借此成为富甲一方的豪绅。但在1910年，榨菜生产工艺外泄，于是当地开始遍布榨菜作坊，至1931年，涪陵榨菜厂家已达100多户，可见其规模。榨菜工艺的外泄对于邱家自然是坏事，但对于榨菜行业的发展却是大大有利。随着竞争的激烈，榨菜的腌制工序越发详细和精致，味道也越发多样，在各厂家不断创新的过程中，才成就了今天榨菜的滋味和名气。

涪陵榨菜

荣昌铺盖面有何特色

面是盛行于中国北方的主食，如牛肉面、炸酱面、裤带面等各有特色。这其中如裤带面，其宽可达十厘米，当真如裤带。不过，在重庆，还有一种面比裤带还宽，所以人们称之为"铺盖面"。

荣昌铺盖面的历史并不久远，但具体起源已不可考。铺盖面流传至今已成为荣昌地区的特色面食，其样式和口味都有其独特之处。

首先，强调制面的劲道，要求精面粉加水后不断加水加面进行揉制，最后成面团。一般这过程要求达两个小时，这样面才有韧性。吃的时候，便从面团中揪下一块来，然后扯成面皮，这既考验和面时所费的功夫也考验厨师的手工，不劲道的面和不熟练的手工都会让一张面皮千疮百孔，浑如破布烂衫。好的铺盖面面皮薄而宽，一碗面只需要四到五张面皮，入水稍煮后便可捞出。

铺盖面

其次，便是配料。传统的铺盖面要用猪骨汤来煮熟，也有用鸡汤的。面煮熟盛碗之前，要事先用盐水、猪油和煮熟的豌豆垫底，然后入面，再浇以骨汤，铺洒肉酱和香葱，若有口味重者，再拌入红油辣酱。这样，一碗铺盖面便可尽心享用了。

铺盖面由骨汤熬制，且用豌豆做底又加有盐水，因此富含无机盐和植物性蛋白质，以及磷、铁、钙、锌等大量的微量元素，所以铺盖面既可饱腹又能加强营养，因此广受食客的喜爱。如今，随着荣昌铺盖面的名气越来越大，这种面食在渝城也随处可见，不过，想要尝一碗正宗的铺盖面，还是需到荣昌来。

忠州豆腐乳的传说你知道吗

豆腐乳即腐乳，是我国独创的调味品。为豆腐发酵而成，其味外臭而里香，营养丰富，既是烹饪佐餐的佳料，又是促进消化的常备食品，因此备受我国大江南北人民的喜爱。豆腐乳各地皆有生产，因此也各有其特色。忠州豆腐乳富含蛋白质与矿物质以及多种维生素，有除燥、祛湿之功，因此广销海内外。相对于重庆其他特色食品，忠州豆腐乳最早始于唐代，因起源较早，所以也便有了传奇的一面。

据说，北宋太平兴国年间（976—984年），忠州城内有一寡妇人称"刘三娘"，与其幼子刘柱香起早贪黑，以卖豆花为生。刘三娘乐善好施，经常周济孤老病残或衣食无着的流浪者，因此被人称为"刘善良"。

一天，母子二人正在店内忙活，镇上的猎户提着一只白鹤进店吃饭。刘三娘看见白鹤顶红羽白，双目含水，隐隐然有股灵气。她心中老大不忍，于是再三恳求猎户放生。后见猎户不肯，便作价买了回来，和儿子日夜看护治疗，最终使得白鹤重新振翅远飞。没过多久，豆花店前突然晕倒一位挑着水的尼姑。母子俩好生伺候才让女尼缓缓苏醒过来。尼姑说自己无以为报，只有一桶清水，可用于制作豆花。刘三娘坚决不允许，不想尼姑抛下水桶就走。刘柱香急忙挑着水走出去，不想年幼体弱，一不小心竟然将一桶水倒了。而那水桶甫一落地即成一眼井水。如此神奇，自然让刘柱香惊讶不已，于是回家告知母亲，此后便日日取用井中之水来制作豆花。其味隽永香甜，由此引来了附近居民的争相品尝。不想，这却惹怒了城中富豪王半城，他家资百万，良田千亩，但也开着一家豆花店，只是味道较差。听说刘三娘用神水制作豆花后，便带着一班恶奴前来，强行将水井霸占，并且将刘柱香打成重伤。

　　王半城抢来水井之后，心想有此神水，自己的豆花必定美味可口。于是广撒请帖，请来县中大小人物参加自己的豆花宴。不想，精心烹制的豆花宴不仅难以下咽而且恶臭扑鼻，将一干客人尽数熏走。王半城气急之下，便命人填井泄愤，不想，土块刚入水井，就从井中飞出一只白鹤，将一干家丁扑倒不说，还将王半城的眼睛啄瞎了，真所谓恶有恶报。

　　再说刘柱香被打伤后，刘三娘连日伺候儿子，无心顾及店中事务。家中原先放置的豆花全都霉变长毛。正在心焦的时候，只见一只白鹤飞进了屋内，落地化为一个白衣女尼，告诉刘三娘，自己为刘三娘所救，所以特来报恩，取出三颗红药丸来命刘柱香服下。而霉豆花呢，只见她口中念诵一偈："长霉心莫焦，装坛加佐料。待到六月后，满城香气飘"。说完，又化成白鹤远遁了。

女尼走后，刘柱香不出一天便病愈。之后，母子二人又将霉豆花拌入白酒、盐水等作料封坛放置。过了六个月，他们揭开坛子尝了一口，口感甚佳，于是起名为"霉豆腐"，又因泡入盐水，形如乳汁，所以称之为"豆腐乳"。从此，母子二人便专一制作豆腐乳，并不断改制创新，遂成今日的豆腐乳。

忠州豆腐乳

重庆怪味胡豆有几味

零食小吃在每个地方都有，但毕竟众口难调，能独具特色且走出当地甚至走出国门的却比较稀少，重庆怪味胡豆算是其中翘楚，那么，它怪在何处，又是如何出味的呢？

胡豆，也称"蚕豆、罗汉豆"，各地名称叫法不一，其蒸煮煎炸也是各具特色。20世纪20年代，重庆北碚解放路一带有一个人叫熊荣成，他和妻子在街头以经营炒货为生。在贩卖炒货时他不断开发钻研新品种、新口味的炒货，因此在这一代颇有名气，比如他的挨刀胡豆、油炸胡豆、油炸花生都是让食

怪味胡豆

客倍加流连的绝味零食。后来，他又炒出了别具风味的胡豆，备受当地人喜爱。当时正值国难，大批文人内迁至重庆，其中就有作家老舍。他在吃了熊荣成的胡豆后，称赞此胡豆"甜、辣、酸、咸、麻五味俱全，入口酥、香、脆"，建议起名为"怪味胡豆"，从此，重庆便多了一味特色零食，怪味胡豆。因为地处缙云山下，所以熊荣成便以缙云为生产名号，专一生产缙云牌怪味胡豆。建国后，公私合营，熊荣成先生便将自己制作怪味胡豆的秘诀奉献给国家，此后代代相传，才有了如今行销天下的怪味胡豆。

怪味胡豆的制作繁杂，尤其原料较为复杂，需要添加川白糖、饴糖、熟芝麻、胡豆、辣椒面、味精、五香粉、白矾、食盐、甜酱等。正因为这如此多的原料，才能调配出五味俱全的怪味胡豆。而在制作时，先要将胡豆浸泡，之后去除胡豆的外皮和根芽，再浸入白矾水中进行浸泡，之后出水放入油锅中进行炸制，胡豆酥脆时捞出，再添加辅料进行搅拌，最后再用熬制的糖水为搅拌好的胡豆裹上一层糖衣，待冷却后就可食用了。成形后的怪味胡豆上面包裹各种辅料，入口稍硬，但用力一

咬，麻、辣、酸、甜、鲜、香、脆各种滋味蜂拥而至，真的滋味无穷。上述制作过程只是大概而言，具体的制作细节还有更多的讲究，否则，也成就不了怪味胡豆的大名。如今的怪味胡豆早已进入机械化生产，工艺水平也改进不少，在重庆大街小巷可谓遍地都是，其味道的多样和复杂就如同重庆的江湖菜一样，成为了重庆特有的标志。

合川桃片的历史你知道吗

合川历史上曾以抗击蒙古大军近四十年而闻名，是重庆有名的历史古城。其实，合川在特产美食上也有闻名海内外的名品，那就是合川桃片。所谓桃片是以上等糯米、核桃仁、白砂糖、蜜玫瑰等原料加工而成的点心，色如雪白，形如薄纸，口味香甜绵软。

合川桃片

桃片的生产与加工最早起于清代晚期。清光绪二十一年（1895年）合川的"祥云斋"加工制售出了一种片薄味甜的糕点，起名为"桃片"，因口味独特，颇受食客青睐。后来，当地的"同德福"糕点铺见桃片大有市场，于是专门请人研究仿制，最终也生产出了桃片。于是，仿制者一时风起，各种桃片云集合川市集。光绪二十四年（1898年），合川举人张杰楷将同德福的桃片带至成都、北京作为合川特产广赠亲友，一时，合川桃片开始走出山城，同德福也由此扬名。但真正让合川桃片扬名天下的还是在后来。当时同德福一直为余氏经营。民国时期，同德福由余复光主持。此人精于商务，深知作为食品的贩售，关键在于质量。因此，自他主持同德福桃片生产后，对质量的把控尤为严格。首先，在原料的选取上务求优质上等。糯米要上等，糖用当时英国太古公司的白糖以及台湾白糖，其余桃仁、麻油也无不选取上等。其次，原料要好的基础上，他要求工人研究刀法，统一桃片的切割厚度。在当时手工操作的情况下，每斤桃片竟然切出250片左右。值得一提的是，在如今机器操作背景下,每公斤则在440片以上,可谓片片飞花。第三,余复光精益求精,对生产加工的每一道工序,包括选料、磨粉、搅糖、蒸块、包装等都制定了详细而严格的规章细则,保证每一个环节准确无误。而且,他还专门设置了质量检查员,对桃片的生产进行质量管控,所有不合格产品一律不得出产。上等的原料、高超的制作工艺和严格的制作工序,使得同德福桃片在同类产品中遥遥领先,成为了合川桃片的代表者。从此之后,同德福桃片便开始代表合川桃片参加各种竞赛,并屡屡获奖,民国九年(1920年),成都举行花会物展竞赛,同德福的桃片获优质奖章;民国十四年(1925年),同德福桃片获四川省劝业第5次会议的特等奖;次年,合(川)、武(胜)、铜(梁)、大(足)、璧(山)五县展览会上,同德福桃片再获一等奖,当时大会由川军二十八军第三师主持,三师旅长杨杰华亲笔题写"片片飞来是桃花"一匾,专赠同德福。

建国之后,合川桃片厂家纷纭。而且随着生产技术水平的发展,合川桃片不仅在数量上有了长足的进步,而且在质量与口味上不断创新,由此合川桃片不仅名扬国内更远销海外,成为国内外交口称赞的点心名品。

香山蜜饼是白居易发明的吗

香山蜜饼是重庆忠县的一种特色风味小吃,其形状变化多样,但外表色泽黄亮,入口时外皮酥脆焦香,内馅则酥软甘甜。之所以称其为蜜饼,乃是因为它由面团加入蜂蜜揉制烘烤而成。而以香山名之,根据当地传说,和白居易有莫大的关系。

白居易,字乐天,号香山居士,是唐代有名的大诗人。公元815年,宰相武元衡被刺,白居易上书请求彻查幕后凶手,惹怒了当朝权贵,之后一路被贬,先后任职江州、忠州。而忠州就是如今的重庆忠县。在被贬期间,

香山蜜饼

白居易写下了大量的诗篇，同时对民生的疾苦也有了更深的了解。为了更清楚地了解百姓的疾苦，他经常微服出巡，与老农、役差甚至稚子聊天。有一次，他在街上游走了半日，肚内甚是饥饿。忽然看见前方便是闻名忠州的"巴记"烤饼店，于是便踱进店中，买了两个烤饼充饥。不想，入口却干硬乏味，实在难以下咽。再见店中老板枯坐柜台，神情甚是无聊苦闷。于是便很奇怪地问店家，"你们店中的烤饼酥软香脆，为何如今如此口味？"店主无奈地摇摇头说，"爹娘在世时，巴记烤饼闻名忠州，可后来他们因病去世，而我年纪幼小，烤饼的技术未受亲传，所以越做越差，客官要是嫌口味不佳，尽可退货。"白居易感佩店主的真诚，于是便教授店主在揉面时掺和蜂蜜，再进行烘烤，于是便有了今天蜜饼的雏形。之后，店主自己再不断钻研，其口味和工艺也有了更大进步，所制的蜜饼由此大受欢迎，他也因此重振"巴记烤饼"的盛名。后来，白居易调离忠州，忠州百姓为了纪念他，便用其晚年的"香山居士"一号，来称呼烤饼为"香山蜜饼"。

当然传说只能是传说，但白居易任职忠州期间确实为官清正，福泽无数，现在忠州还有白公祠以纪念。而蜜饼之甘甜酥软自然也是名副其实。一个蜜饼与诗人联系起来，自然多了历史和文化的遥远想象。

你知道重庆的美食街吗

重庆山水皆胜，物产资源颇为丰富，加上自明清湖广填四川开始，多有移民来此，因此造就了发达而多样的饮食文化。时至今日，可以说在重庆的大街小巷中，无论高档会所还是路边食摊皆有其主打的特色美食，由此店店串联，遂形成了各具特色的美食街。那么，山城有哪些著名的美食街呢？

（1）磁器口　磁器口是重庆最为知名的美食街，位于沙坪坝区。渝州名菜毛血旺即是源于此地，因此这里的毛血旺最为地道。此外这里还有鸡杂、陈麻花等，皆可一尝。

（2）泉水鸡一条街　位于南岸区南山脚下黄角垭镇，主营特色即泉水鸡。而且这里每年还有"南山泉水鸡文化节",可品尝百鸡宴和参与观赏各种文娱活动。泉水鸡一条街多以农家乐形式经营,比较知名的如南山第一庄、南山泉水鸡、木楼泉水鸡、塔宝花园等。

（3）三峡广场　位于沙坪坝区。广场周围门店会所林立,消费较高。知名餐饮门店如陶然居、李聚德酒家、大宅门菜坊、苏大姐、秦妈、德庄等。

（4）好吃街　位于渝中区解放碑八一路。此处"好"吃在西南官话中为四声,"好吃"意为贪吃。因位在重庆中心区,又靠近解放碑,外地游客较多,所以集中了重庆的各种美食,比较知名的如山城小汤圆、好又来酸辣粉、麦丽丝串烧、酸辣粉、担担面等。

好吃街雕塑

（5）南滨路美食街　位于南岸区南滨路,因为临靠长江南岸,是重庆夜景的绝佳观赏地,所以人气旺盛。汇集了秦妈火锅、陶然居、七娃子、外婆桥渝信川菜、大蓉和、巴味堂、品亮诚烧鸡公、易老头三样菜等餐饮界翘楚,消费较高。

（6）回龙湾美食街　位于南岸区五公里回龙湾。这里高档酒楼和路边小摊相错而居,因此食样百出,消费也较为便宜。因临靠学府大道,外地来渝学生较多,除川渝本地特色菜外,这里还有东北、广东、新疆等外地特色菜。如干哥哥、陈佬鸽养身乳鸽馆、江津花椒鱼、韦氏鹅螺蛳、三峡铁板烧纸上烤鱼、新疆大盘鸡、这个味特色烤鱼等。

（7）洪崖洞巴渝民俗美食街　位于渝中区滨江路,这里依山而建,食店酒楼全都掩映在亭台楼阁和小桥流水中,既可观景又可品尝美食,消费大众化。主要经营巴渝特色小吃和美食,如花生糖、芝麻酥、凉粉、八锅贴、油炸鱼、打糍粑、美人美火锅、韩国料理、乐山钵钵鸡等。

（8）**南山火锅一条街**　位于南岸区南山龙井村火锅一条街。作为陆派火锅的发源地，这里自然集中了陆派火锅，知名的如陆派·巴倒烫、古月泉水火锅、南山怡宁火锅、鲜龙井火锅等。

（9）**直港大道**　位于九龙坡区杨家坪，杨家坪为九龙坡区经济中心，人流如织。餐饮店面交错其中，种类比较齐全，尤以江湖菜出名，属大众消费。比较知名的武陵山珍、菜香源、秦妈、醉和春、吉友知鱼苑、烧喝喝、叮当兔风味酒楼、老院老店、懒厨渔等。

（10）**黄桷坪美食街**　位于九龙坡区黄桷坪，这里为四川美术学院老校区所在地，客流以学生为主，所以餐饮大多走美味实惠路线。此外，这里还是全世界最大的涂鸦艺术街，可以说吃喝玩赏两不误。比较著名的饮食店如胡记蹄花汤、梯坎豆花、好汉烤鱼、苟味道老火锅、二娃面庄等。

不过此处所列，都只是重庆美食街中相对较为知名者，其实还有如渝中区石灰市街、高新区南方花园街、巴南区龙洲湾美食一条街等，都是食客吃货们眼中的天堂。

重庆特产

丰盛镇的石头为何会唱歌

"有一个美丽的传说,精美的石头会唱歌。"这是在20世纪80年代,广泛流传于大江南北的歌曲。其实,石头唱歌不是传说,而是现实的存在。这种石头叫响石,产于重庆巴南区的丰盛镇,这里有我国最大的响石带。而且,据当地县志记载,此地的石头不仅会响,还有另外一项特殊的功能——能治疗眼疾,在清朝时还被当作礼品赠送海外的使臣。那么,石头为何会响?响起来是什么样的?又怎么能治疗眼疾呢?

在当地人眼中,响石分为石响石和水响石,前者石头内有颗粒,常见于坡头山地;后者则有液体,较为罕见。响石大小与寻常石头并无二致,但是一遇刮风下雨,便会发出不同声响,如鸟叫人唱,或悲鸣长嚎,尤其风雨之夜,石头在夜雨大风敲打吹唱之下,石声或激越或凄厉,传至人耳仿佛在演奏一出跌宕多姿的大戏,让人心潮起伏,难以安眠。一种说法认为经历漫长的地理演化,地表会形成符合矿物成分的结核石,结核石在干燥或成岩过程中,失去水分开始固结,此时外部有矿物外壳,里面体积收缩,于是石内出现空腔。石头空腔中有沙

丰盛镇响石

粒、土块、黏土甚至液体，因此摇动时便会发声。响石裸露于地表，经过长期的风化，表面会有裂缝，一旦刮风，空气自然穿缝而入，导致石头呜呜发声。至于为什么水响石较少，有学者认为在石头形成过程中，液体容易蒸发或渗漏，相对石子沙粒等难以保存，因此比较少见。

但亦有学者并不认同此说，认为响石形成包含地质变迁、气候和环境等因素，不能一概而论。而见于历史记载的响石可治疗眼疾，经过现代实验检测，丰盛镇的响石富含硼和硒两种元素。而硼在临床中一般调配成硼酸用于消毒和眼睛的冲洗；硒则对人的视力有保护作用，如果缺硒，会造成视力损害。所以，从这个意义上说，响石确实具有眼疾药学上的意义，至于如何使用就不得而知了。

因为响石独特的构造，所以招引无数游客前来聆听石头的歌唱，有的人甚至捡拾回家以作留念，久而久之，此地的响石便逐渐稀少了。当地的政府为此颁布了禁令，希望起到对响石的保护作用。但物以稀为贵，这样一来，响石在市面上的行情反而因此逐步走高。而那些收藏回家的响石只能供奉于桌案之上，能否听到与风雨相和的自然之声，就不得而知了。

荣昌折扇和永乐皇帝有什么关系

荣昌折扇是中国四大名扇之一，这里生产的折扇用料考究，制作精细，造型轻灵，线条流畅，且产品档次多样，种类丰富，因此备受各阶层人士的喜爱。在荣昌民间传说中，荣昌折扇的制作来历和渊源跟明成祖朱棣有关，这是为什么呢？

古时中国多流行团扇，最早用于帝王出巡时挡风避沙，其后逐渐用于民间取凉。明成祖朱棣时，有朝鲜使者入朝拜见携带了折扇，虽是小小一把，但绽开来却风动心摇，顿时，炎炎夏日便有了清风浮动，因此惹得龙心大悦。朱棣大喜之下，传旨命令朝鲜使者留在京城，然后专门命朝廷织造局选出能工巧匠学习制造折扇。因为久驻京城，一些制作折扇的工匠难免思家。于是，朱棣便选出一些宫女和这些工匠在宫内结对成婚。这其中有一对夫妻，女的名叫卿娘，为荣昌人，选入宫中后一直为下等仆役，为人乖巧伶俐。男的人称"王篾匠"，手艺精巧，所做的折扇一直备受皇帝喜爱。二人夫唱妇随，虽然深居宫中，但也算和美。有一天，王篾匠做

荣昌折扇

工后，忽然感叹自己的一身手艺只能锁于深宫大院，不能福泽百姓，永传后世。卿娘听了之后便说，深宫大院本来就不是我们能待的地方，不妨我们逃出去，回到老家，青山绿水，虽然穷苦但好歹自在。王篾匠嘴上同意，不想第二天就将卿娘告发了。卿娘被痛打一顿，王篾匠也由此受到宫廷信任。过了不久，王篾匠再次提及这个话题，卿娘于是又怂恿丈夫逃离皇宫，不想王篾匠又将她告发了。经过两次这样的举动，王篾匠越发受到总管太监的信任，由此可以走出宫门，采办购买各式材料。这时，王篾匠才对卿娘道出实情，两次告密是为了获取总管太监的信任而实行的苦肉计，如今条件成熟，夫妻二人可以随时出逃。然后夫妻二人和好如初，日夜盼望时机一到，便可携手远走高飞。终于有一天，王篾匠带着卿娘借着出门采办的机会，逃出了紫禁城，然后连夜奔逃，远遁至边陲老林。因为害怕皇宫搜捕，两人一直没有回家，而折扇也只是暗暗制作，始终不敢展示给外人看。夫妻俩就这样提心吊胆地活了很多年，直到永乐皇帝死后，才敢迁回原籍。此时，折扇已经开始在民间流行，于是王篾匠便大胆地开始制作折扇，由此折扇手艺一代一代往下流传，既养活了王篾匠一家，也实现了王篾匠当初的心愿。明清易代之际，川渝大地遍地狼烟，以致十室九空。清朝立足中原后，便发动了大规模的移民运动，这就是所谓的湖广填四川。王篾匠的后人想起先人卿娘原籍荣昌，于是便在荣昌落地，同时将制作折扇的手艺也带到了荣昌，加上这里竹麻遍地，于是便就地取材，不断研制，才有了今天的荣昌折扇。

如今的荣昌折扇早已摆脱了单门独户的家庭作坊模式,基本由各大厂家批量生产。在传承优秀传统工艺基础上,各厂家不断推陈出新,以适应市场和社会新的需求。传统折扇为取凉之用,但现今荣昌生产的折扇则兼具广告载体、文艺汇演、家居装潢、艺术收藏、礼品赠送等多种功能,且为适应不同人众的需求,开发出各种档次的产品,如舞蹈绸扇、金楠纸扇、雕刻绸扇、棕玉绸扇等,广受海内外顾客的欢迎,可以说虽传承百年,但历久弥新,依然是荣昌人引以为傲的特色产品。

石柱黄连为何是贡品

黄连是多年生草本植物,入药可清热燥湿、泻火解毒,一般用于牙痛消渴、泻痢黄疸等症。但因产地各异,所以药性也有差异。那么,哪里的黄连才有最好的药用价值呢?黄连又是如何得名的呢?其实都要从重庆石柱土家族自治县说起。

根据史料记载,唐天宝元年,石柱"上贡黄连十斤,木药子百粒"。古代皇家用药,自然选取上好的药材,因此,至少从唐代起,石柱黄连就已经得到广泛认可了。石柱黄连根条肥壮,质地坚实,肉色红黄,具有极高的药用价值,因此成为贡品也

黄连

就不难理解了。后世中,虽然再没有明显的黄连上贡记载,但石柱特产黄连却是天下知名。如北宋地理总志《太平寰宇记》载:"时(忠)州领五县,唯南宾(今石柱)县产黄连。"清代乾隆年间的《石柱厅志》记:"药味广产,黄连尤多,贾客往来,络绎不绝。"可见石柱自唐以降,黄连一直广有种植,并且行销天下。1989年,首届中国道地药材学术研讨会上认定石柱黄连为道地药材。而所谓道地药材即地道药材,是优质纯真药材的专用名词,这些药材一般出自气候土壤等适宜的地方,

种植历史悠久，品种优良，炮制考究，具有突出的疗效。石柱黄连主要产自石柱县黄水国家森林公园的原始森林内，拥有黄连生长需要的优质水质和土壤条件，因此使得石柱黄连成为举国知名的黄连生产基地，1954年还被列为国药。1991年，石柱还获得国家农业部投资建立了国家黄连GAP示范基地，黄水镇也建有中国最大的黄连交易市场。

而黄连得名也要从石柱黄水镇说起。据说很久以前在黄水镇有一姓陶的医生，不但医术高超而且医德高尚。他平时在家坐诊，若有危重病患也出外行医。他自己家里有个药圃，专门种植药材以供平时之用。他家中只有幺女一个，自己外出时无人看顾药圃，于是便请了一个叫黄连的帮工来照顾。

有一年，幺妹外出踏青，在山路上看见一种野草，叶边如锯，黄绿相间，拔起来草根形似鸡爪，想想父亲平日爱侍弄花草，于是便带回家中，交给黄连种在院子里。不久，陶家的药圃里便有了很多这样的草。一次偶然的机会，黄连喉咙发疼，抱着试试的心态揪了那棵野草的几片叶子嚼在嘴里，不想过了一个时辰竟然不疼了。后来，陶大夫外出行医多日不归，正好幺女生病，满身燥热，吐泻不止。就在束手无策之时，黄连突然想起那根野草，便连根带叶拔出来然后熬煮成汤，让幺女喝了下去。没想到，喝完不久，症状竟然减轻了。陶大夫回家后对黄连大为感激，为了纪念这位帮工，便将此药命名为"黄连"，从此也就知道了黄连有清热燥湿的功用。

荣昌陶器是大禹铸就的吗

荣昌陶器是与江苏宜兴紫砂陶、云南建水陶、广西钦州坭兴陶并列的中国四大名陶之一，其悠久的生产历史和精湛的工艺，让荣昌陶器行销海内外。陶器的制作离不开优质的土壤，在荣昌人口中，荣昌陶器之所以能如此受欢迎，还在于其土壤源自大禹的鲜血和神泥。

在上古尧舜时期，中原大地暴发了洪灾，帝尧于是派鲧前去治水，结果九年未成，舜即位杀了鲧，又派鲧的儿子大禹治水。大禹以疏导之法，开渠排水，将洪水引入了大海，成功解决了水患。据说当年治水时，天帝曾派应龙和玄龟前去助力。应龙负责开渠，而玄龟则背负神泥，渠开则丢下泥土，泥土随水生长，变成河堤。如此辛劳往复，历经13年才将水患解除。治水的同时大禹娶涂山氏为妻，但因为治水繁忙，大禹九过家门而不入。一次，他带着玄龟前去治水，路过家门，听见家中儿子的哭闹声，心中一时牵挂，便扯下路边野草准备搓去手上的泥，进家一观。可又一想水患还未消除，自己耽搁不得。恍惚间，一不小心手就被野草划伤，滴下血来，浸染了玄龟背上的一块泥土。后来这块浸染了大禹鲜血的泥土落入了荣昌安福镇，然后随着水势开始漫山遍野地生长，从此全县都被这种泥土覆盖，因浸染鲜血，所以土呈红色。荣昌土源于夏禹只能是一种传说，但由此说可见荣昌人对其土质的骄傲与自豪。

荣昌陶器

荣昌制陶由来已久，据考证，最早兴起于汉，在唐宋时兴盛，至明清已经闻名于世。新中国初立，荣昌陶就被国家轻工业部列入四大名陶。只可惜，随着时代发展，荣昌境内许多国营陶器厂因各种因素相继破产，造成大量制陶人才流失，曾经行销海内外的荣昌陶也就此沉寂下来。2010年，安陶（荣昌陶因主产于安富镇，因此又名"安陶"）工艺被列为国家级非物质文化遗产保护项目，2011年荣昌陶器制作、烧制技艺列入国家级非物质文化遗产保护名录。2013年，当地政府开始全面启动对荣昌陶的保护和开发项目，建立了荣昌陶产业园、荣昌陶文化创意产业园，荣昌也成为西南地区最大的陶器生产基地。

重庆的古寺和祠堂陵墓

　　自佛教东来，寺庙和石刻便成为寄托民间信仰的圣地。重庆寺庙远溯南朝，近至晚清都有修筑，这些寺庙或是弘扬佛法、讲禅说理的殿堂，或是普度众生、救济生民的善地，那么，这些寺庙有何传奇？那些泥塑石胎又有何意蕴呢？

　　回归俗世，那些在历史上有过功勋伟业的人，自然也少不了民众对他们的纪念和膜拜，或建祠堂或修陵墓，那么他们是谁？有何功业，又有哪些传奇呢？

重庆的古寺

石蟆镇清源宫供奉的大老爷是谁

  石蟆镇位于渝川交界处,具体位置在重庆市江津区西部,离城区约有80公里,毗邻四川合江县。这个镇子有一座清源宫,每逢初一、十五,便会迎来江津和合川的香客,一时香烛飘摇,人声鼎沸。清源宫山门上有石造牌坊,上面刻着"圣旨"二字,牌坊下两边各有一位丞官,昭示清源宫为奉旨而建。但奉哪朝哪代皇帝旨意就不得而知了。进入宫内,便可依着戏楼、书楼、川主殿、灵官殿、后殿,迤逦前行。

  佛寺礼拜佛祖菩萨,道观参见神仙真人,但清源宫供奉却较为杂乱,如玉皇大帝、老祖李耳、孔子、鲁班、关羽、岳飞等无论神话人物还是真人都有,体现出中国较为混乱的信仰体系。不过,这些塑像其实都是清源宫后期所立,其真正供奉的却是川主,当地人称之为"大老爷菩萨"。这里所谓的川主,根据宫门前方对联"都江堰治水丰功伟绩叹为观止;清源宫造像鬼斧神工志以殊荣"可知为修造了都江堰的李冰父子。但在历史上,被封为川主的其实不仅有李冰父子,隋代四川嘉州太守赵昱也曾有此封号。目

石蟆镇清源宫

前，正史可考的赵昱没有更加详细的资料，但在《方舆胜览》《八闽通志》《古今图书集成·神异典》《三教源流搜神大全》等方志异典中大致可知，赵昱原为青城山修道的隐士，后被当朝起用，任嘉州太守一职。当时嘉州有一水潭中有蛟龙兴风作浪，为害一方。于是赵昱命千名士兵重甲利刃立于江边鼓噪，自己则持刀跳入水中与蛟龙恶战，片刻间便一手持刀，一手携蛟龙首级从水中跳出。因其神勇无敌，当时百姓奉为神明。之后，此人挂冠归隐，不知所踪。后来，嘉陵江但有水患，均可见赵昱在云雾中出没。于是，他便被帝王不断册封，比如唐太宗赐封其为"神勇大将军"；唐玄宗加封其为"赤城王"。据这些异典记载，有人为其立庙在灌江口，于是，他便成了二郎神的前身。北宋真宗时，他又被封为清源妙道真君。因此，从这一点上来说，清源宫供奉川主应当为赵昱，而非李冰。

之所以将川主称为"大老爷"，这是因为合江县木广场大山下有一古刹，古刹旁有水潭人称"龙王潭"。明正德五年（1510年）时，龙王潭内忽然洪波涌起，有一根巨木从水中浮起。古刹僧人以为神迹，于是将大木锯为长短不一的大、中、小三段，并雕刻成三尊川主神像，分别命名为"大老爷菩萨""二老爷菩萨"和"三老爷菩萨"。这大老爷菩萨便被当地人迎至如今的石蟆镇清源宫，当时还称之为"昊天观"。这位大老爷菩萨供奉在昊天观后，便被百姓用于祈雨。每逢天旱无雨，石蟆镇求雨的乡民便抬着神像至合江古刹的龙王潭前，由道士主持，燃香点烛，念诵求雨真言。这时，龙王潭边的崖壁上会有泉水涌出，若其中有鱼虾则预示天将大雨；若有灰尘，则有小雨。祈雨之后，求雨队伍再将这位大老爷菩萨请回石蟆镇清源宫供奉。据当地传说，这位大老爷菩萨相当灵验。祈雨队伍中若有心地不纯、无事生非者，求雨定然不灵，因此，当地百姓对于祈雨的队伍人员的选拔极为严格，如果到时发现，那么这些心地不纯的人一律要自杀以敬神灵。根据县志记载，1944年，当地自开春后滴雨未下，于是百姓合请当地乡绅将大老爷菩萨抬到合江龙王潭祈雨。于是在当地乡绅名士组织下，石蟆、合江沿路百姓禁止屠宰三天以示虔敬之心，然后将清源宫川主抬到龙王潭，虽然一路烈日灼

烧,但祈雨队伍丝毫不敢松懈,到达之后,便由古刹主持作法祈雨。第二天,果然见乌云满天,天降大雨。由此,石蟆镇清源宫川主菩萨越发有名,由此也引来了更多的善男信女前来膜拜祭祀。

现今的科学已然对天气变化做出了合理的解释,百姓自然也用不着祈雨求神了。不过与祈雨相伴相生的庙会以及川剧、舞狮子、爬杆等民间表演却流传下来,成为当地庙会赶集的保留节目。

缙云寺为何屡被皇帝赐名

自佛教传入中国,佛堂庙宇广建于各地。而一些位于政治文化中心的寺庙更为历代的帝王文人所瞩目,不断被赐名题词,因此而扬名禅林。重庆地处西南,除抗战时曾为陪都,历代王朝较少瞩目,但这里的缙云寺自建寺以来,却屡被帝王赐名,这是为什么呢?

缙云寺位于重庆北碚区缙云山,始建于南朝刘宋景平元年(423年),由慈应禅师开山创建。北周武帝时崇儒灭佛,缙云寺庙宇被毁。

唐朝时,高祖李渊题名此地为"禅真宫"。贞观元年,浙江幽谷净满禅师重建缙云寺。唐大中元年(847年),因寺旁有相思岩石、相思竹、相思鸟,宣宗皇帝赐寺额为"相思寺"。据《蜀中名胜记》云:"缙云寺即相思寺也。此山有相思岩,生相思竹,形如桃钗;又有相思鸟,羽毛绮丽,巢筑竹间,食宿飞鸣,雌雄相应,笼其一,则另一只随之。"

北宋建立后,公元971年,慧欢禅师重修寺院,并迎宋太宗御诵梵经240卷,供至寺内。如此举动,自然迎来皇家的积极回应,宋景德四年,真宗赐名"崇胜寺"。

明朝时,缙云寺备受皇家青睐。永乐五年,成祖敕谕"缙云胜景",天顺元年(1462年)英宗皇帝又赐名"崇教寺",万历二年(1574年)神宗皇帝赐题"迦叶道场",后万历三十年(1602年),神宗下令更名为"缙云寺"。明末后战乱频仍,此寺遭受兵祸被焚毁殆尽。康熙二十二年(1683年),破空禅师来此主持重修,后历代高僧不断修缮,遂恢复古刹风貌。

缙云寺双柏精舍

值得一提的是，缙云寺乃是我国境内唯一的迦叶古佛道场。因此，寺庙内供奉主佛并非释迦牟尼。而缙云寺自古办学，内有汉藏教理院，为世界佛学苑四大分院之一，其在佛教中的地位可见一斑。而缙云寺缘何备受皇家青睐，则已不可考。

双桂堂为何称"堂"不称"寺"

遍观国内佛堂，大都以某寺名之，但重庆双桂堂却独以"堂"命名，这是为什么呢？其实这和双桂堂在佛教中的地位有关。

双桂堂本名为福国寺，清顺治十年（1653年）破山禅师在此开山建寺。破山禅师一生遍游两湖江浙，因佛法高深，曾有"小释迦"之称。他门下弟子近百人，这些僧徒出师后，分赴云、贵、川、鄂乃至东南亚等地，不少弟子曾任当地寺院主持，不仅中兴了当地寺庙还遍传佛法，于是福国寺被誉为"云贵川禅宗祖庭""宗门巨擘""第一禅林"，因此敬称为"堂",而以双桂名之,乃是因为寺内有两株桂树。不过,在双桂堂山门上除了双桂堂和福国寺之外,还有一个匾,上书"万竹山",这是因为此地古竹环绕。另外,进入寺内,还有一匾额上书"金带寺",据说是因为咸丰十年(1860年),古寺建舍利殿时,挖开土层曾得一金带。但无论哪个名称,都没有"双桂堂"这一特殊的名字能代表该寺在禅林中崇高的地位。

双桂堂的两棵桂树何来

双桂堂因其在禅宗传播中的崇高地位闻名于世,其开山法师破山也颇具传奇色彩。尤其是他身背金银双桂在双桂堂开山立寺的故事在当地广为流传。

破山法师生活于明清之际。其俗家姓蹇,字懒愚。于明朝万历二十七年(1597年)出生在竹阳(今四川大竹县),十九岁时眼见兵连

双桂重辉

祸结，有意出家修行。他听说大竹姜家庵大持和尚，精严戒律，高志有德，于是拜其为师，从此法号海明。海明和尚于1616年出川，遍游各地佛门圣地，广览典藏，后在湖北破头山结庐修行，因失望于江山易主、山河破碎，于是自号为破山。后来，他东游至浙江宁波鄞县，受教于天童寺密云禅师。据说，密云禅师曾送两株桂树于破山，并说"桂树生根之处，即是你安身之处。"于是，破山和尚身背两株桂树一路西行，长途跋涉入蜀，进梁山（即重庆梁平县）万竹山歇息。在他打坐参禅时，双桂落地生根，于是破山遂在此开山立寺，即今日之双桂堂。破山禅师建寺后，广扬佛法，济世度民，很快门徒广布，以致"双桂道风大振遐迩"，竟然形成禅宗一派，号称"双桂法派"。

如今的双桂堂依然香火旺盛，虽然当年的双桂现在只余下一株，但每年金秋时节，桂花飘香，混合着氤氲的佛香，还能感受到佛门的静穆与广大。

双桂堂有哪些传说

双桂堂因其在禅宗传播中占有重要地位，因此名声广为远播，有"西南丛林之首""第一禅林""宗门巨擘"之称。因其历史地位特殊，所以围绕在它身上的传说也特别多，现择取一二，略窥其传奇和神圣的一面。

破山禅师为何饮酒吃肉

双桂堂开寺法师为破山，他受浙江天童寺密云禅师教诲，携双桂在重庆梁平县万竹山开山建寺，广扬佛法。破山生活的时代正值明清易代，当时天下大乱，民不聊生。而川渝地界为张献忠所据，据传此人嗜杀成性，是有名的活阎罗。

一天，破山禅师突然接到张献忠邀请，说专门建造精舍，请法师前来讲经说法。破山禅师弟子都觉得此去凶多吉少，劝说师父不可听信。但破山禅师却不为所动，大胆前往。破山禅师和张献忠相见后，略施礼数便要开坛说法。不想，张献忠却说今日正好有前方捷报传来，准备杀俘虏庆功，传令要将上千名俘虏斩杀。破山禅师心有不忍，劝阻张献忠不可滥开杀戒。

张献忠哈哈一笑，说我身为军中统帅，杀人如麻，如同大师每日念经，早已习以为常；若要我不杀人，就像大师喝酒吃肉一般不可能。

破山禅师揪住此话不放，说，若我今日饮酒吃肉，将军就可放人？

张献忠不相信破山禅师能开戒，信口道："如果大师真能饮酒吃肉，我自然放了这帮俘虏。"

于是，破山禅师大步来到宴席之前，大口喝酒，大碗吃肉，算是破了酒肉戒，并说"老僧为百万生灵，忍惜如来一戒乎"。张献忠感动于此，下令释放俘虏。由此，破山禅师虽然酒肉穿肠，却将佛家好生之德广为弘扬，用实际行动践行了佛祖普度众生的理念。

韦陀屙尿坪的传说你知道吗

双桂堂附近有一个地方叫"屙尿坪"，名字虽然不雅，但却大有来历，因为在此处屙尿的不是别人，乃是佛门神圣韦陀菩萨。这是怎么来的呢？

据传，双桂堂自破山禅师开宗后，传至觉知禅师已有四代。觉知禅师潜心向佛，为寻求佛源本宗，孤身前往当年破山禅师出家地——浙江天童寺研习佛法。忽然有一天，他在梦中听见有人说双桂堂有难，于是立即半夜启程准备返回。正愁山高路远，就见天童寺山门外立着一个胖和尚，说愿意背着他前往，只是需要觉知禅师紧闭双目，不可睁眼。觉知禅师依言紧紧伏在和尚身后，只觉一起一落，似乎飘扬不定。正在疑惑，忽然双脚一沉，已然落地。胖和尚喘息未定，吩咐觉知暂时在此等候，他屙泡尿就来。觉知禅师便在原地等候，可久等不来，睁眼一看，自己已经身在双桂堂前，而庙内的韦陀菩萨满头大汗，这才知道自己是被韦陀从浙江千里之外背来的。而刚才韦陀屙尿处，便在双桂堂外。

觉知禅师是双桂堂继破山后的又一大祖师，他因重振双桂禅风，因此在双桂祖师殿中得以与禅宗祖师达摩、密云、破山并列，同享后世僧众的膜拜。

双桂堂龙凤浮雕为何龙在下凤在上

龙凤是中华民族特有的图腾，本来龙凤各有种属，但在后天的演化中，凤逐渐雌化，因此，按照男尊女卑的思想，一般龙凤图案中龙在上，凤在下。但是双桂堂大雄宝殿的三楼浮雕上却是凤在上，龙在下，这是为何呢？

据传，当年双桂堂方丈传至第十代由竹禅担任。竹禅禅师出身即在重庆梁平，但少时出家后便在各地游历，不仅佛法精通，而且书画也是一绝。一年，他在京城游历，听闻慈禧太后招募民间画工作画，但题目甚为刁钻：要在五尺宣纸上画九尺观音。许多画手虽有心入京一睹圣颜，但看到这一题目都望而却步。竹禅和尚却大胆地揭了皇榜，进京作画，以一副观音弯腰插柳图巧妙地完成了任务。之后，竹禅和尚的精深佛法也让慈禧大为叹服，于是受戒于他。竹禅和尚回到梁平后，成为双桂堂方丈。当时，双桂堂大雄宝殿正需修缮，于是竹禅便向慈禧这位弟子筹资。慈禧虽慷慨解囊，但要求若有龙凤图案，则凤在上，龙在下。竹禅大方允诺，于是便有了如今大雄宝殿龙凤浮雕上的图案。

你知道竹禅禅师吗

双桂堂被誉为西南禅宗巨擘，不仅因为它门下弟子对禅宗佛理的广为弘扬，更在于在这里有一代代宗师开坛传戒。其中比较有名的如第一代破山禅师，第四代觉知禅师，还有晚清时期名扬海内外的竹禅禅师。

竹禅（1824—1901年），出生于重庆梁平仁贤乡，俗家姓王。他幼年即在梁平县报国寺出家为僧。20岁时，他师承双桂堂一超法师，并在双桂堂中任书记执事一职。咸丰初年，他外出参学，曾游历于四川新都龙藏寺，后又北上入京，与当时名士翁同龢等多有往来，曾应邀为慈禧作画，并传戒于慈禧。这一经历在后世演绎中越发生动曲折，还成为梁山灯戏的保留曲目。在北京游历后，他又多次到山西、天津等地游历，后又回到报国寺潜心修佛。同治八年（1869年），他再次出川北上，曾挂锡于天津无量庵、九华山化成寺、上海龙华寺、普陀山白华庵及杭州、宁波各大寺院，前后经30年。其间，他曾有"吾世缘将满，当从来处去"的偈语。果然，光绪二十五年（1899年）春，双桂堂邀请他回寺主持。他不顾年迈体衰，于次年夏回到梁平，当年冬月初一，升座为方丈。他任方丈之日，成都昭觉寺、文殊院、宝光寺、龙藏寺、大慈寺、草堂寺六大寺院联合馈赠"圆满菩提"之匾，以示庆贺，足见其在西南佛教界的影响与声望。任方丈半年后，竹禅圆寂。

竹禅法名为熹，人称"熹公"，但因他一生好画竹，且以画为禅，所以世称"竹禅"。双桂堂自开山祖师破山海明以降，历代禅师莫不喜好书画，如此浓郁的艺术氛围自然熏染了竹禅，因此，竹禅自受戒起一方面精心研修佛法，同时也醉心于笔墨，专攻于画竹以及神佛菩萨。他一生游历各地，不仅是为了广参佛法，也是为了研修书画艺术。死后，有评价"携大笔一枝，纵横天下；与破山齐名，脍炙人间。"可见其成就。

竹禅一生心系佛教的振兴，尤其为重振双桂可谓不遗余力。他所做书画润笔全部用于修缮寺庙佛堂，尤其晚年，为修缮双桂堂前后捐资白银四千两，并亲笔为双桂堂题画。此外，他还与中原境内佛寺广为交流，迎奉佛教圣物以重振双桂禅风。1864年，他从五台山苦心迎取佛宝舍利子，在双桂修造舍利塔以供奉。同时，他还迎回了五台山所藏贝叶经一部（解放后据专家考证为公元11世纪写本，可惜1990年被当地百姓盗走贩卖，至今不见踪迹）。

竹禅圆寂后由寺众修塔纪念，可惜"文革"时此塔被毁。2003年，现任方丈率领僧众重修竹禅和尚塔，并将其舍利移至塔内，刻时人评价于塔上。现在双桂堂内便有竹禅舍利塔，并保留有竹禅画作多幅，以供后人瞻仰。

奈何桥、黄泉路怎么走

丰都既然号为鬼城，自然十殿阎罗牛头马面无所不备，这其中包括奈何桥、鬼门关、黄泉路等阴间建筑。这些在民间附丽着各种诡奇想象的建筑，在丰都城自然少不了一些讲究。

丰都鬼城建于名山镇，镇中有山即名山。进入山门的头一景点便是财神殿和药王殿，这财神殿供奉的是比干和赵公明，而药王殿供奉的则是张仲景和孙思邈。而过了阎王殿，便是寥阳殿了。而殿前便有三座大小形制相同的石拱桥即奈何桥。桥两侧皆有雕花石栏护卫，桥端两边则设有两级踏道供人行走。桥下有石池，被后人附会为血河池。其来历前文已有，在此不再赘述。单论过桥，据说若是夫妻同行，一定携手向前，而开步时，男左女右走九步，则意喻天长地久或下辈子还在一起。若是单身，则走三步、五步或七步。至于其中寓意就不得而知了。此外，过奈何桥不可脚滑，若是脚滑，说明乃是有小鬼绊了。为何有三座桥，据说，乃是分别供善良有道之人、善恶兼半之人、怙恶不悛之人的鬼魂行走的。善良有道之人有神佛护体，怙恶不悛之人则被桥上恶鬼扔下，掉入血河池内被铜狗铁蛇撕咬。而善恶兼半之人，过中间的桥。因此每到庙会进香时，多有游客从中桥通过，并且向桥下石池扔钱币铜板，或炒米（以供饿鬼享用）。

鬼城奈何桥

奈何桥附近还有亭，上书"星辰礅"。亭子中间有一八角铁盖，中间有一铁圆，圆中凸起，旁边有一半圆形的铁砣即星辰礅，据说重达365斤。如果男子一年365天都忠于自己的妻子，那么自然可以举起此礅，将它放置在铁圆上的凸起物上。365斤自然超出一般人的负重能力了，不过景区内的一个噱头罢了。

过了奈何桥，便是寥阳殿了。殿后有石阶通往玉皇殿，因此，这石阶的行走也是有讲究的。在道教神话体系中，天有三十三界，只有跨过三十三界方能成仙成神。因此，若有人年满三十二则要双腿并拢，一级一级蹦上去；若是未满三十三岁，就要一鼓作气跑上去；而三十三以上的人，那就一步一步脚踏实地走上去。

而在鬼城的最有名气的当属"鬼门关",此关大门为黑色,"鬼门关"三字和楹联均由白字写成,因此黑白分明,倍是瞩目。过此门时,讲究男左女右,且不可碰到门槛,否则便要被鬼魂附体,肉身永留鬼府。

鬼门关后是黄泉路,其实黄泉路为鬼魂降临地府到阎罗殿的路程的统称,但当地在路中专门设有牌坊,上刻"黄泉路"三个大字,两边刻有对联:"红尘生涯原是梦,幽冥黄泉亦非真"。从门柱向里走,黄泉路乃是一条宽约2米,长约50米,用青石板铺就的小路。过此路,有"黄泉路上无老少,黄泉路上莫回头"的说法,因为根据传说,黄泉路上多有孤魂野鬼,都想附于肉身还阳。因此,走此路若有人拍肩扯衣或呼唤名字,万万不可回头,以免丢了魂魄。

在鬼门关还要注意,此地旅游只游上半日,因为"上午走人,下午走鬼",这自然也是为了附会这座鬼城而形成的习俗了。

所谓奈何桥、黄泉路其实都是民间传说,附会在其间的讲究其实都是缺乏科学解释的臆想,不过,也正因为有了这些臆想,这些景点在游览时才会更有趣味,更富于文化内涵。

鬼门前有哪些鬼

人死如灯灭,但无论中外,都不甘心在亲人或故交离世后如土如烟,因此编造出了"鬼"的形象,《礼记·祭义》云:"众生必死,死必归土,此谓之鬼。"既然千人千面,那么鬼也是千差万别。比如丰都鬼城鬼门关前便树立着十六个"鬼王"雕塑,民间传说为十六鬼王,其面目狰狞,姿态百变,也算是一景。那么,是哪些鬼呢?

首先是手持弓箭、脚踏波浪的驻海鬼。他双目圆睁,嘴中獠牙倒立,加上背后还有一对高举的双臂,因此极为恐怖。据说此鬼生前居于旷野海滨,专门打劫孤弱病残,死后便被阎罗王罚于大海孤岛,在严寒酷热中饱受缺衣少食的痛苦。之后,便被阎罗王派于鬼门关前,持弓守关。

疾行鬼头角高凸，鬓边长发向后飘扬，右手持刀向后侧立于人前，两脚分开站立，似乎正在向前行走。据传此鬼生前为佛门弟子，但却将四处化缘来的钱财挥霍一空。因果有报，死后专吃肮物脏食，吃后肚疼不已。但他行走匆匆，阎罗王又命他在鬼门关和阎罗殿前通风报信，因此呼之为"疾行鬼"。

在鬼门关外，还有一个憨态可掬的老鬼和小鬼嬉戏像，他们多戏弄人间，以各种玩笑或恶作剧被人们称为"淘气鬼"。想象在阴森恐怖的阴间多了这些角色，也算是多了一点乐趣所在吧。

食蔓鬼像为长发披肩的女子，她袒胸露乳端坐在石凳之上，而胸前抱一小鹿，似在舔舐其乳。据说此鬼生前好美，盗用佛前饰物"华蔓"来打扮自己，因此死后只能食用花朵蔓草。但此鬼偏爱动物，因此怀中抱了一只小鹿。

驻海鬼像

鬼仙，古代仙为灵魂不灭、跳出轮回三界的神人，但若未修炼到家即死，那么在阴间只要保有一念清静，自然也可以不生不灭，所以又称"灵鬼"。

才鬼，该鬼长髯修眉，桌前有笔墨纸砚。若不是头顶三个凸角，人们会以为是一个书生。据说，才鬼乃是满腹才华却科场蹭蹬的才子，死前没有功名死后不愿投胎，阎王见他在鬼门关外徘徊，于是便命他镇守在鬼门关外。

罗刹鬼，鬼门关前还有一仰首垂发女子像，但见其半身裸露，样容婉约，但是千万不要为其外表所迷惑。她是地狱第一恶鬼罗刹鬼。罗刹鬼男则浑身漆黑，朱发绿眼；女则化身为妖艳妇人，头戴花冠，专一魅惑行人然后食其血肉。因此，罗刹鬼在古印度语中有"暴恶""可畏"之意。

劈山鬼模样狰狞，双手高举一斧头，脚踏一圆目獠牙的神兽。据传他生前为江湖草莽，专一打家劫舍，死后又生悔改之心。因他天生神力，手持千斤大刀，故阎王命他开山劈石。

千眼鬼，此鬼双鬓耸立，手握降魔杵，若不是全身上下遍布的眼睛，便与寻常鬼怪绝无二致。正因为他遍布千眼，所以有分辨善恶的能力，因此阎王命他驻守在鬼门关前。

食气鬼，此鬼形体消瘦，双眼鼓凸，嘴中有长舌垂于腹部。此鬼名唤"食气鬼"，自然以空气果腹。他能分辨天地万物的各种气味，因此对于鬼魂的气味了然于心，阎王便命他随侍鬼门关以分辨各种鬼怪。

酒鬼，有酒鬼之号的，中国历史上不乏其人。因此在丰都鬼城也专塑一座雕像，以聊慰游客耳目。该像应是所有雕像中最有人间气息的雕像，只见他头戴小帽，双眼斜看，嘴巴中斜滑出的舌头似乎在咂咂作响，而怀抱中正是一坛陈酿美酒，坛口微微倾斜，正向他脚下的酒碗中倾倒美酒佳酿。

食肉鬼，佛教教义中有不可杀生之戒，那些杀生食肉的人自然在阴间也不得好报。食肉鬼生前为市井屠户，但买卖却短斤缺两，因此死后业报为阴间恶鬼，专门以动物腐尸为食。

夜叉鬼乃是民间传说中的恶鬼，一手持钛叉，一手高举，头顶有火云笼罩，又名"夜乞叉"，为天龙八部之一。此鬼以人肉为食，以人血为饮，因其罪行累累，所以被阎罗罚于殿前值岗，日夜不得休息。又有民间传说，夜叉孔武有力，有疾步如风之能，因此日间为海龙王巡海，夜间为阎罗王值班，嫉恶如仇，因此在多地还享有烟火供奉。

欲色鬼，像立于路旁，双手高举似要扑倒，表情急切。此鬼本名"五通"，形似猿猴、狒狒。这是因为中国古代神话中，猿猴狒狒喜淫人妻女。最有名的当属《补江总白猿传》，其中有白猿专门俘虏貌美女子以供自己淫乐。后也被阎王收于账下以供驱遣。

伥鬼，古语有为虎作伥之说，这里伥即伥鬼。传说此鬼死后随于老虎身后，勾引生人供老虎食用，而且更为可恶的是，他甚至专门勾引亲人来供老虎享用。所幸，进入阴间后对前生往事多有忏悔，投奔到阎罗王殿下为其服务。鬼门关前的伥鬼毛发耸立，手执长柄大斧，两眼圆凸瞪着过往的行人，表情极为生动。

阎罗执仗鬼阔嘴长唇，獠牙外翻，双手高举刀杖，一副警备姿态。据说此鬼身前乃是权贵门下鹰犬走狗，专一媚上欺下。死后被贬至苦寒边地以风露为食，为人向导。阎罗王将他调至跟前，作为使者传唤左右。

鬼城阴殿罗列，这些鬼不过是其中一毫而已，而且无论在佛教典籍还是在民间传说中，鬼怪之多，其背后的内涵和意义之深，实在不可做肤浅的一观。

大足北山石刻由谁首凿

重庆大足石刻虽开凿年代较晚，但却将中国的石窟雕刻艺术推向了一个高峰。其中，宝顶石刻为南宋赵智凤主持开凿，而北山石刻却由一个割据一方的军阀捐资开凿，他叫韦君靖。

韦君靖生卒年现已不详，只知道他生活在晚唐。其时，威震四陲的泱泱大唐已走入晚景，各地军阀割据，农民起义接连发生。对百姓来讲是水深火热的日子，对于韦君靖这样的一方草莽却是乘势而起的大好时机。唐僖宗乾符年间（874—879年），韦君靖任昌元（今重庆荣昌县）令，中和二年（882年），涪州刺史韩秀升乘黄巢起兵，协同屈从行等聚众造反，韦君靖率兵镇压，连战连胜，于是步步荣升，在唐昭宗大顺元年（890年）累官升任昌州刺史及充昌、普、渝、合（今大足、安岳、重庆、合川）四州都指挥、静南军使、兼御史大夫，实际上已成为割据一方的领主。景福元年（892年）春，他在北山开始修造永昌寨，据说此寨"筑城墙2000余间，建敌楼100余所"，"贮粮10年、屯兵数万"，"周围28里"，可以算得上固若金汤，铜墙铁壁了。如此壁垒，但韦君靖却未有心安。也许是害怕自己杀人如麻罪孽深重，也许是受唐武则天以降君主多有奉佛之举,于是他便想在北山崖壁上刻绘佛像,既是弘扬佛法也是赎罪忏悔。当时中原战乱频仍,多有北方灾民前来巴渝避难。于是,他招募画师工匠,仿照龙门石窟,由他个人出资,开始了在北山的造像工程。公元892年5月某日,韦君靖指挥开凿北山石刻,首凿毗沙门天王。毗沙门天王又称"北方多闻天王",为何首凿此像,这与毗沙门天王的传说有关。据传,天宝元年(742年),安西(今新疆库车县)被困,守将上表请求朝廷速派援兵,但其时道路遥远不畅,于是唐玄宗诏命不空法师(唐著名佛教译师,为斯里兰卡人)请下毗沙门天王救援,果然,天王金身显于安西,大败番兵。玄宗闻报后龙心大悦,敕令各地节度在所在州府造像供养毗沙门,由此毗沙门天王成为军旅的保护神。因此,北山石刻中的毗沙门天王虽为印度神佛,却身着中国武将盔甲,也算是入乡随俗了。

自唐安史之乱后,中原兵连祸结,因此很多地方鲜有继续开凿的条件,而重庆地属西南,物阜民丰,且政治稳定,因而备受几朝皇帝青

投佛祈永嗣图

睐，成为避难的绝佳选择，自然也有了开凿石窟佛像的大环境。韦君靖凿北山石刻，为大足石刻的滥觞。唐亡之后，无论前蜀还是后蜀的国主都笃信佛教，因此大足山中，斧凿之声不绝于耳。直至南宋赵智凤，迎来了大足石刻的又一次高峰。

赵智凤是怎么开凿大足石刻的

大足石刻是世界八大石窟之一，全国5A级旅游风景区，位于重庆市大足区境内，它以佛教题材为主，融合了儒、道的造像，其石刻群有75处，共计5万余尊石刻造像，为中国晚期石窟造像艺术的典范。大足石刻开凿时间从公元9世纪一直到13世纪长达四百年，其间尤为著称的是南宋淳熙至淳祐年间（1174—1252年），由大足僧人赵智凤主持修造的近万尊佛像。那么，一个和尚是如何纠集各方力量来实施这一庞大工程的呢？

赵智凤本名赵智宗，他生于大足县米粮里沙溪，其时正值南宋绍兴二十九年（1159年）。其父赵延富为石匠但不幸在智宗幼年亡故，只剩母子二人相依为命。智宗5岁时，母亲身患重病，家中无钱延医救治。有算命先生说只有让智宗皈依佛门，才可让其母病愈。于是，智宗以幼稚之躯独自前往当地的古佛寺，想许身佛门来救治母亲。庙内住持为其孝心感动，不仅亲自下山为其母治病，还拿出银两救济他们。赵智宗为报答住持，于是志愿出家，起法号为智凤。从此，赵智凤便跟随古佛寺住持读书识字，打坐参禅。学佛十一年后，老住持欲将住持一位传授予他，不想却被他拒绝。他认为佛门广大，还需云游四方来通彻佛理。此后，他在成都大轮寺受教学习密宗，学成之后，他便回到故乡。不想，此时古寺已被暴雨冲塌，老住持也被压死，其余僧众无家可归，也四处逃散。于是，他便萌生了重建大寺庙的想法。

当时，大足佛像石刻已经小有气候，县内也广有寺院，到处都是礼佛诵忏之声，且石刻匠人、雕塑艺人也多有聚集，因此，赵智凤便四处化缘，想要广刻佛像。经过艰苦的劝说和慰勉，附近州府的富豪纷纷捐出钱财帮助赵智凤修造佛像,而且当地的寨主黄木顺还专门开辟出一块地方,任其自由修造。

修造佛像重在普度佛法,劝善济世,因此赵智凤在修造时特别注意结合民间教义,将儒、释、道三家教义合而为一,以促进佛法在当地的传扬。比如,大足石刻西南处有座石篆山石窟,其并列3窟分别有"三身佛像""孔子及时哲人像""老君像",这在宋朝以前的石刻中是绝无仅有的。而在大足妙高山石窟中,有一佛龛,其中释迦牟尼居于正中,左侧为道教老君,右侧则为孔子。三教的开创者同居一处,这也是赵智凤首创。此外,赵智凤还创造性地使用连环画的方式,将佛经中的故事以连续画面展现,便于目不识丁的普通民众理解,可以说,为了普及佛法,赵智凤倾尽了心血。

赵智凤头像

赵智凤从20余岁祈愿修建石刻,到90岁圆寂,一生近70年的时间都献给了大足石刻。尽管后来蒙古入侵,大足石刻渐趋没落,但其对佛法的普及和弘扬,其一生矢志向佛的精神都值得我们怀念和颂扬。

牧牛图有何寓意

重庆大足石刻为我国佛教石刻艺术的代表,尤其在南宋和尚赵智凤的主持下,开凿的石刻开创了长卷式的组雕作品,其宏大的规模和对佛理形象化的阐述,都将石刻艺术推向了又一个高峰。这其中,比较有名的便是宝顶山圆觉洞边的《牧牛图》。此图位于宝顶山大佛湾南岩中段的护法神龛和《圆觉经》变窟之间,刻石面高455厘米、宽3366厘米,共十二组雕像,为我国罕见的长卷式组雕。那么,以这种巨幅长卷的雕塑想要表达一种什么样的观点，又有何寓意呢？

《牧牛图》名为牧牛，其实是用牧人比喻修行者，用牛来比喻修行者的内心。因此，全幅雕像实际上表现的是修行者调心养性，最终悟道入禅的过程。

牧牛图十二幅，自唐以来就有定序，每幅图都有固定的名称和内容，也相应有其禅宗寓意。第一幅图，题名曰《未牧》，画面中的牛正昂首翚项朝外奔突，而牧人紧紧拽着缰绳要将牛往回拉。而在牛嘴前的崖壁上刻了"朝奉郎知润州赐紫金鱼袋杨次公证道牧牛颂"。说明此图是根据杨次公的牧牛图而刻，其左刻又刻了一首诗（佛教中称为颂）"突出栏中不奈何，若无绳绻总由他。力争牵出不回首，只么因循放者多"。所谓"未牧"其实就是指佛家认为的心性未经调理驯服，此时往往桀骜狂悖，容易受外界的蛊惑而脱离本性。

第二幅图名为《初调》，这幅图中，牧人向牛而立，左手拿着绳子，右手举着鞭子，牛的脖子向后弯曲，说明牛的心性虽未完全驯服，但是已勉强回转。这幅图的寓意在于说明修行者已经开始调养自身的心性，准备降服心魔。

第三幅图名为《受制》，此图中牛身虽然残缺，不过大致内容仍然可辨。牧人袒胸露腹，站在牛头边，左手举鞭，右手拿着绳子牵着牛往前走，而牛虽已驯服，但依然有快步奔跑的样子。旁边的颂"芳草绵绵信自由，不牵终是不回头。虽然暂似知人意，放去依前不易收"很好地说明了此图的寓意，即人顽固桀骜的心性虽然暂时受到了制约，但易放难收，所以仍然不可大意。

第四幅图《回首》构图较为丰富。在牛的上方是一只老虎，正开步下山做扑噬状。而牛向西而立，耸竖两耳似乎在凝神戒备。牧人头戴斗笠，身披蓑衣，身上背着一个半球形的鸟笼，左手牵绳，脚踏石梯，身体前倾做登山状。这幅图中虽然有老虎在前方咆哮，但牛并未慌乱奔逃，说明心性中已经有了定力，不再受外界的干扰和影响了。

第五幅图《驯服》和第六幅《无碍》为并列合刻图。上面有左、右二牧人正手握缰绳攀肩而坐，右边的牧人右手拿着绳子，左手握鞭搭在左边牧人的肩膀上,而身边的牛向西而立站在他的右边,竖耳瞪眼似有凝神聆听之意思。左边的牧人则左手执绳放于左膝,右手执鞭攀于右侧牧人的肩膀上。他的牛跪在左侧,低首做饮泉状,下方有山泉一股。人和牛之间的关系已然趋于和谐,表明此时对于心性的驯化已然可以无拘无碍。

第七幅雕像名为《任运》。此时,牛向东立正欲饮水,牧人立于牛后,左手执绳和鞭子,右手指碑。碑文为"牛鼻牵空鼻无绳,水草由来性自任。涧下岩前无定上,朝昏不免要人寻"。这幅图中牛已经不需要鞭绳的驱赶,但缰绳仍在,比喻此时心性已定,但仍需时时提防俗世尘欲的诱惑。

第八幅图《相忘》与第九幅《独照》并列为一组。第九幅图中,有一牧人长须飘拂,肩披蓑衣坐于岩石之上。他双手持笛,似在忘情吹颂。悠扬的笛声传向四野,感染了第八幅图中的牧人。他坐于牛尾,左脚踏在石板上,双手击掌,应和着笛声。他的左边还有一只仙鹤,羽翅轻举,似在应声而舞。而牛呢?第八幅图的牛已然没有了缰绳的牵绊,穿绕于牛鼻的绳子缠绕在脖子上,它向东而立,俯下牛头舔舐着右蹄。而牛前有树,树上有花有果,中间有两鸟雀跃觅食。第九幅图中的牛则鼻子中没有穿绳,昂着脑袋向西站立。这两幅图从旁边的颂来看,此时人的心性已然开悟,可以不受外界的诱惑,也不用使用强力来管束,达到了纯净自乐的阶段。

第十幅《双忘》中,牧人仰卧于岩石之上,袒胸露腹,酣然而睡。头后一棵大树,树上倒挂一猴,悬尾下垂,伸出左爪拉扯牧人的衣服,但牧人却浑然不知。而牛卧于牧人的西侧,样态温顺。这幅图中,猴子代表外界的干扰和诱惑,但牧人心性澄净,了无牵挂,因此外界的一切都无法干扰他了。

第十一幅图《禅定》,此时图中牛已不见,只有修行者袒胸露腹,结跏趺坐,右手搭在左手之上,双手皆仰方于腹部,此为禅定印。修行者的上方刻颂一首,"无牛人自镇安闲,无住无依性自宽。只此分明谁是侣,寒山竹绿与岩泉"。这幅图意在说明修行者心性中已无贪执,与寒山绿竹、岩泉为伴。

第十二组图《圆月》中，人、牛俱已不见踪影，只有一轮圆月从水面浮出。月亮的下方和左右皆刻水纹以示，而水纹下有一碑立在一朵仰开的莲花之上。石碑上刻有"人牛不见杳无踪，明月光寒万象空。若问其中端的意，野花芳草自丛丛。"和"了了了无无所了，心心心更有何心。了心心了无依止，圆昭无私耀古今。"此时，修行者内心空明，由定生慧，已然心无尘埃，空明自然了。

佛教自汉传入我国便一直努力与中原文化相融合，最终与中国玄学相结合产生了独具中国特色的禅宗一派，它在佛学的传播过程中一直强调"自悟、体认"，将个人的"自性"和"佛"等同，认为"识得自性即是佛"，因此强调在日常生活作息中参透禅机。禅宗公案中多有高僧用日常生活取譬来说明佛理，其中以牛喻禅便是一例。大足石刻《牧牛图》主要据北宋杨次公《证道牧牛颂》刻石，究其轨迹，其实前代参禅者多有此类比喻。后世赵智凤据此主持雕刻了这一大型组雕，算是对悟禅的一次形象化表现。

潼南大佛寺大佛有何特点？

重庆潼南区城西的定明山下，有一座寺院，它始建于唐咸通（860—873年）年间，起初因山而名为"定明院"，但后来当地僧众又依山而凿了一尊大佛，所以称为大佛寺，也正是因为这尊大佛，该寺才名扬天下。那么，这尊大佛有何特点呢？

首先，这尊大佛雕凿所费时间漫长，横跨唐宋三百年。据佛像雕成后宋人所刻碑记称，此佛像佛首于唐咸通元年（860年）开凿，至唐广明元年（880年）始有面目。之后

大佛寺金佛

历经唐末五代战乱，未见斧凿。北宋靖康元年（1126年），当地僧众开始修凿佛身，历时26年，至南宋绍兴二十一年（1151年），才有如今大佛面目。其间兴废，可谓沧桑。即便如此，佛头佛身浑然一体，坐姿天然，未有前后衔接不畅之感。

其次，此佛为我国室内第一大金佛。为表现佛身法相庄严，于是在佛像凿就后，该寺僧人还四处化缘，求得金帛贴饰于佛身之上。据史载，当时泸州刺史冯楫专门献出俸金以作金饰，并撰述碑记以记载这一盛事。绍兴二十二年，佛像通身贴金，从此成为饰金大佛。后经清、民国时多次重塑，至今仍可见金身璀璨，宝相庄严。根据碑文所载，此佛高达八丈，而根据现代测量，大佛全高为18.43米，头长为4.3米，因此成为我国室内第一大金佛，也是世界第七大佛，因此被誉为"金佛之冠"。所以民间有传言说："看高大到乐山，看精美到潼南"。

潼南大佛寺的石磴琴声是怎么回事？

潼南大佛寺不仅金佛为世所罕见，其寺内还有能跟随游人脚步发出叮咚琴音的石磴，更是玄妙。这是怎么回事呢？

在大佛阁右侧，有一个石洞，古称"大佛洞"。石洞全长25米，宽3.2米，最高处有11米，行人自江岸通过一层层的石磴穿越石洞便可直达山顶。而此洞奥妙之处就在这一层层的石磴。它们多以条石砌成，高低宽窄多有不齐，踏上石磴，便会有高低各色声音开始响起，仔细辨听有龙吟虎啸之声，也有高山流水之

石磴

音，或清越流畅或深沉厚重，因此吸引了历代文人雅士前来登顶踏音，在方寸步履中聆听石磴琴声。此后，这里便成为潼南大佛一景，称之为"石磴琴声"，而此处也称之为"七情阁"。那么，石磴为何会有琴声呢？其实，原理很简单，就是运用了回声的原理。

潼南大佛寺因山阻隔，在明代以前原本分为上庙和下庙，上庙位于南山顶，下庙则临江靠山，两庙之间原本无路可通。明代宣德年间（1426—1435年），大佛寺僧人在大佛阁右侧的岩壁上开凿了大佛洞，从此上、下两庙沟通。石洞中以石磴作为踏步，因两边崖壁森立，于是便有了回音共鸣，特别是在第5级至第19级石磴处，因石磴较高，行人步履迟重，因此回音越发响亮沉重。

潼南大佛的石磴琴声自雕刻起距今已有五百多年的历史，因其深处山幽古寺，历代文人墨客题刻较多，因此成为我国古代四大回音建筑之一，比北京天坛的回音壁还早建一百多年，吸引了海内外众多游客前来登顶揽胜。

千佛寺真有一千尊佛像吗

嘉陵江和长江奔流不息，两江交汇之处，正是重庆南岸区的石溪路。在这条路上，有一座寺庙，名叫"千佛寺"。顾名思义，难道这座佛寺真的有一千尊佛吗？

千佛寺始建于明代嘉靖年间，距今已经有四百多年的历史了。寺庙掩映于闹市之中，现代化的高楼耸峙身后，它则斗檐红墙安静地伫立在青石小路的尽头。据传，千佛寺本名为"大乘寺"，所以至今寺内保存的花缸上刻有"大乘寺"三字。清朝咸丰时，此寺更名为"兴隆寺"，有寺内法器铁磬铭文"兴隆寺，咸丰辛亥年主持本顺造"字样为证。至于何时更名为千佛寺就不得而知了，不过，在寺庙的大雄宝殿两侧共有8寸佛像千余尊，因此称之为"千佛寺"。这些佛像集结了佛教中诸色佛身如南无觉悟本佛、南无修乐佛、南无散疑佛等，形态各异，神形毕肖。

因历史原因，千佛寺曾屡遭波折。"文革"时，佛像经书等都遭到不同程度的毁坏，此地也成为了塑料厂的厂房。改革开放后，塑料厂迁出，经过重新整修，如今寺内尚存大雄、韦陀、大悲、普贤、文殊、药王及古佛七殿。从这些峥嵘雄伟的殿阁以及庄严林立的佛像中，仍可感受到这座佛寺的禅风佛韵。

此外，值得一提的是，因为重庆两江新区的开发，如今的千佛寺正处于新区CBD的核心区域，是观赏朝天门大码头的最佳站台。红尘与佛寺，现代与古代就这样融合在了一起。

千佛寺山门

千佛寺幽冥钟是做什么的

在千佛寺内，有一口大铁钟，悬挂于屋梁之下，钟身乌青，上面刻满了姓名和铭文，沉重而庄严。这座钟人称"幽冥钟"，那么是用来做什么的呢？

在佛典《付法藏传》中记载了这样一个故事：有这样一个国王，他叫罽（jì）腻吒王，他是月支的国王，曾与安息国大战，杀戮颇重，死后化为千头鱼。而痛苦在于，它身边有剑轮相伴，随时砍斫鱼头。鱼头随斫随生，痛苦也生生不息。后来有一罗汉成为维那（佛寺中的执事，类似主持人、策划者），敲响了犍稚（佛教中鸣时器具的统称），每当犍稚之声响起，千头鱼身边的剑轮便悬停空中不再砍斫。于是，罽腻吒王便传信到阳间，让人长敲犍稚。在佛教中，僧众都要靠木鱼或钟磬来传递佛音法号，而个中尤以钟声最为宏远，通天达地，无论神佛幽冥都可凭借此声觉心悟性。后来，有一位智兴法师是禅定寺的维那，除日常执事外，还负责在法会上撞钟。他所在禅定寺内有一个和尚名三果，其兄陪皇帝外出巡游时不幸中途去世。此人于是托梦给妻子说自己已经到了阴间，备受各种苦难。本月初的时候，智兴法师在禅定寺敲钟，钟声响彻三界,我们的苦难得以解脱,所以请你代我送十匹锦绢给法师,以示谢意。他的妻子醒来后半信半疑,也不知道是真是假。过了半月,丈夫去世的噩耗传来,这才相信。于是,她便依丈夫梦中所言献给智兴禅师十匹锦缎。寺中的和尚听说之后便问智兴,何以鸣钟能解脱地狱幽冥之苦呢?智兴和尚便把《付法藏传》罽腻吒王的故事讲给众僧听,并且说"我每当撞钟时,先祈愿诸贤圣人同入道场,然后击钟三下,又愿诸鬼恶趣超生,闻此钟声俱时离苦得乐。四时行之,勿论酷暑严寒,终不辞惰,此愿奉行,不怠而已!"此外,南宋平江(今江苏苏州)景德寺和尚法云曾编纂佛教辞书《翻译名义集》,记载了这样一则故事,说是南唐时有一乡民猝死,但三日之后却又复苏过来,并且一醒来就要见当朝的皇帝。皇帝听到了这件奇事,于是传旨相见。这位乡下人于是说自己猝死后到了阴间,见到了先帝。先帝说自己生前杀戮颇重,所以死后在阴间受苦。你返回阳间后嘱咐我的继任者为我造一口大钟,日日敲打,便可减却我的痛苦。如果不相信,我在瓦棺寺大佛左膝中藏有一座玉天王像,这件事没人知道,以此可以作为依凭。当朝皇帝于是命人到瓦棺寺进行查看,果然应验。于是便命人造了一口大钟,并刻铭文"超荐烈祖孝高皇帝,早日脱离幽冥出苦厄"。《增一阿含》云:"若打钟时,一切恶道诸苦,并得停止。"

幽冥钟

由以上传说可见,千佛寺的这座幽冥钟即是解脱众生苦厄,超度亡灵之用了。

报恩塔是报何人之恩

在重庆南岸区涂山路莲花山下,有一座红色的九层佛塔,为重庆市级文物。塔的外墙铭牌上写着"觉林寺报恩塔"。塔名报恩,那么是何人所修，又是报谁的恩呢？觉林寺又去了哪里呢？

　　觉林寺最初建于南宋绍兴年间，距今已经有八百多年的历史，后元、明两代多有维修，一直是香火鼎盛的十方丛林。但几经战火，最终败落。清朝康熙二年（1663年），有个法名雪痕的和尚来到这里，四处化缘，开始重建觉林寺，这才使得这座古刹重焕生机。近百年后，到乾隆年间，四川巴县有一大户姓王，原为浙江钱塘人，后来避乱迁居蜀地。户主母亲潜心向佛，曾对觉林寺广有布施。她死之后，家人征得觉林寺方丈同意，将她安葬在觉林寺附近，以便随时祭祀。后来，户主因人举荐，被朝廷派往资州任职。皇命难违，而母亲孤坟难迁，正在为难之际，不想儿子在祖母影响之下，也有向佛之心，于是便将儿子送往觉林寺剃度出家，法号月江。月江与家人告别时，其母刘氏放心不下，放下纹银七百两，以供儿子不时之需。月江本要拒绝，但又不好违拒母亲的一番心意，于是便收下了钱，并发下誓愿，要将这些银子修建一座报恩塔，以报答母亲恩情。此后，他效仿雪痕和尚四处化缘，并向香客表明心意，请求他们多少随喜，就这样一点点筹集资金，这才开始修建报恩塔和重修觉林寺。可是，因为各种原因，修建工作曾多次停止。月江和尚临死之前便将自己的遗愿嘱托给自己的徒弟善明和尚。善明和尚于是再次组织人工，才修起了这座九层的报恩塔。值得一提的是，当初月江组织人工挖掘的报恩塔地基因时久日长，早已损毁，善明只好组织工人另择他处，不想在挖掘过程中竟然挖出了南宋淳祐年间的五个银元宝，正好兑换以作修塔之用。这也算是报恩塔天助之功吧。这座塔初建于乾隆丁丑（1757年）九月十七日，完工于癸巳（1773年）八月十四日。报恩塔修建之后，在塔门上方，刻"报恩塔"三字以彰其名，两旁门柱刻有对联，曰："因传心法分三教；为建浮屠报四恩。"月江和尚为报母亲之恩，兜转数十年修建了此塔，虽然生前未遂其愿，但后世百代流芳。清代乾隆时，分巡川东兵备道沈青任曾专门撰写《渝州觉林寺碑记》中，对觉林寺报恩塔的修建过程做了简要叙述，石碑早已漫灭不存，但碑文却有抄录，读之令人慨叹。

　　报恩塔如今尚存，但觉林寺却已经不见，这是为什么呢，原因还在于世道人心。觉林寺自善明和尚后，香火百年不绝。但清朝末年时，主持一位却传给了一位酒肉和尚。此人俗家姓贺名长发，法名早已不知。此人虽入身空门，却身兼川东道的僧官，同时还是袍哥会的舵把子（即首领），僧俗弟子甚多，多行不法，引得民怨官恨。

报恩塔

后来，巴县来了一个知县叫耿保奎，此人清廉刚正，逮住机会将贺长发逮捕法办并逐出庙门，这才还佛门一个清静。之后，耿知县因觉林寺无人管理，便将其没收入官并将之变成孤儿工厂，一来救济城内流浪孤儿，二来让能够自立的孤儿做工，生产加工木器、篾器、皮革等产品，再在市区开店（现重庆宾馆一带）负责外销，取得收入用来维持孤儿院的日常开销。这可以算得上是集福利院和福利工厂为一体了。为了让孤儿工厂运转正常，耿知县还延请了当时巴县商界颇有名望者来主持。可惜的是，到20世纪二三十年代，这座孤儿工厂停办，寺庙内也再没有了和尚。后来，觉林寺便成了厂房，相继有牙刷厂、猪鬃加工厂等各式工厂在此做工。新中国成立后，为响应国家号召，觉林寺内佛像相继被毁，庙院或改建或拆毁，这里成为了纤维、塑料加工、皮鞋制造等现代化厂房的集中地，报恩塔也遭到了不同程度的损毁。改革开放后，重庆市政府又重新修缮了报恩寺，将此列为文物保护单位，但古刹觉林寺早已湮没在历史的尘埃中了。

重庆的祠堂陵墓

巴蔓子墓为何有身无头

重庆渝中区七星岗莲花池一带有一座坟，当地俗称"将军坟"，近前去看，会发现墓碑题刻为东周巴将军蔓子之墓。也就是说这里埋葬着东周时期的将军巴蔓子。墓看起来平常无奇，但是墓的主人却在巴人心目中有着崇高的地位和声望。而且，据说这座墓只有巴蔓子的身体，而他的首级则远在湖北。这是为什么呢？

战国时，重庆地属巴国。巴国因与楚分居长江中上游一带，且都被中原视为蛮夷之地，因此既为盟友又为敌国，两国之间互有征伐，也曾合作共同抵抗其他国家。大约公元前4世纪，巴国国力日趋式微。朐忍（今万州一带）发生叛乱，权贵挟制巴国国君，百姓流离失所。巴蔓子将军苦于兵少粮缺，无力平叛，于是连夜驰往楚国，请求楚国派兵相助。楚王不肯，巴蔓子无奈之下允诺割让三城，楚王为利所诱答应派兵，但同时要求以巴国王子作为人质。因军情紧急，巴蔓子慷慨立誓，叛乱平定后若不割城当提头来见。

于是楚王立即出兵平叛。叛乱平息后，楚王派使者要求巴蔓子践行诺言割让三城。巴蔓子认为，国土为国之根本，身为人臣不能背着国主私自割城给外国；但君子一诺千金，又岂能食言而肥。两难之下，巴蔓子宁愿一死，以谢食言之罪。然后，他就拔剑自刎。立时，鲜血喷涌，而其身躯却虎立不倒。楚使无奈，只得装好巴蔓子的头颅回楚复命。面对如此义举，楚王也唏嘘感叹，如果楚得到这样的忠臣，还要几座城池干什么。于是，下令予以巴蔓子上卿之礼，将其头颅埋葬在楚地荆门山南，让其日夜守望故土。

巴蔓子像

消息传至巴国，举国百姓无不悲恸。巴王命人厚葬巴蔓子，并将其无头尸身葬于巴国都城江州（即重庆）七星岗莲花池。从此，巴蔓子便成了巴人护国爱民、舍生取义的人格化身。三国时，张飞打败巴郡太守严颜后要求其投降，严颜慨然道："我巴国自古只有砍头将军，绝无投降将军。"张飞深为感动，于是释放了他。这里的砍头将军即指巴蔓子。可见其精神垂范。唐贞观年间，太宗感佩巴蔓子和严颜的忠义，于是将巴蔓子出生地临江县改名为忠州，即重庆忠县。

巴蔓子一事原为巴国百姓口耳相传，其见于书志乃是晋朝常璩的《华阳国志》，其后便广泛见于笔记县志。而巴蔓子墓也曾几经破坏和修缮。明朝末年，重庆巴县籍礼部尚书王应熊告老还乡，将巴蔓子墓强行扩入自己后花园"涵园"中。清朝雍正、乾隆年间，当地郡守百姓对此墓几番修缮，并定时祭祀，才未使其损毁。现今的巴蔓子墓乃是1922年重建，由辛亥革命元老但懋辛主持并题字。如今，巴蔓子墓已被列入重庆文物保护范畴，并将建设博物馆以兹纪念。巴蔓子虽死，但其爱国守义的精魂永远垂范后世！

秦始皇为何要建怀清台

在重庆长寿区江南镇龙山寨，有一座古建筑遗迹，名叫怀清台，因其湮没于历史硝烟中，所以也无从想象当年的规制。但有关此台的人物却是千古流传："清"，即中国历史上第一位女首富巴寡妇清，而建此台纪念她的人便是灭六国亡诸侯的秦始皇，那么秦始皇为何要纪念一位

寡妇呢？

巴寡妇清，其出生、姓氏乃至出生年月都无从考证，史书记载，只知其名为"清"。巴即巴郡，张仪带兵灭巴国之后，此地便成为巴郡。司马迁《史记·货殖列传》记载："巴寡妇清，其先得丹穴，而擅其利数世，家亦不訾。"据说清的夫家早在高祖时期意外发现了丹砂矿，之后掌握了采集炼制丹砂的技术，由此开矿炼丹一条龙，成为了当地的富豪。这里需要解释一下，丹砂主要成分为硫化汞，在我国最古老的"本草学"著作《神农本草经》中，丹砂因"养精神，安魂魄"、可"杀精魅邪恶鬼"，有令人身安、命延、升天、升仙的功能，因此是上品药材。我国晋代炼丹家、医学家葛洪所著《抱朴子》一书中，有"丹砂烧之成水银，积变又成丹砂"的说法，说明古人已掌握了用丹砂来提炼汞的技术，用于死后将水银置放于墓穴之内，一则防腐，二则以其剧烈的毒性防止那些宵小之徒盗墓掘棺。也许正是因为丹砂如此强大的功能，所以巴寡妇清的夫家才可以累积起庞大的家业。巴寡妇清丈夫早逝，而秦代女子六十以上无子者便称寡妇，因此她应当是无子传后的，这样偌大家业便无人掌管。寡妇清于是矢志不嫁，以羸弱之躯扛起了丈夫的家业，以致全盛。据记载，其家仅赤金就有五百八十万两，僮仆千人，依附者上万。据清代《长寿县志》考，当时寡妇清所在县属枳县，人口只有五万左右，如此富贵俨然一地的无冕女王。所以太史公才会说其"礼抗万乘，名显天下"。有如此的财力和物力自然不会为始皇所弃。秦统一六国前，为安定后方，对于清这样的地方豪强是优待恩宠的，私产予以保护、部族和私人武装力量予以肯定。但一统六国后，这样的地方武装自然成为天下大统的障碍，于是各地豪强力量纷纷被削弱，像清这样的大户便被秦始皇迁到了咸阳，专门建造宫殿予以供养。

巴寡妇清对秦始皇的帮助还在于捐资修建长城和修建地宫。修筑长城一事，多有野史家言，说清深明大义，捐献钱物以助始皇。这在正史中均不见有载。但可以想见的是，修建长城，所费不赀，秦始皇自登基以来，大修土木且连年征讨各地，财力应有不济，因此地方土豪捐助修建应该是有的。而始皇自十三岁即位之后，便开始在骊山北麓修建自己的陵墓，据《史记·始皇本纪》记载，（地宫）"以水银为百川江河大海，机相灌输，上具天文，下具地理。"而据现在的考古发现，这座地宫占地约18万平方米，中心深度约30米，因此所需水银至少有100吨，从当时秦国丹砂矿分布情况来看，虽然巴寡妇不是水银来源的唯一提供者，但至少是参与其中的。

从巴寡妇清对秦始皇帝业的襄助之功，似乎可以断定秦始皇知恩报恩，建造了怀清台予以纪念，但秦始皇为人寡恩少义，当年大军事家尉缭曾被始皇重用，但尉缭观其高鼻鹰目，心似虎狼，为君有似勾践——对待

怀清台雕塑

臣下，用之则虔诚以待，一旦得志便是兔死狗烹。从这一点来讲，秦始皇不必对一个地方女富豪如此礼待。

抛除以上，还有人推测认为，始皇母亲与其贴身仆役嫪毐私通，给其带来了巨大的心理阴影，而巴寡妇清在丈夫死后矢志不嫁自然可算是贞妇烈女了。后来，他巡游天下时，在会稽石刻中还专门写下"有子而嫁，倍死不贞。防隔内外，禁止淫泆"，对妇女的贞洁提出了专门的要求。因此，秦始皇对巴清的怀念也应当是一种心理的补偿，以及对清道德的褒扬。巴寡妇先被供养于咸阳，后又被始皇名之为贞妇，这种荣誉不知对她来说是何感受。迁居咸阳半年后，她就客死异乡。于是始皇专遣亲兵护卫其灵柩回到家乡，厚葬于长寿龙山寨，并筑怀清台以纪念。《史记》有载："清，寡妇也，能守其业，用财自卫，不见侵犯。秦皇帝以为贞妇而客之，为筑女怀清台。"

由此可见，在物力财力上，巴寡妇清都对秦始皇有莫大帮助，但这并不足以让秦始皇对她念念不忘，倒是其矢志守贞在精神上的示范意义，让一代天骄颇感敬重，这也许就是修筑怀清台的原因吧。如今的怀清台早已成为历史荒土，巴寡妇墓也在"文革"期间多次遭人偷盗，新

世纪初,重钢集团又迁至长寿区,于是当地政府决定将此墓移至长寿长江大桥的桥头狮子山,复建后,命名为"怀清台"文化公园。

甘宁镇就是为了纪念甘宁吗

重庆市万州区有个甘宁镇,这里有甘宁河,位于甘宁河段有青龙瀑风景区,区内有甘宁坝还有甘宁湖,可以说,此地甘宁无数,那么这个甘宁是谁呢?答案就是三国时东吴大将,甘宁,甘兴霸。

按陈寿《三国志》记载,甘宁为巴郡临江(今重庆忠县)人,他少年时代力大无穷,以游侠自命,经常聚集一伙青年携弓搭箭,招摇过市,抢夺过往船只,当地人呼之为"锦帆贼"。甘宁重义尚气,所结交之人若倾心以待,他也必定倾心回报。如果对方有轻慢之处,

甘宁塑像

甘宁便视之如仇,轻则纵容下属劫掠财物,重则贼害性命,因此当地颇多恶评。但他在二十多岁时,忽然转性,终日研读百家诸子之说,有澄平天下、建功立业之志。当时,刘表为荆州刺史,为"八骏"之一,于是甘宁便率领八百军卒前往投靠。不想刘表虚有其名,为人暗弱,在群雄纷争的汉末乱世无所作为,他便想另投明主。后来闻听孙权在江东"招延俊秀,聘求名士,鲁肃、诸葛瑾等始为宾客",他便想前往投靠,可是路阻夏口,只得暂时依附于江夏太守黄祖。但黄祖对他并不重用,几番犹豫后在黄祖大将苏飞劝说下投奔了孙权。孙权待他一如旧臣,恩重有加。从此甘宁倾心以报,为孙权屡立战功,这其中包括征讨黄祖、夜袭曹操、袭取皖城等重大战役。孙权对他很是赞赏,认为:"孟德有张辽,孤有兴霸,足相敌也。"

可是这样一位吴中名将，在他的老家却少有人祭奠，有人揣测原因在于他身为蜀中人士却又效力东吴，故乡族人因怕株连，纷纷更姓外迁，因此无人立碑建祠。直到民国1932年，当地塾师杜介山才为他起坟垒墓，并立两碑铭之，一个上书"大将军甘宁墓"，一个则书"吴折冲将军西陵太守甘宁故里"，表明此地乃是甘宁故里。值得一提的是，甘宁死后七百多年，至宋代忽然成圣成神，广受人间烟火祭祀。自宋建国后，赵匡胤追封甘宁为"褒国公"，后元丰五年（1082年），宋神宗又封其为褒国灵武公。自此之后，一路封赏，民间遂有甘宁祭祀。但这些均只见于方志和文人笔记，正史均无可考。

甘宁勇冠三军，一生跌宕起伏，无论是当世之孙权恩宠还是后世百姓祭祀，其实都是对他的怀念，甘宁镇处处有甘宁，也算是对这位三国名将的纪念吧。

长生桥是为了纪念谁

在黔江地区有一座长生桥，而在20世纪90年代以前，长生桥靠南海鑫城一侧，还有范公祠，这些都是为了纪念黔江历史上有名的道教人物，也是以耄耋之年身任宰相的范长生。

范长生于汉献帝建安二十三年（218年）出生于涪陵丹心（今重庆黔江），他家本是土著大族。蜀汉后主延熙十一年（248年），涪陵郡民造反，很快被蜀汉大将邓芝剿灭，之后为防止再生事端，于是强令涪陵五千余户移家成都，范氏一家亦在此列。其时，范长生年已而立。当时，张道陵所创天师道已深入民间，范长生迁入成都后也受教于成都青城山，并且很快成为成都一带天师教的首领。他专于修道，意欲成仙，所以谢绝了后主刘禅和曹丕的邀请，后成为成都一带天师道的教主。

西晋末年，略阳、天水等郡的氐族人因当地大旱入蜀乞食，但蜀地官员残暴，而政府又限定流民按期返乡，流民不堪忍受，于是在氐族首领李特率领下揭竿而起。李特战死，其弟李流继续统领流民与西晋作战。李流死后，传位于李特之子李雄，李雄英武仁厚，率部攻占成都，占据了益州。但李雄认为，若无当地原著居民的支持，自己无法立足，于是经过说客的游说，李雄见到了范长生。当时，范氏已据蜀中百年，范长生除身为天师道领袖外，还广有土地，有自己的私人武装。因此，李雄想退位为臣，尊范长生为帝，以领导流民大军。但其时范长生已经年近九十，所以婉言谢绝了李雄的邀请，反而劝说李雄登基称帝。于是，公元306年3月，范长生来到成都，6月与蜀中人士共推李雄为帝，他自己则任丞相。这个时候，范长生已经是八十八岁了。而李雄正值而立，虽然一老一壮，但君臣甚是相得。李雄对范长生尊敬有加，特命范氏一族可不负担徭役，土地也不用向国家纳税。

范长生在成汉为相十二年，在职期间劝导李雄与民休息，轻徭薄赋，因此成汉一时大盛。公元318年，范长生卒于成都，享年百岁。范长生的儿子范贲接任宰相，后来东晋桓温进逼成汉，成汉皇帝投降，范贲被部下拥立为帝，继续与桓温作战，不幸兵败殉难，范贲也成为黔江历史上唯一的皇帝。因为范长生特殊的身份和寿高一百，所以蜀中人士多尊奉为神。他死之后，有人在青城山立庙，专门为其造像，尊他为长生大帝。而其故里黔江，也有范公祠纪念，可惜早已在1990年因城市建设而被拆除，现有长生桥一座以供后人凭吊。

白公祠纪念的是白居易吗

自古而来，那些为民请命、勤政为民的官员，百姓从不会忘记，或作诗歌以咏之，或建祠堂祭之拜之，譬如杭州西湖的白堤，即是为纪念白居易。而白居易曾任职忠州刺史，这里自然也有百姓纪念和爱戴的体现，那就是白公祠。

白居易，字乐天，晚年自号香山居士，是唐代著名诗人。早年发愤苦读，举进士后历经宦海沉浮，不改救世济民之心，在勤政济世的同时写下了大量诗篇以表现民生疾苦。公元815年，宰相武元衡被当街刺杀，白居易上书请求严厉查处凶手以及背后主谋。不想触怒当庭，以越职言事之罪被贬江州，818年又被贬至忠州（即如今重庆忠县）。初来忠州时，因此地民风物俗皆与中原有异，所以他颇多感慨，"莫辞数数醉东楼，除醉无因破得愁。唯有绿樽红烛下，暂时不似在忠州。"不过，为官一任、造福一方的责任，还是让他很快抛却了对忠州的排斥。他从情绪化的抵触中清醒过来，开始实施一系列的政策，务求忠州在其治下政通人和。他首先以兴农为本，勉励百姓开荒务农。其次，采取均赋薄徭的政策，毋使官富而民弱。封建时期，官府掌一地之治，因此对百姓多有巧取豪夺之事，尤其各种苛捐杂税使民不堪命。对此，白居易曾有"一丛深色花，十户中人赋"之叹。在忠州任上，他不但废除了当地的苛捐杂税，而且上表提出了重议赋税，恢复租庸之制，严厉禁止土地兼并等一系列建议，爱民护民之心日月可鉴。第三则严厉禁止官吏扰民，并颁布了一系列法令约束官吏，防止这些人以各种事由乱民扰民。第四便是宽严相济。对于寻常百姓，往往放宽尺度，以约束感化为目的，而对于恶霸强绅，则严加惩处。一时忠州风调雨顺，政通人和。公元820年夏，他又被调回长安。此后，虽历职各地，但白居易仍然对忠州梦萦魂牵，有"时时大开口，自笑忆忠州"之句。

而他走后，忠州人们对这位刺史也甚是怀念。宋代时，当地百姓将他与同在唐代被贬忠州的刘晏、陆贽、李吉甫三人合称为"忠州四贤"，并建四贤阁纪念。明崇祯三年，忠州知州马易从又倡议建祠堂以专门纪念白居易，遂成今日白公祠。白公祠山门为四柱三开的牌楼，上有："遗泽被山川，百姓常思贤刺史；鸿篇映日月，千秋景仰大诗人"的对联。祠堂内环境清幽，多有历代先贤的题刻在此，为访古养心的绝佳去处。

睿陵为何会有韩国人祭拜

每年农历二月初六至清明节，重庆江北区的睿陵明玉珍墓前，总少不了身着传统服饰的韩国人前来祭扫，那么明玉珍是谁？又如何成为韩国人的祖先呢？

明玉珍是元朝末年农民起义军首领，后在重庆建立大夏国。其人身

长八尺，虽然世代务农，但却素怀大志。元朝末年，天下大乱。徐寿辉率部起义，在湖北蕲水被部下拥立为帝，国号天完。之后，徐军以锐不可当之势连克湖北、江西、安徽、福建等地。而此时明玉珍屯兵家乡青山，结寨自保。徐寿辉于是修书一封招降，明玉珍于是率部前往。

明玉珍效力天完后，屡立战功。后来，他被派往川、陕两地劫粮。当时地方义兵首领杨汉率部向重庆元军守将投诚，却差点被杀。杨汉一怒之下，转投明玉珍，并说重庆城内兵防空虚，完全可以一击而取之。于是，明玉珍便率领军马，经过几次战争，攻克了重庆以及附近城市。徐寿辉大喜，先后任命他为广西两江道宣慰使、陇蜀四川行省参政。

不久，徐寿辉被部将陈友谅杀死，明玉珍闻言大怒，便与陈友谅断绝关系，固守重庆，自称"陇蜀王"。之后，他又在重庆城南修筑徐寿辉庙，追赠他为应天启运献武皇帝，庙号世宗，四时祭奠，以不忘其恩义。公元1362年，明玉珍在部下的拥戴下称帝，在重庆建政，国号大夏。在位期间他能够躬行俭约，礼贤下士，大兴文教，对百姓轻徭薄赋，因此大夏全境竟有小康之象。当时朱元璋无暇西顾，因此修书约好，两国之间竟也相安无事。但明玉珍很快病故，年仅38岁。死后葬于重庆江北区江北嘴，其陵即为睿陵。明玉珍死后其子明升继位，因年纪不过十岁，由母亲彭氏垂帘摄政。

明玉珍死前曾有遗诏，那就是固守重庆，不可进取中原。但朱元璋大败陈友谅之后，加快了一统中原的步伐，曾致书招降，但此时大夏国内因国主年幼，群臣相斗不已，所以未有统一意见。不久，朱元璋派汤和、廖永忠、傅友德等人率大军前往征讨，几番征战后，夏军不敌，明升与寡母自缚双手，用车马装载棺材率众投降。

大夏国灭后，朱元璋对明升母子厚待有加，但为防生变，于是在洪武五年（1372年）将他们遣送至高丽。高丽王送两县为赠礼，并辟府邸专供他居住。从此明氏后人代代相传，以高丽为家。绵延至今，韩国明氏后人已达4万余人。20世纪90年代后，陆续有韩国明氏后人前来祭祖，虽山长水远，但根脉之情不绝。

重庆的山水园林

　　重庆号称"山城",又称"桥都",因此山水皆具。先天的地壳运动形成重庆无可比拟的地理条件。这里有山、有峡谷、有江水浩荡;这里有奇峰,有溶洞,有天坑地缝,在原始与古朴的自然造化里,山城或壮观磅礴或秀丽多姿或神秘悠远,可谓风采天然、百变多态。其背后,少不了历史和文化的根植,少不了民众的想象。由此,你才知道,青山绿水、顽石怪岩也有着世俗动人的一面。

缙云山的传说你知道吗

缙云山坐落在重庆市北碚区嘉陵江温塘峡畔,海拔351~951米,占地约76平方千米,是巴渝境内风景优美而又颇具文化内涵的宗教名山。缙云古称"巴山",因何为缙云,有多种传说。

传说一 缙云山云雾纷纭,色赤如霞,因古人"赤多白少"谓之"缙",故名为"缙云山"。《重庆府志》中引有王尔鉴的《缙岭云霞》诗,其序云:"缙云山九峰争秀,色赤如霞。缙,赤色也"。可见此由来。

传说二 在郡志所引宋灵城侯庙碑中曾说:"此山出于禹别九州之前,黄帝时有缙云氏不才子曰混沌,高辛氏亦有不才子八人投于巴(宗)以御魑魅,名基于此。"这是说黄帝时有缙云氏不肖之子名叫混沌,和高辛氏的不肖之子八个人任职于巴地来镇压管制魑魅,缙云山就由此而来。《左传·文公·文公十八年》有载"缙云氏有不才子……"《左传集解》引贾逵曰:"缙云氏,姜姓也,炎帝之苗裔,当黄帝时任缙云之官也。"从中可以看出缙云氏为古代一个氏族,且为炎帝后裔,在黄帝时又任缙云之官。而黄帝时曾以云来名官,用以管理四季,缙云即是夏官。

缙云山云海

传说三 据说,古时缙云山名为"巴山",此地生活着巴族和賨族(音从,古代少数民族,为现代土家族主源)。山中有泉,据说为王母瑶池所泄,饮用此水可以长生不老祛病健体。巴族和賨族人以此泉水生活得快乐而幸福。当时黄帝一统天下,有夏官名缙云氏,生有一子名荼,怙恶不悛,横行不法,引起了黄帝的不满。缙云氏害怕儿子被杀,正好有高辛氏育有八子也都是不良之徒,于是二人联合向皇帝建议,让荼和高辛氏八子率兵前往巴山夺取仙泉,以此将功折罪。他们的侵略行径引起了巴族和賨族人强烈反抗。他们与侵略者殊死战斗,最后只剩九位勇士生还并逃向了巴山。九个人渴饮仙泉,饥食山珍,坚持了七天七夜。荼见久攻不下,双眼冒火,火光引燃了大山,致使鸟尽兽亡。待山火熄灭,九位勇士却已化为山峰挡住了追兵的去路。现在缙云有九峰,即是因此。而因山火熊熊,导致巴山之云如霞似火,后人便称巴山为缙云山。此说为缙云传说中最为丰富和生动的版本,也有了鲜明的情感倾向,因此流布甚广。

传说四 据说缙云山为黄帝修道炼丹处,丹成之日,天有非红非紫之祥云笼罩,所以黄帝赐名为"缙云山"。此说在《大明正统道藏》中有载。

总体说来,命名缙云归根结蒂还是因为山中云霞之故,后世所谓炼丹、火烧之说其实都基于此,不过因为丰富的演绎却倍添了许多神秘和渺远。

缙云山植被丰富,常有各种野生动物出没,因此是国家级自然保护区。同时,这里也是宗教圣地,与青城山、峨眉山并称为蜀中三大宗教名山。山上岩峰林立,朝日峰、香炉峰、狮子峰、聚云峰、猿啸峰、莲花峰、宝塔峰、玉尖峰、夕照峰9峰从北向南依次伫立。山中更有缙云寺、温泉寺等多处人文景观。缙云寺为国内唯一的迦叶古佛道场,始建于南朝宋,历代帝王多有封赏题字。温泉寺也建于南朝宋,除历代帝王封赏外,如杜甫、王维、李商隐等古今文人都曾留迹于此,当年蒙古可汗蒙哥在钓鱼城外被流弹击中,伤重不治即在温泉寺死去。

金佛山因何得名

山以形名，古有先例。神州大地上，很多名山奇峰都因为观者的想象而拥有了具体的形状，或鸟兽神佛或凡尘俗人，这些形象在不断流传中又敷演出许多故事来。重庆金佛山就是一例。

金佛山，位于重庆南川区，在大娄山山脉北部，最高峰海拔2238米，占地1300平方千米，有"东方的阿尔卑斯山"之称，属国家5A级旅游风景区。

此山原名"九递山"，又名"金山"，因晚辉斜照，群山如染，金碧辉煌，仿佛金佛危坐，故名"金佛山"。早在宋代时就有《望金佛山谣》曰："朝望金佛山，暮望金佛山，金佛何崔嵬，缥缈云霞间。"此谣意在赞美金佛山之崔巍峭拔，可见其时已有金佛之称。可惜，因巴渝地偏西南，道路多有不通，少有名流才子来此为其题诗扬名，但在明清时，也有部分民间才子高人在此咏叹，如明末高僧敏树如相（明末高僧破山禅师嗣法弟子）在《游南川金佛山》中写道："古佛当年应迹来，南川瑞霭曙光开，奇峰一带冲霄汉，锦水千寻涌翠堆……"清代四川举人袁蔼如写有《金佛晚霞》一诗，曰："晚钟敲罢老僧闲，万丈明霞缥缈间。欲见金身亲说法，匆匆又被白云关。"都是从山身如佛的角度来绘景象形。

在民国时期，南川有人评定"南川八景"，金佛晚霞就位居首位。结合诗歌描述，金佛山若要金佛现身，还需朝霞晚晖。届时霞光满照，山身金光四射，便可如金佛端坐。此外，金佛山还有金龟朝阳之景，其位于金佛山西坡，山身如神龟依靠卧佛，因此又称"龟依佛"，又谐音为"皈依佛"。而南坡上还有山体端坐，形象巍峨大气，宛如坐佛。更令人惊奇的是金佛山溶洞内有石笋形如观音。这些天然形成的佛门圣像，让金佛山有了"洞天佛国"之称。

金佛山植被覆盖率达百分之九十五以上，而且地势落差较大，因此植被多样，是国家级森林公园。此外，金佛山风景区属于典型的喀斯特地貌，在这里还可探幽地下河穴，一览喀斯特苔原的别样风景。

仙女山为何称东方瑞士

瑞士是国际知名的中欧国家,虽然地域偏小,但却是有名的旅游胜地,境内草原高山湖泊兼备,夏可避暑冬可滑雪,因此备受旅游者青睐。其实,在重庆,也有这样一处风景区,号称"东方瑞士",那就是仙女山。

仙女山位于重庆武隆区,山临乌江北岸,海拔2033米,属国家5A级旅游风景区。仙女山得名源自仙女石,后者是山中悬崖上的几尊石柱。据民间传说,七仙女留恋人间因此下凡,不仅私定终身还从此久住不归。王母听闻后一怒之下将

仙女山草原

一对情人罚为巨石,从此相见而不能相拥。后人同情这场爱情悲剧,于是将此山唤作"仙女山"。

仙女山植被资源丰富,拥有33万亩森林和10万亩草原,因此被誉为"南国第一牧场"。这里冬季白雪皑皑,雾凇冰瀑等雪景奇观可以媲美北国风光;夏季林海茫茫,清爽宜人;春季则花团锦簇,天蓝云清;秋日则黄叶缤纷,牛羊满山。因此,仙女山风景区被称为"东方瑞士"。

"巫山云雨"源自神女峰吗

"妾在巫山之阳,高丘之阻,旦为朝云,暮为行雨。朝朝暮暮,阳台之下。"这是先秦楚国辞赋家宋玉《高唐赋》中神女的自述。该赋叙述了楚王梦中与高唐神女相会的故事,塑造了一位美丽奔放的巫山神女。从此巫山云雨便成了男女欢好的代称,而神女更是引来后代诗人不断的想象和歌咏。不过,在现实中巫山神女的原型已不可考,但是在传说和想象中,巫山神女却一直存在着,那就是神女峰了。

神女峰位于重庆市巫山县城东约15公里处的巫峡大江北岸，属巫山十二峰之一，又称"美人峰""神女天下峰"。峰顶有巨石亭立，形似人形，亭亭玉立。晨迎朝霞，暮送晚霞，所以又名为"望霞峰"。

据说，此巨石原为西王母的第二十三女，名唤瑶姬，她生性活泼好动，拥有无边的法力。一次她难耐天宫寂寞，于是私自下凡来到人间。此时正值有十二条孽龙在人间兴风作浪，致使人间大水泛滥，一片汪洋。瑶姬不忍生灵涂炭，于是施动法术，一时间惊雷滚滚，地动山摇，十二条孽龙在瞬间覆亡，但尸体却化作十二座大山，堵住了东去的海水，致使川渝一带洪水漫溢。人间治水英雄大禹对此束手无策，于是瑶姬传黄陵宝卷一书，指挥大禹凿山开路，疏导三峡水道，成功治理了洪水。水患治理后，瑶姬已经痴恋人间，日夜守于巫山之巅，为过往船只指点迷津，为百姓布云施雨，最后化成了一座山峰。巫山百姓为了纪念这位神女，称她为"妙用真人"，并在飞凤山修建凝真观来祭祀崇奉。而附近山腰有一平台，据传就是瑶姬向大禹传书的授书台。而巫山其余十一峰，一说为瑶姬侍卫所化，一说为瑶姬姐妹前来召回瑶姬，因贪恋人间秀丽繁华，于是留恋不归所化。

巫山神女

不过，以上传说毕竟为民间百姓的美好想象且只流传于巫山一带。真正让神女峰进入文学视野，成为古代文化的一种独特意象的，宋玉的《高唐赋》和《神女赋》当推首功。在《高唐赋》中宋玉遐想了楚王在梦中与巫山高唐神女梦中相会的场景，塑造了一大胆而奔放的神女，其"问君游高唐，愿荐枕席"之语，在后代礼法看来实在有些骇人，但却真实反映了川湘一带原始而古朴的民风。《神女赋》中宋玉更是着力描写这位神女丰盈温润之态。此后两千年，后世的文人如李白、杜甫、刘禹锡、苏轼、陆游乃至当代伟人毛泽东对此都多有感叹，从而让神女成为中国文学中的一朵奇葩。

桃花源就在重庆酉阳吗

"晋太元中,武陵人捕鱼为业……"陶渊明的《桃花源记》描述了一个出尘绝世的方外世界,这里的人因避秦乱,来此绝境,从此不知有汉,无论魏晋。这个理想世界甫一出世就引起了无数世人的向往,而自改革开放以来,文化旅游概念大兴,许多地方相继宣称境内即桃源原型,重庆酉阳也参与其中,那么它是否就是桃花源的原型呢?

重庆酉阳县桃花源深处武陵山腹地,是国家5A级旅游景区,位列中国最具国际影响力旅游品牌。这里森林覆盖率达80%,属重庆特色森林公园。加上此地海拔较高,夏季气候清爽,成为了"火炉"重庆的"凉都"。绝佳的地理和气候条件,让酉阳成为了旅游胜地。至于何时与陶渊明的桃花源联系起来,已不可考。据《酉阳直隶州总志》载:"核其形,与渊明所记桃花源者,毫厘不爽。"这应当是文献中最早的记载。《重庆通志》记:"酉阳汉属武陵郡之迁陵地,渔郎所问之津,安知不在于此?"因为这些记录,再加上景区优美僻静的自然环境,自然让当代人联想这便是桃花源的原型。而现在的桃花源溶洞洞口有著名作家马

桃花源景区

识途题写的"桃花源"三字,算是权威的一种认可。不过,目前全国还有桃花源大大小小二十多处,其中较为著名者还有湖南常德,同样属于武陵山脉。民间和官方对这二者多有争议,现在也不能认定究竟哪一个才算是桃花源的真正原型。不过,陶渊明身处东晋和南朝易代之际,面对朝政混乱、战事频仍自然想到出尘避世,想象出桃花源算是一番精神慰藉。今人百事缠身,在高楼大厦外寻找一处清幽天然的风景胜地也算怡情养性。至于桃花源原型是哪里,其实已不重要。

现在的酉阳桃花源景区占地2734公顷,由伏羲洞、桃花源广场、桃花源国家森林公园、酉州古城、桃花源风情小镇、二酉山世外桃花源文化主题公园组成。桃花源前有溶洞,洞前有桃花溪,溪畔有四角亭,名为"问津亭",据传为当年捕鱼人问津之处。此外,大酉洞内外分别依照《桃花源记》所述,有良田美竹、屋舍俨然。景区内还有松峰耸翠、石室藏书、飞泉洒玉、玉盘仙迹、龟鹤遐龄、桃涧流红、机织烟霞等"桃源八景"。

云阳龙缸为何称天下第一缸

重庆云阳龙缸景区是国家级旅游风景区,因这里旅游资源还未过度利用,所以被旅游者称为"长江三峡最后的香格里拉",景区的石壁上,有鲜红的大字"天下第一缸",标明此地独特的景观优势,那么,龙缸为什么称"天下第一缸"呢?

"缸"在这里其实是对天坑的形象称呼。龙缸天坑形如椭圆,长轴距离304~326米、短轴距离178~183米、深度达335米,其深度与其他同类地形相比只位于世界第五、中国第三。但是天坑的缸壁却是由峭壁拱成,倾斜达90度,直上直下,略无倾斜凹凸,与人造瓦器并无二致,由此获得"天下第一缸"的美誉。缸壁内绝壁如削,间有松柏古藤横卧倒垂,加上缸底四季翠绿,平添了无数生机,也让景色更为深幽。

龙缸景区以喀斯特地貌为主,因岩溶、重力崩塌以及流水侵蚀,形成了丰富多态的地貌景观。景区内还有奇峰、溶洞和石笋等,皆奇峻多

天下第一缸

态，是兼具科考、探险和旅游价值为一体的自然风景区。其主要景点有龙缸、映月洞、石笋河、大安洞、云端廊桥等。其中云端廊桥为世界第一悬挑玻璃桥，建于海拔1010米高的悬崖，垂直高度718米，悬挑长度26.68米，超出美国科罗拉多大峡谷悬挑玻璃廊桥5米多。其形状呈花瓣，下有绝壁，上面有红色大字"天下第一廊桥"。

龙缸景区都有哪些传说

　　林深多怪，山幽成仙。大自然的鬼斧神工往往造就许多神话和传说，它们附着于山水岩石之上，使之更加灵动和传奇。龙缸景区作为重庆"长江三峡的最后一个香格里拉"，其神秘幽深的天坑和蜿蜒曲折的溶洞自然少不了纷纭的民间传奇。现在，我们就按景点来看看这些洞穴岩石背后究竟有什么样的传说吧。

映月洞张果老的传说

　　映月洞是龙缸东北的溶洞，呈南北走向。其中南端以及中段有水坑，为水滴汇聚溶蚀而成，北部为暗河出口。每到中秋之夜，皓月当空，月光由南向北穿洞而出，形成了"穿洞映月"的奇观。

据说当年张课老曾苦酿百年，方得一坛可以长生不老的仙酒。得意之下，于是邀请其他七位大仙前来邀月品酒。不过扫兴的是，酒至半酣，还是没见月亮升上来。

映月洞

无月怎可助兴？做东的张果老借着酒劲大声呼呵着要为大家把月亮找回来。然后拍打着黑驴，上天入地寻找。找来找去，不想却在云阳境内的龙缸见到了。只见月亮映在洞中，将这里照射得如太虚仙境。张果老于是牵拉推拽，使尽了力气才将月亮推出洞外。据说，因为张果老用力太大，还在洞中留下了脚印，形成了一双深深的鞋坑，可惜，后来景区整修，洞内铺入石块，青灰小道穿洞而过，张果老的脚印自然再也无处寻摸了。

龙缸和龙洞的传说

龙缸绝壁如削，其独特的形态自然少不了当地人对此的想象，于是关于龙缸的来历就有了传说。据说当年龙缸一带为龙王一族居住，当时老公龙母大龙小龙聚在一起甚是热闹。他们当差时便行云布雨，放风闪雷；闲暇时便化成人形游戏人间。不过，龙身鳞片甚多，时间一长容易生虱子等，瘙痒难耐，所以龙必须经常入水洗澡。一大家子龙生活在这里，洗澡自然成问题。于是，龙王便在这里挖了两个大水缸，一个叫龙滚涵，用以洗澡，一个叫龙缸，专门用来日常饮用。而水则取自附近的清水塘。据说，龙王仁义爱民，下令龙缸的水够用就行，其余要留给百姓。于是，龙缸常年只有半缸水，而清水塘的三口水塘却常年水满池清。

后来，七耀山有三次被大海湮没，加上龙洞内局促狭小，龙子龙孙住在一起多有不便，于是举家迁到了东海。不过，老龙王在此年深日久，走时放不下当地百姓。他最宠爱的幺女看出了父王的心思，再加上自幼在此，于是自告奋勇留下，隐居龙洞内为善除恶，造福当地百姓。不过走前，龙王特意叮嘱龙女凡人面前不可现身，只能暗中行善。

龙女谨记在心，通过托梦的方式告知当地百姓来到龙洞后小到锅碗瓢盆大到旱时雨、涝时晴，只要暗暗祷祝然后转身闭眼，便可要雨得雨要风得风，有求必应。此后这里风调雨顺，五谷丰登，穷则有济，寡则有助，成为了一片乐土。可是，这件事被附近几个游手好闲的无赖听说了，几个人一合计，心想如果直接把龙女抢过来，岂不是不愁吃也不愁穿？于是，这几个无赖便来到溶洞中，先假装虔诚、默默祷祝说是衣食无着，然后转身等待龙女现身。果然，没过多久，无赖偷瞄之下，龙女现身了。于是一声呵呼，全都扑向了龙女。龙女大惊之下，顿时隐身不见。无赖们上天入地在洞内一阵寻找，可就是不见龙女踪影，一时气下，将洞内的龙床、龙缸、龙桌、龙凳等乱砸一气，骂骂咧咧出洞了。而龙女呢，因为这些无赖的冒犯倍感愤怒，最后竟就此香消玉殒。从此，无论这里的百姓如何在龙洞内祷祝，始终再也没有灵验。

龙洞为龙缸景区特色景点，由前、后两厅组成。前厅呈圆形，面积4800平方米，高50米，长120米。后厅为五边形，高30米，长200余米，面积达6000平方米。两洞都为溶蚀作用形成，洞内遍布钟乳石，有"白玉龙床""龙伞""龙壶""龙椅""龙凳""莲台"以及老虎、大象、飞龙、凤凰等，可谓千姿百态。也许，就是它们在当年长伴龙女左右。

鹰嘴石的传说

鹰嘴石位于景区龙缸边，石头长约5米，一头悬空，约4米，形似鹰嘴。据说鹰嘴石原为天外来石，受日月精华化为神鹰，专门守护龙缸。鹰嘴石因悬空高置，且下临龙缸，因此鲜有人敢放胆一试，登上鹰嘴石。

据说民国时期这里有个极为吝啬的土财主，平时对待长工极为苛刻，是一个鸡脚上都能刮出三分油的家伙。一次，又到年关，他整天都在筹算如何给长工少发工钱。长工见他愁眉不展，便开玩笑说，"老爷，你要是敢爬上鹰嘴岩，在上面站直了腰，那我们的工钱就不要了。"财主两只眼睛里只有铜钱，竟然真放着胆子爬上了鹰嘴岩。可是战战兢兢中双腿抖索难直,说什么也爬不起来,乌龟一样抱在岩石上,连呼救命不止。待人们想尽办法将他抬下来,他已经吓得冷汗淋漓,双腿僵直。抬回家后,财主越想越怕,没过几天竟然就此呜呼了。从此之后,鹰嘴岩便成为了民间百姓的试胆之地。有好事者或胆大的人都要试着爬山岩顶来表现自己的胆量,甚至还有年轻情侣上来一试,通过攀岩来表明自己的真心真情,于是鹰嘴岩便被戏称为"试心石"。

你知道"一棵树"吗

登高揽胜,自古皆然。古人常有登山或登楼来一览脚下胜景的习惯,有诗情画工的人还要挥毫泼墨,留下文字或图画来表现其时的美景。那么,在重庆,想要一览山城美景,要到哪里呢?答案便是一棵树观景台。

一棵树观景阁

一棵树观景台位于重庆南岸区南山上,登临此台,便可以看到浩荡不息的江水和山重楼叠的重庆城。此观景台于1997年1月建成开放,2005年7月又进行了全面改造。无论多少变幻,这里一直保留着一棵重庆市树——黄桷树,树身粗壮,外皮斑驳沧桑,树枝则旁逸斜出笼出一片绿意。而从黄桷树外围的围栏往下看,便可一览渝中半岛的美景。旭日初升时,一粒红日点开薄薄晨雾,山城座座高楼在晨曦中静静伫立。晚霞夕照时,江水如玉绕城而过,幢幢高楼灯火通明如玉柱火把,照彻了这座大都。此外,如果在露天环境下俯瞰重庆景色未能过瘾,那么也可登上平台后方的观景阁。观景阁形似陀螺,有六层高,当地政府在观景阁上配置了射灯以及各种灯饰,一到夜间,观景阁金碧辉煌犹如水晶宫一般。除了观览风景,当地政府还设置了用于休闲娱乐的各种配套区域,因此这里既是登高揽胜的绝佳平台,也是消闲娱乐的上佳选择。

你知道巴渝十二景吗

重庆地域广阔，地表形态丰富多样，名山胜水，奇峰峻岭皆可为景；加之朝晚晴阴，风霜雨雪使之呈现出不同的姿态意趣，因此很多时候，你并不知道究竟有哪些景色可以代表重庆，哪些是这座城市标志性的符号。2015年，重庆曾组织评选巴渝十二景，按人文、自然、城市地标等分列共分三十六景。其实最早说来，巴渝代表性风景的评定还要远溯至明清以前。先有"巴渝八景"之称，为明代所建崇因寺（今长安寺）大钟上所刻，有：金碧香风、洪岩滴翠、龙门浩月、黄葛晚渡、佛图夜雨、孔殿秋香、觉林晓钟、北镇金沙八景。清代乾隆前期，巴县知县王尔鉴修《巴县志》，并在任内遍览重庆山水，重新评定了巴渝十二景，即金碧流香、黄葛晚渡、桶井峡猿、歌乐灵音、云篆风清、洪崖滴翠、海棠烟雨、字水宵灯、华蓥雪霁、缙岭云峡、龙门浩月、佛图夜雨。因其文人雅趣，所以景色多在有象与无象之间，空灵而不著色相。他对每处景色皆用笔墨精心描绘，并赋诗加以揄扬。他选取之境与原先八景稍有出入，所以这里不再分开叙述，现将其一一列出，以供读者参看。

孔殿秋香　即指孔庙（现为二十九中）的桂花飘香之景。

觉林晓钟　位于重庆南岸区莲花山下觉林寺中。觉林寺始建于南宋绍兴，明末毁于战火，清康熙初年在雪痕禅师和其弟子月江主持下增修重建，并形成了"觉林八景"，为当时文人雅士唱和览胜之地。关于觉林寺晨钟，南宋余玠有诗歌赞曰："木鱼敲罢起钟声，透出丛林万户惊。一百八声方始尽，六街三市有人行。"觉林寺在清光绪年间因僧人不法被官府改为幼稚园，觉林八景从此遂绝。

北镇金沙　此景位于今江北区江北嘴。明时此地隶属巴县江北镇，故称"北镇"，临靠嘉陵江和长江。冬季时分，江水干涸，河滩有河沙外露，阳光照射如金粒铺地，故称"金沙"。

以上三景在清代王尔鉴重评时因没有空灵之感遭到淘汰。

海棠烟雨　其遗址位于南岸区中西部的海棠溪街道，位于长江东南岸。古时此地有溪，溪水两岸则海棠缤纷。春雨蒙蒙时风，两岸烟雨如丝，轻轻袅袅，朦胧中更兼海棠姹紫嫣红，其空灵缥缈之境一直为人称道，所以位列巴渝十二景首景。唐代女诗人薛涛与元稹曾携手共游此地，写有《海棠溪》一诗。王尔鉴对于此景亦有诗赞美："溪邃怜香国，山容映海棠。轻烟笼晓髻，细雨点新妆。娟秀宁工媚，幽清却善藏。每望望江屋，独立临苍茫。"如今溪水已被填平，两岸海棠也难觅芳踪，只有"海棠烟雨"四字碑尚存。

金碧流香　所谓金碧流香是指在金碧山有香风阵阵。金碧山为古时巴山之顶峰，因汉朝时在此分别祭祀金马碧鸡神，故名"金碧山"。金马、碧鸡都形似其名，据说逍遥于云海蓝天，汉武帝时就曾派人前往寻求。古人祭祀他们以寻求幸福。南宋余玠在此建金碧台，后明代郡守又建金碧山堂。因为居高临下，此地为重庆文人登高望远的观景地。据说此处把酒临风，有暗香扑鼻，故名"金碧流香"。王尔鉴曾赋诗："巴山耸秀处，金碧有高台。何处天香至，疑从月窟来。江环千嶂合，云度九门开。每一凭栏眺，清芬拂草莱。"可惜，金碧台在重庆大轰炸时被炸毁，建国后此处被渝中区政府辟为人民公园，所以从此再无金马碧鸡了。

洪崖滴翠　洪崖位于渝中区沧白路，在长江和嘉陵江的两江交汇处的滨江地带，自古就是军事要地，修有江隘炮台。而洪崖滴翠，乃是因为崖上有水流自山林而下，多雨形成瀑布，少雨时则有水珠滴滴下溜，映射阳光绿树，宛如绿珠碧玉，故名"洪崖滴翠"。

龙门浩月　此景位于长江南岸。南岸有石梁高隆，长江奔流至此受石梁所阻辟为内外两流，石梁外江水奔流湍急而石梁内江水平静如画，形似静月，巴渝方言中将这种小水港小水湾称为"浩"，故称此地为"龙门浩"。而此景入选仍显出王尔鉴的文人雅趣。旧时每至皓月当空，江上渔火点点、水中波光粼粼，朦胧如画。加之龙门浩内外分流，一静一动，颇有意境，故将此地称之为"龙门浩月"。王尔鉴还题诗称赞此处"石破天开处，龙行俨禹门。魄宁生月窟，月自耀云根。雪浪盘今古，冰轮变晓昏。临风登彼岸，涂后有遗村。"据清代王尔鉴《小记》载龙门内原有巨石大书"龙门"二字，为宋代绍兴年间所刻，可惜，这两字在"文革"时被毁，后当地政府又重新刻"龙门浩月"于石梁上。

黄葛晚渡 位于南坪区涂山之麓，为长江大桥下游，是古代重庆城往南的重要渡口，与南纪门隔江相望。渡口处有黄葛树（又名黄桷树，为重庆市树）掩盖渡口。自长江大桥通车后，黄葛渡口就停止摆渡，当时情景，只有从旧人诗歌中寻摸。宋人余玠诗曰："龙门东去水和天，待渡行人暂息肩。自是晚来归兴急，江头争上夕阳船。"王尔鉴记载："南纪门外大江对岸南城坪，有黄葛古树，偃盖渡旁。雨余月际，遥睇江烟苍茫间，舴艋往来，飘如一叶，亦佳趣也。"余玠所述江水浩荡奔流，人间争渡繁忙，一派烟火气。但王尔鉴所叙江烟渺茫，扁舟如叶，一片苍茫之色。长江大桥通车后，这里停止摆渡，于是再无人间争渡和扁舟一叶的诗情画意。

统景峡猿 位于渝北区统景风景区。统景古名为"桶井"，乃是因境内峭壁峡谷形似桶状，若入其中犹如坐井观天，于是合称"桶井"。改名"统景"，则寓意一统天下美景。关于境内景色，清朝人周开丰的一首诗最能形容："桶井多奇胜，寻源景不穷。好山偏窈窕，曲径更葱茏。挂树千猿跃，窥天一线通。桃源花落处，几度诳渔翁。"此诗中赞赏了此地群山窈窕深幽，景色源源无穷，如此僻幽之处，让人疑惑此为桃花源。如此幽密宁谧的环境却并不死寂，因为这里有无数的猴子，或倒挂树藤，或雀跃奔逃，为这石峡怪石林立的山野平添无数生机。

歌乐灵音 位于沙坪坝区歌乐山。据王尔鉴在《巴县志》中所述，"山崇五里，层岭密树，松杉翳日，清风倏来则万籁齐鸣，胜于鼓乐。"又云"歌乐山群峰耸秀，松桧参天，风雨过之，如闻万籁。"可见，歌乐灵音乃是松涛之声。不过这样一说难免太过呆板，后人曾有传说，此音乃是"大禹会诸侯于涂山召众宾歌乐于此"，因此乐音飘荡，一说为李冰之子二郎治水有功，天帝遣天宫乐队为其奏乐以作表彰，其音缥缈浩荡。此外，《巴县志》还记载歌乐山有云顶峰一座，上有云顶寺，内藏铜钟一口，高4米重达3000余斤，钟声嘹亮而宏远。此外寺庙殿外有铜铃12只，每有风至则叮当作响，与山内松涛翻滚之声相和，宛如仙乐。大炼钢铁时，云顶寺被拆，从此松涛再无钟声、铃声相和。倒是云顶峰常年云雾弥漫，山色渺茫隐约，再听云内松涛阵阵，也有当年歌乐灵音的余韵。

云篆风清　此景位于巴南区鱼洞街道云篆山风景区内。云篆山地邻长江，素有"滔滔长江水，巍巍云篆山"之称。这里云卷云舒，形似篆文，故名"云篆山"。清代川东道张九镒"卷舒窈而曲，宛然成篆文"即是说此。关于风景，王尔鉴在《小记》中有述"人行山脊，沿青林翠霭间，宛如云扶足下，随风荡漾，武夷九曲不啻矣。"这里云遮雾绕，峰青岭秀，行走山脊之上，有山风拂面，穿林侧耳而过，好似凭虚御风，几欲飞仙。云篆山现位列"巴南新八景之一"，来这里依然可以感受到云如书篆，风清山秀的好景致。

字水宵灯　字水宵灯即重庆夜景的雅称。所谓字水，按清人王梦庚说："水如巴字三折，县因得名，重屋叠层，宵灯交错。"意指嘉陵江和长江交汇之水几经曲折，形同"巴"字，所以名"字水"，以故有联曰："窗临巴水真成字，家对龙门好著书。"夜幕降临，华灯初上，两岸灯火通明，再加灯火倒映于江水之上，直如灯海，有"满城霓虹两江灯"之说。清代奉节知县姜会照曾写诗"万家灯射一江连，巴字光流不夜天，谁种榆河星历历，金波银树共澄鲜"来称赞。更不消说王尔鉴在《巴县志》中毫不吝啬地揄扬。现在，随着经济和社会的发展，字水宵灯之境自然更加辉煌灿烂。

现在的字水宵灯

华蓥雪霁　华蓥（音 yíng）山现位于四川广安境内，古时为重庆属地。雪霁即雪后天晴，此时华蓥山白雪皑皑，四野澄净如玉。王尔鉴对此亦曾赋诗："最爱华蓥雪，新晴映玉林。何须披鹤氅，无事待立阴。长啸联风月，空山自古今。光流尘不染，清响度崖音。"如今，华蓥山作为广安的知名景点享誉旅游圈，华蓥雪霁便是其主打旅游品牌。

缙岭云霞　缙云山原名"巴山"，后更名"缙云山"，其早晚时分，烟霞绚烂，色彩斑斓，而缙云山隐约于赤色云海之中，宛如仙山飞岛。因此王尔鉴将其位列十二景之中。

佛图夜雨　位于渝中半岛的佛图关。佛图关地势险要，历来为攻守渝城者看中。但其夜雨朦胧之景，也备受诗人的宠爱。据传《夜雨寄北》就写自李商隐当年夜宿佛图关时。据《巴县志》记载，佛图关内有夜雨石一块，经诗人抚摸后每逢月夜便有雨水上渗，一时佛图关夜雨朦胧，即便逢至旱年，也有水滴渗出。以故后来佛图关夜雨寺成为当地百姓祈雨之处。传至现在，佛图关依然夜雨朦胧，而山下两江浩浩荡荡，日夜奔流，其迷蒙和阔大之境，颇可入诗入画。

巴渝新十二景又是指哪些

自清代巴县知县王尔鉴评定巴渝十二景之后，其后近三百年，有的景观已成历史陈迹，已难以展现巴渝特色，于是，重庆当地在改革开放后，于1989年、2008年以及2015年先后三次评选了新的巴渝十二景，力求重新打造巴渝旅游品牌，体现重庆特色。现也分述如下，以飨读者。另外，对于前文所述在此只做点名，不再详述。

新巴渝十二景

1989年，新巴渝十二景为大足石刻、山城灯海、四面飞瀑、缙岭云霞、北泉温泳、南山醉花、歌乐灵音、统景峡猿、长湖浪屿、独钓中原、南塘溪趣、朝天汇流。

四面飞瀑　位于重庆江津区境内的四面山。四面山为5A级旅游风景区，是国家级重点风景名胜区，有"中国森林氧吧"之称。景区内大小瀑布一百多处，飞流直下，悬瀑轰鸣，极具观赏价值。其中著名者如望乡台瀑布、水口寺瀑布以及鸳鸯瀑布。

南山醉花　位于重庆南岸区南山公园内，这里为重庆人踏青游园的不二选择。

南塘溪趣　位于重庆巴南区南泉镇花溪河畔，此处有花溪河和南温泉，因此兼具游玩和养生之妙。另外，抗战时，多有政要名流在此汇聚建馆，因此也是领略重庆陪都文化的胜地。

独钓中原　即合川钓鱼台。

北泉温泳　位于北碚区的北温泉，因泉水疗养价值高，周围景色宜人而位列其中。

朝天汇流　即朝天门外长江和嘉陵江两江汇流之处，江水激荡，回流往复形成"巴"字。

长湖浪屿　位于长寿区。这里有重庆最大的人工淡水湖，湖面一碧万顷，碧波之中有岛屿如星撒花散，夜晚则游船破浪，渔火通明如昼。

2008年巴渝新十二景

2008年，重庆再次评选巴渝代表性景色，并分为自然景观与人文景观。

巴渝新十二景自然景观

有阿依秀水、长湖浪屿、芙蓉滴翠、黑山幽谷、南泉溪趣、四面飞瀑、天生三桥、巫山奇峡、统景温塘、黔江奇海、金佛崔嵬、黄水林海。

阿依秀水　位于重庆彭水县境内，阿依河原名为"长溪河"，发源于贵州，流经彭水最后注入乌江。以阿依名之，乃是因为"娇阿依"为苗语中对美丽、聪慧、善良的姑娘的称呼。河水一如其名，秀丽而清冽，沿线内有千步梯、巴山廊亭、青龙谷等著名景点，为重庆生态旅游新宠。

芙蓉滴翠　即重庆武隆区芙蓉洞，为石灰岩洞穴，全长2700米，洞内满布石钟乳、石笋、石柱等各种钟乳石，色彩斑斓，玲珑剔透。

黑山幽谷　位于万盛区黑山镇，为5A级旅游风情区，号称"中国最美养生峡谷"，谷内风光秀美，气候宜人，有"一岛、三谷、五峡、七区、十二峰、三十六桥、九十九瀑、一百零八潭"等自然景观。

黔江奇海　位于黔江小南海国家地质公园。小南海横跨重庆与湖北，为地震形成的堰塞湖。湖水终年碧绿，周围青山拥立，是国家级地震遗址保护区，景区内有"朝阳飞凤""老鹳鸣窝""牛背斜阳""白鹤鸣溪""犀牛望月""乌龟戏水""清溪晚钓""荫塘映月"景点。

黄水林海　位于石柱县黄水森林公园。黄水森林公园为国家级森林公园，位于长江三峡黄金旅游线上，这里有森林浴场、原始林海、玛瑙城以及土家族风情表演等景观，适宜休闲、养生、避暑和探险。

巴渝新十二景人文景观

有朝天汇流、磁器古镇、山城夜景、彩云白帝、大足石刻、汉丰新城、名碑金街、西沱天街、钓鱼古城、红岩丰碑、石宝琼阁、丰都鬼城。

汉丰新城　位于重庆开州区。开州区原为开县，三峡工程启动后，开县移民，之后新城建于汉丰湖（长江三峡工程建设而形成的人工湖）畔，当地人称有"城在湖中，湖在山中，意在心中"的美丽画境。境内有风雨廊桥、风荷鹭影、城南故津、龙王庙等著名景点，此外开州还是刘伯承元帅故乡，境内有刘伯承故居纪念馆。

名碑金街　即解放碑广场。

西沱天街　即石柱县西沱古镇，古镇历史悠久，镇内保存着许多明清时的家居、会馆、店铺等建筑，因其传统风貌保护完整，因此享誉国内外。境内云梯街更有"万里长江第一街"之称。

石宝琼阁　即忠县石宝寨，位于重庆忠县境内。石宝寨始建于明万历年间，明末有义军据此为寨起义，故名"石宝寨"。石宝寨寨楼依玉

石宝琼阁

印山而建，共12层，通高56米，飞檐悬壁，被誉为世界八大奇异建筑。

新重庆·巴渝十二景

为2015年评定，共分自然景观与人文景观以及城市地标三大类36个风景名胜区。

自然景观类

茶山竹海 即位于重庆永川区北的茶山竹海国家森林公园，这里为国家级森林公园，拥有2万亩大型连片茶园以及5万亩竹林，故称"茶山竹海"。景区内茶园广袤，竹林如海，可以煮茶品茗、观景听泉，在茶香竹林中倍享雅趣高风。

半岛灯海 即渝中半岛夜景，与旧巴渝十二景相同。

天下龙缸 即云阳龙缸国家地质公园。

玄天秀水 位于铜梁巴岳山玄天湖旅游度假区内。景区位于铜梁区南城街道，面积50平方公里，含有巴岳山、玄天湖、黄桷门奇彩梦园和家泽园生态园四大景点。主打景点玄天湖位于巴岳山脚下，湖面辽阔无波，水中岛屿星星点点，宛如碧空反转。附近有龙温泉，号称"西南第一泉"，富含多种微量元素，具有较高的医疗和保健价值。

龙水西湖 位于大足龙水湖国际旅游度假区西南部，原为20世纪50年代末修建的水库，因其位于西山（巴岳山）脚下，故有"重庆西湖"之誉。景区内湖水纵横，岛屿星布，四周青山相偎，穹顶云飞鹤舞，为重庆度假胜地之一。境内其温泉水世界于2016年获评国家五星级温泉。

古剑云海 位于綦江区古剑山度假区，位于綦江区西北。景区内森林面积10万余亩，气候宜人，为离重庆主城最近的天然氧吧。景区内有静音寺、古剑云海、禅茶谷、长田山森林公园、古剑山艺术村等景点。其山高峻，峰顶常有云海浮荡，含吐日月，意象万千。

黑山幽谷 即万盛黑山谷景区。

照母涌翠 位于北部新区照母山森林公园的的照母山。因为南宋状元冯时行在此地结庐照料母亲而得名。公园占地五千余亩，园内有植物园和森林公园，为重庆主城内第三大植物园。景区内修竹林立，翠峰如簇，加之对于古迹、古树、山体、民俗文化保护较好，颇具自然古朴之味。

三峡红叶 即巫山县境内的巫峡红叶。每至秋后，三峡两岸树叶转红，万亩江山艳如霞染，与高峡平湖交相辉映，颇有万山红遍、层林尽染、漫江碧透的意境。巫峡红叶有10万余亩，面积大，种类多，且观赏期最长可达3个月，因此具有极高的观赏价值。当地政府每年还要开办国际巫山红叶节，充分挖掘巫山红叶旅游资源。

黄水林涛 即石柱县黄水国家森林公园。

仙女天成 即武隆仙女山国家森林公园。

青龙飞瀑 即位于万州区万州大瀑布景区。万州大瀑布宽151米，高64.5米，极高的水位落差和宽阔的飞流瀑布使其赢得了"亚洲第一瀑"的美称。景区内有水帘洞、青龙洞、青龙潭、青龙河等景点。

人文景观类

湖广会馆 位于渝中区东水门正街4号，是始建于清朝乾隆二十四年（1759年）的会馆群，包括湖广会馆（又名三楚公所、禹王庙）、广东会馆（又名南华宫）、齐安公所（又名黄州会馆）以及江西会馆、江南会馆。这些会馆多为从湖广等地迁渝的移民捐资修建，具有鲜明的明清时南方建筑特色，是具有重要人文价值和历史意义的建筑群。

古城安居 位于重庆铜梁区，为我国第四大古城。其渊源现已不可考，但在隋唐时期，这里已成为涪江下游的水路要冲，而在隋朝开皇八年就已经开始建县。虽然历史悠久，但古城并未遭受多大的历史冲击，城内建筑保护完好，是一座集巴渝文化、宗教文化、抗战文化、移民文化为一体的山乡小镇，被称为"看得见山、看得见水、记得住乡愁的地方。"

三峡梯城 是位于云阳的三峡梯城景区。其主要景点磐石城最早建丁南宋末，为南宋名将余玠针对蒙古大军不谙山地之战所建堡垒，同期共修建15座，其中最著名者为合川钓鱼城。此城虽不似钓鱼城著名，但亦为历史悠久、地势险要的名城。此外，景区还建有登云梯，全长

1388.68米，梯步1975步，海拔落差270米，为登顶揽胜、健身休闲的好去处。此外还有龙脊岭公园、三峡文物园等景点。

爱情天梯 位于江津四面山景区，此景点为现代奇景。为江津区老农刘国江为方便其妻下山打凿的阶梯，共6208级。20世纪50年代，青年刘国江与大他十岁的寡妇徐朝清为躲避闲言碎语，携手私奔逃入中山古镇的深山中，从此近半个世纪过着与世隔绝的生活。为方便妻子出门，他耗尽半生精力在悬崖峭壁上开凿了这6000多级台阶。后二人被户外探险者发现，之后名震于外，这些台阶遂有"爱情天梯"之称。老人先后离世后，这里被开辟为景区，着力发掘爱情文化。

华岩禅意 位于重庆九龙坡区的华岩旅游景区，因境内有华岩寺而知名。华岩寺为川东名刹，始建于唐朝，后屡经战火又屡次重修，历经千年而香火鼎盛。景区内平湖碧波、玉溪潺潺、奇岭峻峰围绕古刹佛塔，是兼具自然造化与佛国禅意的宗教圣地。

南滨溢彩 即南岸区南滨路旅游观光区。南滨路临江靠山，拥有绝佳的地理优势。早在清末就是洋人在重庆开埠后的首选之地。其后在不断的发展过程中，南滨路已然成为经济繁荣、环境优美的示范街区，有"重庆外滩"的美誉。

丰盛古韵 即重庆巴南区的丰盛古镇。丰盛古镇最早建于宋代，至明清大盛，有"长江第一旱码头"之称。丰盛古镇近半为森林覆盖，加上山势嵯峨形成屏障，将这里庇护于林密山幽中。至今镇内仍存有多处保存完整的古代民居，还有瀑布、溶洞等自然奇景。

钓城怀古 即合川钓鱼城景区。

白鹤绕梁 即涪陵区白鹤梁水下博物馆。

路孔万灵 为荣昌万灵古镇，原名"路孔镇"。小镇靠山依水而建，素有"小山城"之称。镇内有四大寨门、尔雅书院、烟雨巷、明清老街、大荣桥等景点，其老街旧居颇有古韵雅意，在2012年被评为"重庆十大最美古镇"。

风情濯水 位于黔江濯水古镇。古镇四面皆山，境内多有土家吊脚楼、水运码头，是集聚土家文化古迹和乡土文化的风情古镇。

双桂禅堂　即梁平双桂堂。

城市地标类

十字金街　为渝中区解放碑中央商务区。

天地湖光　即渝中区重庆天地，为渝中中央商务区的延伸和拓展。

开埠新城　位于南岸区弹子石中央商务区。因弹子石地区为清末重庆最早开埠的地区之一，故名此景为开埠新城。弹子石商务区与解放碑、江北嘴号称CBD（中央商务区）金三角。

绿园串珠　位于大渡口区，所谓绿园串珠乃是对大渡口公园群的比喻称呼。与各地开辟山水、挖掘历史文化为城区发展目标不同，大渡口区一直着力打造绿色生态城区，建设了37个公园，加上社区公园、屋顶公园等，形成了串珠式的绿色景观群。

乐和乐都　位于永川区卫星湖街道，是在重庆野生动物世界基础上打造的休闲度假主题公园，也是国内最大的野生动物生态旅游园区之一。景区分地球村、欢乐世界（娱乐天堂）、重庆野生动物世界、野生世界两江假日酒店四大版块，游客来此既可观赏五湖四海的珍稀动物，更可领略来自世界各地的风情美景。

北岸皇冠　即位于江北区江北嘴的中央商务区。为中西部地区唯一的国家级战略金融中心，是中国金融第三区（北京金融街、上海陆家嘴、重庆江北嘴）。

动物乐园　指重庆动物园，位于九龙坡区杨家坪，占地45公顷，为重庆较大的综合性动物园。现饲养动物240种，有大熊猫、金丝猴、角马、华南虎、亚洲象等。

白塔老街　是位于合川区的文峰古街，街内有文峰塔，俗称"白塔"。古街总占地500亩，背靠南部新城，又与南屏嘉陵江大桥和涪江一桥相通，便利的交通优势下，老街被开发为集餐饮、休闲、文化、娱乐于一体的商业街区。

两江彩虹　即重庆东水门长江大桥和千厮门嘉陵江大桥。两桥为跨江双子桥，前者连接渝中区和南岸区，后者连接渝中区和江北区，立于桥上，近可观朝天门外两江奔流浩荡，远可望南山峰青岭秀。

白象老街 即融创白象街，位于渝中区解放碑商圈的核心区域，该地毗邻长江，历史悠久，更有珍贵文物建筑群11处，是集现代商业开发和历史文化气息的魅力景观。

莺花飞渡 即位于江北区北滨路刘家台的鎏嘉码头，清朝时，刘家台称"莺花渡"，源自渡口附近曾有莺花厢（古代行政区划单位，靠近城区的地方称厢），渡口之名浪漫婉约，可惜此后漫灭不可闻，现在成为鎏嘉码头，并成立专项进行开发，已成为休闲、娱乐、餐饮、商务并重的现代商业圈。

四季观塘 位于重庆璧山区观音塘湿地公园，景区占地623亩，内有近700种水生以及旱生植物，引入了20余种水系动物，是重庆首座国家级湿地公园，于2011年开放。

重庆的抗战遗址

　　陪都八年是重庆历史上最为艰难也最为繁荣的一段时期，在此期间，日军对重庆进行了两百余次惨无人道的大轰炸，致使万余平民死亡，伤者无算，整个城市几为废墟；同时，整个中国首脑政要、学者名流大都避战来渝，他们在这里商谈国事、制定战略、著书立说，和这个苦难的母国同呼吸共命运，为这个不屈的民族呐喊挣扎。硝烟散尽，他们的音容笑貌或已渺茫，但那些旧址遗踪却依然留存，它们承载着历史和记忆，需要我们时刻去铭记、去仰望。

陪都时重庆有多少公馆

全面抗战爆发后，1937年11月，国民政府主席林森宣布迁都重庆。一时高官要员、社会名流、军阀政客纷纷前往重庆，他们在这里纷纷或租或建，暂时寓居以备抗战。一时间重庆公馆林立，他们在公馆内或制定国策共商国是，或歌舞喧哗宴饮欢歌，在历史上留下了浓墨重彩的一笔。随着抗战结束，政要名流们纷纷撤回南京，这些公馆也随之寂寞。因国共对抗，建国后，国民党要员的公馆大多被国家没收然后泯然世间，有的甚至损毁破败无复当年繁华。而中共及民主人士的公馆则保护相对得力，有幸留存。到改革开放后，史学界和社会对当初那段岁月评价更加多元和公允，于是这些旧馆遗址又重新被保护起来。遗憾的是，随着时间的流逝和文物保护的不力，很多都已残破不堪，无法再看到昔日的面貌了。只有公馆中曾经生活的那些人、发生的那些事，还在历史深处发出久远的回响，供人凭吊和想象。那么，陪都时期，重庆有多少公馆呢？本节将为略述一二。

渝中区公馆

渝中区为重庆主城区之一，陪都时期这里的上清寺到曾家岩一带是全国的政治、文化中心。国民政府、行政院、考试院等国家权力机构全都汇聚于此。因此，很多政府要员和社会名流也纷纷在此建馆居住。

尧　庐　为蒋介石在重庆所居，位于渝中区中山四路的36号7号楼，原德安里101号。原为国民党将领许绍宗所建，许号尧卿，故名"尧庐"。尧庐为蒋介石在重庆时核心住所，为蒋介石在重庆市区的唯一居所。现为重庆市委大院。与此相邻的2号楼即德安里103号为尧庐二号，又称"美龄楼"，为宋美龄所居，为蒋、宋二人进行外事活动场所。楼下有橡树，为夫妇二人手植。

周公馆　位于中山四路东端，曾家岩50号，是当时中共中央南方局办公点，以周恩来名义租赁，故名"周公馆"。周恩来租下了一、三层，专门用以党务、抗日的协作联络活动，其余房间则为国民党要员居住,一时国共两党同处一个屋檐之下,成为当时一段佳话。更为有趣的是周公馆左侧即国民党警察局派出所,右侧数步之遥便是国民党特务头子戴笠居所。因此,周公馆内外左右均受夹击之势,环境很是险恶。抗战胜利后,这里亦是毛泽东等飞抵重庆和国民党谈判时的办公点,毛泽东、周恩来还在一楼接待各路政要外宾并回答记者提问。建国后,周公馆被重庆政府辟为红岩革命纪念馆曾家岩分馆,由董必武题写馆名。后又树周恩来雕塑一座,再现其为中国人民解放事业风雨兼程、辛勤奔走的一幕。

周公馆周恩来塑像

戴公馆 中山四路85号,离周公馆数步之遥。戴笠在重庆原有居所数座,但这里为主要居所。戴笠生于1897年,1946年因飞机失事身亡。其人为军统局局长,中美特种技术合作所主任,曾为抗日做出巨大贡献但曾暗杀不少民主爱国人士,一生毁誉参半。如今戴公馆被辟为巴渝文化展览馆。

桂　园 位于渝中区中山四路107号,与戴公馆相邻,因院内有主人国民党上将张治中亲手所植的两株桂花树,并取其父"桂徽"之名,称为"桂园"。桂园为砖木结构的二层楼房,占地七百平方米。张治中少时贫寒,流落民间做过学徒当过警察,后来入保定陆军军官学校,毕业后参加护法运动,之后一直在国民党军队中充任要职。国共第一次合作时与周恩来等结下深厚友谊。西安事变时他力主和平解决。全面抗战开始后曾参加淞沪会战,后因在湖南发动焦土政策,指挥错误导致长沙损失严重,就此被革职留任。从此他不再在国民党军内任职,只负责政治工作。因与周恩来的深厚友谊,他曾受周委托在新疆解救了被新疆军阀盛世才囚禁的一百多名共产党员。抗战胜利后,他力主和平,并多次代表国民党前往延安与共产党进行谈判,因此被称为"和平将军"。1949年国民党节节败退,他再次代表国民党率团前往北平与共产党进行谈判，但最后双方协定结果遭到国民党内部否决。他受周恩来挽留就此留在北平，并参加了开国大典，还促成了新疆和平解放。

桂园虽然是私人公馆，但见证了抗战胜利后的国共和平谈判，且国共双方最后协商结果"双十协定"即在桂园一楼签订。毛泽东和周恩来也多次在此接见中外记者，因此具有重要历史价值，后重庆市政府将此地辟为国共谈判纪念馆，以兹纪念。

潘公馆　位于渝中区中山四路81号。公馆主人为重庆首任市长潘文华。潘市长出生于四川仁寿，上任后对重庆进行了大刀阔斧的整修建设，使这座古老的城市焕发出现代的生机和气息。1949年时与当时四川军阀刘文辉一道通电起义，接受新中国的改造。潘公馆建于1927年，如今为重庆市妇联办公楼。

怡　园　位于上清寺新四路19号，是国民党财政部长宋子文的公馆，因其夫人名张乐怡，故名。怡园建于1937年，为一楼一底西式建筑，圆弧形的窗户、坡形屋顶，式样颇似欧美乡村别墅。总建筑面积有八百多平方米，全由青石条和砖木构成。抗战胜利后，美国总统杜鲁门亲派马歇尔作为总统特使来华调停国共关系时亦曾下榻于此。1946年1月，马歇尔在此主持见证，国共双方代表张群、周恩来签订了《关于停止国内冲突的命令和声明》。因为怡园在重庆谈判期间的历史见证意义，所以它与国民政府行政院旧址、蒋介石旧居、宋美龄旧居、李宗仁旧居等同列为"重庆谈判旧址"。宋子文在重庆时期公馆一共有三处，一处为绿苑，位于红岩村26号，八路军办事处旧址旁。该公馆建于20世纪30年代，为仿哥特式建筑，房间窗户外有抄手游廊相连，院内还有天井。黄墙青瓦，红色通柱，式样简约而气派。抗战时周恩来、董必武等多次造访这里，与宋子文交换时局和中国未来的看法。目前，这里为重庆京剧团驻地。一处位于嘉陵新路63号，即如今的史迪威博物馆。1942年之前为宋子文公馆。

饶国模旧居　位于化龙桥红岩村。饶国模为爱国民主人士，一生追求自由进步，抗战时曾无私帮助中共南方局开展工作，被邓小平称为"革命妈妈"。故居现已作为纪念馆。

特　园　民主人士鲜英所居公馆。其人在特园经常慷慨招待民主进步人士，被毛泽东称为"当代孟尝君"，特园也被誉为"民主之家"。现特园建筑只余康庄四栋楼，被辟为中国民主党派历史陈列馆。

宋庆龄旧居　位于两路口新村5号，为两楼一底建筑，由主楼、后楼和防空洞构成。1941年12月宋庆龄在香港沦陷前夕来渝，先暂住于上清寺范庄宋霭龄家中，后因姐夫孔祥熙为国民政府要员，行动多有不便，于是迁至此处。小楼原为留德工程师归国后修建，1937年被国民政府外交部租用，之后被日军轰炸破坏。1942年修复后由宋庆龄居住，直至抗战胜利。四年间，宋庆龄在此建立保卫中国同盟总部，积极动员和争取爱国华侨、各国人民的支援和支持，并在国统区内组织募捐，救济难民伤兵和儿童，为抗日战争的胜利作出了巨大贡献。现在这里被辟为宋庆龄旧居陈列馆和保卫中国同盟总部旧址，门前草地上有宋庆龄坐像。

圆　庐　为孙中山之子孙科和其二夫人蓝妮所居，位于嘉陵新村190号，一楼一底砖木结构，坐西朝东，因有中西式大圆顶，故名，此庐既是寓所又是舞厅，正合蓝妮喜好。抗战时多有社会名流外国使节等在此交际歌舞。圆庐为当时著名设计师杨廷宝设计。现为民居。

范绍增公馆　位于自力巷内，为砖石结构，三层一底。主人为范绍增，人称"哈儿师长"。"哈儿"在川渝方言中意为傻瓜，因其自幼顽劣不喜读书、人又憨直颇尚侠义之风，因此被人称为"哈儿"。范绍增自幼参加袍哥会，后又追随杨森，杨森统一四川失败后他投至刘湘麾下。七七事变后，他曾只身赶赴上海前线，任十一兵团副司令。1938年，他被蒋介石任命为第八十八军军长，自己募兵抗日，组团后武器多有破旧，他又出资修理，时局危艰可见一斑，丹心耿耿亦可赞叹。自参加抗日后，军功累累，1942年一战击毙日军第十五师团长酒井中将，引起日本轰动。其在自力巷旧居如今尚存。

陈诚公馆　位于胜利路132号协信公馆小区内。为三楼一底，砖木结构建筑。与陪都时期其余公馆类似，也采取中西合璧式，既有中式木窗也有西式拱门窗和圆窗。公馆主人陈诚为蒋介石爱将，人称"小委员长"，与何应钦一道为蒋介石左右手。中日全面开战后，陈诚多次负责参与并指挥对日会战，因其影响颇大曾登上美国《时代》周刊封面。陈诚公馆为陈诚当年制定军事计划，召开军事会议之地，见证了许多历史事件，具有重大历史价值。再加中西合璧的风格，因此具有优美的景观价值。现陈诚公馆为顶级私人会所，但同时亦为陈诚将军事迹陈列馆，房间也以陈诚事迹和其夫人、子女之名命名。

李宗仁公馆 位于渝中区枇杷山燕子岩，主人为国民政府代总统李宗仁。李宗仁出身桂系，为中华民国首任副总统，对北伐、抗日战争等均有巨大贡献。国民党败退后，他不容于蒋介石也无法安于大陆，因此流亡美国，后受中共邀请辗转回国。公馆现为文物保护单位，为三层小楼，中西合璧式建筑，楼外有铭牌标式，楼道内有李宗仁夫妇挂像。

刘湘公馆 位于李子坝正街186号。刘湘，著名川军将领。其人生大半围绕四川展开，与各路军阀以及红军均有争斗，最终于1932年成为四川省主席。七七事变三日后，他即致电蒋介石请缨抗日。8月7日国防会议上他慷慨陈词近两小时，表现甚伟。9月带病率部出川抗日，惜于1938年1月20日在汉口去世。死前曾有遗嘱："抗战到底，始终不渝，即敌军一日不退出国境，川军则一日誓不还乡！"其重庆公馆后于2009年遭遇强拆成为一片瓦砾，之后成为豪华餐厅。民意沸腾中，又在原址上复建，但已无当年遗韵，甚是可惜。

李根固旧居 位于李子坝正街61号，黄墙青瓦，中西结合二层建筑。与刘湘公馆一样，位于李子坝公园内，同属抗战遗址建筑群。李根固为川军抗日名将，系刘湘部下，后任重庆警备司令和重庆防空司令。其所居公馆2009年被重庆政府挂牌保护，2012年差点成为雪茄吧，后被叫停。

此外渝中区还有如白崇禧旧居（团结新村11号）、阎锡山旧居（胜利路186号）、康心如旧居（和平路83号）、徐堪旧居（中山三路二巷二号）、史良旧居（枣子岚垭正街99号）、程潜旧居（中山三路164号）等国民党将领要员以及民主人士的居所，可惜已拆除。

江北区

徐悲鸿旧居 位于大石坝街道石门社区9村94号，为徐悲鸿和夫人廖静文在1942—1946年寓居重庆时所住。其间他积极参与中国民主和抗日活动，并创作了大量优秀画作，还筹建了中国美术学院。故居为一楼一底式建筑，分画室和居室两部分。

石荣廷公馆 石门街道渝江村1号，又名"石家花园"。石荣廷为重庆江北人，早年父母双亡后随姑父行商，逐步成为重庆工商界举足轻重之人，所涉山货、药材、盐业、钱庄、地产等，曾任江北县商会常务委员，民生实业股份有限公司常务董事。1931年，他斥巨资在江北盘溪渡建中西合璧式楼房庭院，即现在的石家花园。石荣廷交游甚广，家中常年宾朋满座，齐白石、于右任、翁文灏、郭沫若、张大千等都曾做客于此。徐悲鸿即是受其延邀从沙坪坝迁至江北。后石荣廷又将石家花园地下石室慷慨赠予徐悲鸿作为教室，用以教学。现石家花园为文物保护单位，其中地下室尤有文化氛围和艺术气韵。

绿川英子、刘仁夫妇旧居 猫儿石街道建新路28号、30号。刘仁为抗战时东北救亡总会机关刊物《反攻》主编，而绿川英子为原名长谷川照子，为日本世界语学者和作家。在日本时她就积极参加左翼文化活动，后以世界语起名"绿川英子"，意为"绿色的五月"，表达了对和平和美好的向往。1937年和丈夫刘仁一起来华，开始以笔为枪参加抗日工作，曾为中共《新华日报》《解放日报》等撰写文章，后参加国民党电台对日播音工作，向日本国内报道日本军队在中国犯下的滔天罪行，引起日本举国哗然，被日媒骂为"用流畅的日语，恶毒地对祖国作歪曲广播的娇声卖国贼"。

沙坪坝区

何应钦旧居 山洞游龙山20号，为何应钦公馆。何为军事委员会参谋长、曾代表中国政府接受日军投降。1946年他任重庆行营主任时居住在此。何应钦为国民党内仅次于蒋介石的二号人物，蒋介石任职黄埔时他任总教官。全面抗战爆发后，何应钦任中国远征军总司令、中国战区中国陆军总司令，负责战时国军的计划和指挥。他一生居于蒋介石之下，二人合作无间同时也颇多龃龉。后跟随蒋介石败退台湾。

杨森旧居 在沙坪坝区歌乐山山洞街道平正村53号,又称"谷芳山庄"。为二层小楼。杨森为四川军阀,早年曾讨袁护国,之后历经军阀混战和抗日战争,1947年曾任重庆市长,后随蒋介石败退台湾。杨森为国民党军阀中年寿最久者,同时也是妻妾子女最多者。其寿享93岁,妻妾12人,子女43人,年已九旬依然纳17岁学生为妾,因此闻名军阀界。其旧居如今为十五中教师宿舍。

郭沫若旧居 位于西永镇香蕉园村即全家院子,这里是国民政府军事委员政治部第三厅和文化工作委员会旧址。整个院子占地有1万余平方米,为清代晚期四合院风格,穿斗结构,歇山式屋顶,小青瓦屋面。院内以红砖铺地,中央有郭沫若挥笔著书雕像。郭沫若1938年12月抵达重庆,任国民政府文化工作委员会主任,主要负责抗日宣传工作。因此全家院子便成为文艺界人士活动的重要阵地。郭沫若在此创作了《甲申三百年祭》《青铜时代》《屈原》《虎符》等名作。2005年6月,郭沫若旧居修复竣工,现对外开放。

林　园 位于歌乐山双河街。先后入住林森以及蒋介石夫妇等,下文有专节介绍,此处不再赘述。

北碚区

灏崎公馆 位于北碚金刚碑村7号,居住者为国民政府行政院院长、著名地质学家翁文灏和国民政府经济部长孙越崎。翁文灏为我国第一位地质学博士,中国第一本《地质学》讲义的编写者,第一位系统科学研究中国山脉的中国学者,其对中国地质学的研究和发展贡献卓越。其有四子,其中三个均被其送上抗日前线,次子入国民党空军,1944年壮烈殉国。其所居公馆内防空洞除防空避险外还是国民政府存放机要文件之地,具有重要的历史意义。现公馆已重新修葺作为煤炭疗养院使用。

潜　庐 位于北碚东阳镇老街。潜庐主人为陈望道,是中国翻译《共产党宣言》的第一人,我国现代著名教育家和语言学家,所著《修辞学发凡》为我国第一本系统的修辞学著作,建国后曾任《辞海》总主编。当时陈望道就教于复旦大学中文系,其后又任中文系和新闻系主任，对复旦大学学术的开展和专业建设有莫大贡献。潜庐原为当地民居，为士绅刘少隆所有，刘先生为支援抗战教育事业将潜庐捐于复旦。复旦大学教师宿舍被日军轰炸后，陈望道于1940年秋迁居在此。1944年这里又成为中共中央南方局青年组刊物《中国学生导报》编辑部和中共复旦大学支部的隐秘据点，中共在此指导大后方的学生运动。现潜庐作为民居使用，只有大门上方"潜庐"二字仍清晰可辨。

晏阳初旧居 位于歇马镇磨滩河畔中国农科院柑橘研究所内，为砖木结构的三合院，门前铭牌上标有中国乡村建设学院旧址暨晏阳初旧居。晏阳初为中国乡村建设第一人，被誉为世界平民教育运动之父。他自美国耶鲁大学毕业后就一直致力于中国平民教育工作，1922年他发起全国识字运动，后转至长沙试验，当时毛泽东作为义务教员也曾参与。其后又在各方支持下成立中华平民教育促进会，并在华北、华中、华东、华西、华南展开平民扫盲运动，影响甚大。七七事变后，晏阳初被迫辗转至北碚，在卢作孚支持下创办中国乡村建设学院。现晏阳初旧居对外开放，院内有各种历史资料展示，院内有晏阳初雕像。

卢作孚旧居 位于朝阳街道文星湾42号，中国西部科学院旧址内（现为重庆自然博物馆北碚陈列馆），附近还有卢作孚纪念馆。卢作孚被誉为"北碚之父"，著名爱国实业家、教育家。自幼家境贫寒，后自学成才，并在1925年创办民生公司，为中国航运业先驱。1938年秋，日军攻陷武汉，直指宜昌。他率领民生公司人员集中所有力量将宜昌大量滞留人员和近10万吨物资昼夜抢运入川，被誉为中国的"敦刻尔克"。全面抗战期间，卢作孚领导的民生公司抢运人员150余万人，抢救物资100万余吨，为抗战胜利做出了巨大贡献。除此之外，1927年他在北碚出任峡防团务局局长，开始了轰轰烈烈的乡村建设实验。他在这里办农场建工厂，开辟公园，建立医院、图书馆、博物馆等，因此被誉为"北碚之父"。

南岸区

杜月笙公馆 位于南山植物园大门左侧。杜月笙之名随着影视的渲染，如今已响遍中外。抗战时作为青帮头目，他少不了被日本人拉

拢，但他忠义之心尚存，并未就范，并且利用自己的影响力，积极发动募捐，组织开展各种抗日救援活动。1941年12月，太平洋战争爆发后，杜月笙移居重庆并成立"恒社"总社。恒社原为杜月笙1932年组织发起的帮会组织，取"如月之恒"之典故，同时也暗含围绕杜月笙之意。恒社与青帮不同，专一向上层人物开放。杜月笙以此开办中华实业信托公司、通济公司等企业，与沦陷区交换物资，有说支援抗日的也有说其大发国难财者，其间功过难以评说。杜月笙在重庆居住5年，同时还创办了重庆医院，专门为抗战前线伤兵提供先进医疗服务。其所居杜公馆为中西合璧式二层小楼，占地200多平方米，现作为杜月笙别墅旧址供人参观。

于右任旧居 位于重庆南山铁路疗养院内，为一楼一底式建筑。于右任是民国四大才子之一，国民党元老，我国著名书法家、教育家。早年参加反清革命，国共第一次合作时曾受命筹建上海大学并任校长，后又创办西北农林科技大学。一生工于书法，尤善草书。毛泽东在于右任客居台湾时曾派人到处搜集其作品，可见其艺术造诣。全面抗战爆发后，时任国民政府监察院院长的于右任跟随政府来渝，在南山建立此公馆。公馆经岁月侵蚀日益破败，后经网友曝光后引起当地重视，遂于2015年按原貌原位进行修缮，辟为于右任旧居纪念馆，面向公众开放。

巴南区

校长官邸 位于南泉街道以西，为蒋介石所居，现辟为南泉抗战遗址博物馆。

孔　园 为国民政府行政院长兼财政部长孔祥熙所居，位于巴南区南泉街建文峰上。孔祥熙在此居住，同时接待来往高官名流。此外主要居住者便是大名鼎鼎的孔二小姐。如今尚有留存，只是年深日久，有所颓败，亦辟为纪念馆。

二陈公馆 位于南泉街道西，为陈果夫、陈立夫兄弟所居。二陈将此雅称为"竹居"，又称"竹林别墅"，为一楼一底式建筑，坐南向北，砖柱土木结构。据传楼前当年有温泉，周围有竹林，居住环境甚是雅致和谐。七七事变后，国民党中央政治大学随迁至南泉，时任教务长的陈立夫亦来此居住。兄弟二人在此视事办公、接待宾客及日常起居。陈果夫、陈立夫为蒋介石结拜大哥、同盟会元老陈其美之侄，故称蒋为三叔（陈其美居长，黄郛居次，蒋行三）。陈果夫早年投身于革命，后追随蒋介石左右，又延揽立志实业的陈立夫跟随蒋介石，组织形成CC系（即中央俱乐部Central Club之简称），全力控制国民党党内人事，维护蒋介石统治，故有"蒋家天下陈家党"之说。陈果夫主管国民党党政人事，陈立夫则曾主管教育，兄弟二人均为20世纪前期国内举足轻重的政治人物。国民党败退台湾后，二人均退出政坛。二陈公馆现位于巴南区南泉街道小泉园区内，为文物保护单位。另外二陈还在南泉白鹤林建有别墅一幢，但现在旧址已不存，所以无法想象当年之盛。

上述所列，只是对陪都时期社会名流在重庆所居的简要介绍，以公馆名之只是方便，其实多有学者认为不过小院陋舍而已。另外，本节所列仅是概览，重庆抗战旧居远超此节所述，除辟为博物馆和纪念馆外，有的已经被拆除，还有的在岁月剥蚀中慢慢破败。无论现状如何，它们都是对当年那段艰苦卓绝岁月的最好见证。现当地各区县政府已经认识到了陪都文化的历史意义和文化价值，开始逐步启动保护和开发工作，希望能最大程度地保留这些历史旧居。

中正楼、云岫别墅都住过谁？

七七事变之后，国民政府准备西迁。1938年12月8日，蒋介石协同宋美龄由桂林飞抵重庆，从此开始了他在重庆的抗战岁月，截至1946年4月30日，共计七年四个月零二十二天。蒋介石在渝期间，贵为党国魁首少不了接待外宾、指挥军事、宴请贵客等诸项活动，因此，他在重庆也有几个官邸，分别承担不同的功能。

首先是重庆渝中区德安里101号，后称为中山四路36号7号楼。本地原为国民党中自号"尧卿"的将领许绍宗所建，因此此屋又称"尧庐"。蒋介石来渝后，此地便被国民政府军事委员会借用。而德安里103号为宋美龄居所，因此又称"美龄楼"。两座楼比邻而居，美龄楼下有橡树，乃是蒋、宋二人手植。蒋介石在渝期间，大半的政治、军事、外交决策均由此地酝酿实施，1949年重庆解放后，中共中央西南局领导人邓小平、刘伯承、贺龙也都曾居于美龄楼。因此具有相当重要的历史意义。如今，这里为重庆市委所在地。

第二所官邸为云岫别墅，位于重庆南岸区南山镇黄山23号。这里的黄山，乃是因为山中墅为黄姓富商所建，所以云岫别墅原名"黄山别墅"。这里山幽林密，当时日军空袭频繁，为安全考虑，此地被国民政府租赁以供蒋介石夫妇居住。没想到的是，1941年8月30日，日军从情报中得知黄山别墅的位置，竟然直飞黄山，空袭云岫别墅，导致蒋介石卫士班班长及一名卫士遇难，四人受伤。其时，宋美龄正在防空洞口，有幸躲过一劫。如今的云岫别墅已被重庆政府辟为重庆抗战遗址博物馆。

云岫别墅

第三所官邸则位于重庆巴南区南泉镇以西，为一西式平房。之所以选址这里，乃是因为国民党中央政治学校自1938年由南京迁入重庆南温泉，兼任校长一职的蒋介石需要不时训话和主持典礼，因此政治学校的教育长陈果夫建造此屋以供蒋介石休息住宿。而且，此地风景秀丽，当时的国民政府主席林森、陈立夫陈果夫兄弟以及孔祥熙等人都在此建立别墅，于是，这里便成了国民党大佬们休息交际的一方胜地。小泉官邸面积有272平方米，大小17座厅堂。屋外还有美国总统罗斯福送来的"雪松"，如今已亭亭如盖。官邸附近有"三八园"，园内有荷花池，不过并非人工或自然，乃是当年日军空袭炸弹炸出的大坑，蒋介石顺势修造荷花池，并以"三八园"名之，以证国耻。如今，这里也已经辟为南泉抗战遗址博物馆。

第四所官邸为林园，位于重庆沙坪坝区山洞双河街，深处歌乐山南麓峡谷。原为蒋介石修筑，后蒋介石转赠国民政府林森。1943年，林森遇车祸病逝,这里更名为"林森陵园",简称为"林园"。1943年夏,蒋介石入住此地并将林园四号楼辟为林森纪念堂。而一号由蒋介石入住,所以人称"中正楼"。二号楼则为宋美龄所居,但也曾作为宾馆接待各路要员。1945年重庆谈判,毛泽东、王若飞等人就曾下榻于此。三号楼人称马歇尔公馆,这是因为1945年12月,马歇尔奉美国总统令前来调停国共争端曾下榻此地。

你知道《四世同堂》是在哪里诞生的吗

《四世同堂》是老舍的名著,这部百万字的巨著虽然描写的是北京羊圈胡同的居民在日军占领北平后的艰难岁月,但其诞生地却是在重庆。如今的北碚区还有专门的四世同堂纪念馆,来纪念文学史上的这一盛事。

七七事变后,中华民族的全面抗日正式开始,当时的文艺界专门成立了中华全国文艺界抗敌协会,当时老舍任常务理事兼总务部主任,他对内要主持日常会务,对外则代表"文协",并全面负责总会的领导工作。1938年7月,他随协会一起迁往重庆。而他的夫

《四世同堂》纪念馆老舍像

人胡絜青早在1937年就受其委托,带着三个孩子前往北平照顾病重的老母。后老舍母亲去世,胡絜青带着三个孩子辗转奔波,终于来到重庆和老舍团聚。之后为躲避日军轰炸,老舍带家人避居于重庆北碚区天生新村61号的小院内。

在这座古朴简陋的小院内,老舍和同样逃难至重庆的梁实秋、郭沫若、田汉等人纵论国家时事,同时也倾听夫人在日军铁蹄下生活的艰难与坚韧。在聆听夫人讲述的过程中,老舍渐渐有了创作一部小说来反映

这段艰难岁月的念头。于是,他开始不停收集材料,询问夫人各种生活细节,同时打捞自己幼年在北京生活的记忆,日夜在这座小院中奋笔疾书,哪怕身患疾病、家中无米下锅也不曾辍笔。写成后先在报纸连载,后在1946年出版了第一部《惶惑》和第二部《偷生》。而第三部则是作者赴美讲学期间写就。

改革开放后,小院先为老舍旧居,后为纪念老舍在此创作《四世同堂》的日子,于2010更名为"四世同堂纪念馆",由老舍之子舒乙题写牌匾。一进门,便是老舍坐像,先生跷着二郎腿坐于藤椅之上,似在思考,似在凝望。院内客厅展览有老舍生前照片近百幅,而客厅左侧即是老舍的书房兼卧室,如今虽然清雅简朴,但在当年却极是艰苦。这间屋子窗户自西墙而开,因此夏日极为燥热,按照老舍的说法是"简直可以烤面包",又因这里老鼠亦成群结队,所以此屋又被老舍昵称为"多鼠斋"。条件艰苦若此,加上抗战时期时日艰难,可老舍依然苦心孤诣创作出这本巨著,我想这就是纪念馆的纪念意义所在吧。

"雅舍"中梁实秋写了哪些作品

"到四川来,觉得此地人建造房屋最是经济。火烧过的砖,常常用来做柱子,孤零零地砌起四根砖柱,上面盖上一个木头架子,看上去瘦骨嶙峋,单薄得可怜……我现在住的'雅舍'正是这样一座典型的房子。"这是现代著名作家、翻译家梁实秋在其作品《雅舍小品》中对自己暂寓之地的描述,这里所说雅舍,即坐落在重庆嘉陵江畔的北碚区。

七七事变之后,日军加快了侵略步伐。国民政府被迫迁都重庆,之后多有文人墨客迁居于此,包括老舍、梁实秋、郭沫若、朱光潜等人。1938年

梁实秋坐像

7月,梁实秋来渝暂寓。1939年,他就职于国立编译馆。为方便上班,他与友人吴景超、龚业雅夫妇合资购买了北碚区郊外的一处民居,并用龚业雅之名,将居室名为"雅舍"。雅有美好、高尚之意,组词雅致、高雅、雅正;舍,有舒气之意。因此,梁实秋在此是颇多寄寓的。

据梁实秋描述,雅舍共有六间房,而自己独处其中一室一厅。在重庆七年时间,他在此专心著述,尤其是耗其一生经历的《莎士比亚全集》翻译工作,就是从这里开始的。而其享誉世界的《雅舍小品》20篇,即是在此完成。在先生的文章中,对于雅舍条件的简陋颇多描述,比如门前的土阶,共有七八十层;屋内隔音效果较差,因此隔壁细语、鼾声均可入耳;而鼠蚊之盛,更是惊人。但作者身处其间,仍然安之乐之。阶梯遥远,正好隔绝人世安心著述;人声繁杂正好旁听世间万象;月夜之下,既可观察鼠辈出没,又可推窗展望。这一方面,固然是作者文人安贫乐道的天性使然,另外一方面也是抗战时期,人人朝不保夕的自足心态,因为作者也说:"明年夏天——谁知道我还是否住在雅舍"。

"我住'雅舍'一日,'雅舍'即一日为我所有。即使此一日亦不能算是我有,至少此一日'雅舍'所能给予之苦辣酸甜,我实躬受亲尝。"抗战胜利,梁实秋返回北平,1949年,他任教台湾师范大学,入住台湾师大校舍,为纪念重庆岁月,他也将此地称为"雅舍",并续写了三集《雅舍小品》,从此风靡全球,再版300余次。

如今的雅舍,早已被重庆政府辟为梁实秋纪念馆,屋内重点展览先生在北碚的图片、文字、实物、影像等,据此可以想见他在那段岁月中笔耕不辍、焚膏继晷的生活。

四知堂是杨尚昆的出生地吗

双江镇外有一江(涪江)两溪(浮溪、猴溪)环抱,内承千年文化古韵,是中国国家级历史文化名镇。这里有座四知堂,便是一代伟人杨尚昆的故居。杨尚昆是我国老一代革命家,历任中国共产党团书记、中共中央宣传部部长以及中华人民共和国主席等职。

提及四知堂，还要从东汉杨震说起。杨震为东汉一代廉吏，他曾任荆州刺史，后调任东莱太守，赴任途中，路经昌邑。时任昌邑县令王密曾受杨震举荐，于是携带十两黄金半夜来访，以报杨震知遇之恩，不料被杨震严词拒绝。王密说此时半夜，无人可知，但收无妨。杨震听后怒斥道："此事天知神知，我知子知，何谓无知？"王密深感羞愧，觍颜而还。此事传开后，便被人冠以"四知"之名，以扬杨震廉洁自持的操守。清同治元年（1862年），杨氏后人——杨尚昆曾祖杨世绥移家至双江，在此经商后发迹，在长滩子一带选址造屋，为纪念先祖也为训示后代，于是将"四知堂"的金匾悬于正厅门上。此后，一代伟人便出生在此。建国后，这里成为民居，后经学者史家考证，于杨尚昆诞辰一百周年后将此地恢复旧貌，辟为杨尚昆纪念馆。

四知堂杨尚昆头像

红岩村为何成为革命圣地

重庆渝中区化龙桥附近，有一个红岩村。此地岩石因是侏罗纪时所成砂岩，颜色赭红故名"红岩"，又因地貌形似山嘴伸向嘉陵江，所以又称"红岩嘴"。在这里建有红岩革命纪念馆，是我们缅怀先烈的地方，那么红岩村是如何成为革命圣地的呢？

红岩村本在郊外，20世纪30年代饶国模女士在此建设了大有农场，自力更生成为重庆有名的女实业家。但她的丈夫却沾染了官场恶习，腐化堕落。同时她目睹国民政府的黑暗腐朽，因此鼓励自己的三个子女都投身革命。当时中共南方局和八路军驻重庆办事处（两者为不同单位，南方局为中共面对国民党消极抗日积极反共政策，为维护抗战大局而成立，因国民党当局不允许中共党组织在国统区内公开活动，因此中共南方局便秘密设在八路军驻重庆办事处。而八路军虽为红军改编而成，但

红岩革命纪念馆

属国民党军队序列，可以公开活动）驻地机房街70号被日军炸毁，中共领导人遂决定另寻驻地。当时饶国模之子刘圣化为南方局培训班学员，于是提议将南方局和办事处迁至大有农场。经饶国模慷慨允诺后，周恩来、董必武等遂协同工作人员迁至红岩村大有农场，先期散居于工人宿舍和农场内茅草房内，后搬至办事处人员自己设计修建的办公大楼。

自1939年5月至1946年5月，以周恩来、董必武为首的办事处工作人员，一直在这里为中国独立和解放事业而默默奋斗。现在这里已经被辟为红岩村革命纪念馆，以供后世凭吊怀念。

大有农场主人为何称"革命妈妈"

20世纪30年代，重庆有一饶姓女子在红岩村创办了大有农场，所植柑橘、枇杷、鸭梨、葡萄等行销各地，因此闻名全城。不过，真正让这里闻名全国甚至流传史册的，是这位饶姓女子对中国共产党革命事业所做的贡献，邓小平称她为"革命妈妈"，周恩来、毛泽东也对她多有赞誉感激，那么她是谁呢？她就是饶国模。

饶国模1895年生于四川大足，胞兄为黄花岗七十二烈士之一的饶国梁。她出身书香门第，又加兄长垂范熏陶，因此虽是女流但果敢自主，是民国时期新女性代表，也是著名的女实业家和爱国人士。

1915年，饶国模从成都益州女子师范学校毕业，与同学刘国华自主结婚，婚后至川东在小学教书。刘国华1917毕业于四川高等工业学校，谙熟采矿和冶金，后调至重庆铜元局，此后仕途顺畅，曾任长寿县县长、省参议员等职。饶国模相夫教子随侍左右，少不了与官员家眷之间的应酬。生性自主独立的她难以忍受官场太太终日麻将歌舞的生活，毅然创立三友事业社，成为重庆著名女实业家。夫妻二人于20年代末曾买下曾家岩一块地产，修建了"知还"山馆，寓意"鸟倦飞而知还"。之后又买下红岩村的一片山地，开办了大有农场，寓意"大有可为"。开办农场后，他们延请技师和工友种植了优良的果树品种，并广栽花木，开拓苗圃，使大有农场由杂草丛生的荒坡成为姹紫嫣红的农庄。后刘国华沾染官场恶习，向饶国模提出纳妾，饶国模毅然与之分居，带着三个子女在大有农场建房居住，辛勤教养三个子女，并将他们都送上了革命道路。

饶国模不仅有新女性对自主平等的人格追求，更有对国家的热爱和对正义事业的理解。她因不施脂粉、不打麻将，所以被很多官太太阔夫人讥笑为吝啬，但九一八事变后，她却慷慨捐出大有农场的二期投资支援东北义勇军，创造了当时重庆个人捐款记录。1939年，中共在重庆的办事处南方局和八路军重庆办事处在饶国模之子的建议下入住红岩村，作为房东的饶国模坚决不肯收房租，直至抗战胜利。她见办事处很多工作人员因工作繁忙难以照料孩子，因此向邓颖超提出建一座幼稚园，并慷慨将农场一片梨树砍倒，自己掏钱建起了幼儿园，和保姆们一起带孩子。重庆解放后，邓小平就此亲切地称呼她为"红岩村革命

饶国模旧居

的妈妈"。饶国模因是国民党开国元勋胞妹,所以国民党特务对这里难以展开公开的破坏活动,只有时时骚扰和监视。这样严峻险恶的生活环境让其丈夫也日夜忧惧,前来相劝,但她依然故我,无私为中共八路军办事处提供各种支持和帮助。1946年,中共南方局和办事处迁往南京时,董必武曾赋诗一首:"八载成功大后方,红岩托足少栖惶。居停雅有园林兴,款客栽花种竹忙。"的确,饶国模的款待让中共不仅没有无家可归的栖惶,更有了农场田园之乐。

当时大有农场外有一三岔路,路口有一黄葛树,被人称为"阴阳树"。原因在于三岔路往右便是八路军办事处,但往左朝下却是国民党国民参政会大楼,如果有不知内情的地下党员和爱国人士误往左走,往往凶多吉少。所以这棵树便被称为"阴阳树"。为此,饶国模专门派人在树下摆了茶水摊,遇上八路军办事处的人来问路便往右指。因为南方局为中共在国统区的秘密单位,因此凡是联络南方局的同志,往往到此便说找房东刘太太。从这些细节可以看出,饶国模女士为中国革命事业所做的贡献。另外鲜有人知的是,周恩来总理父亲病重,后赴红岩村养老,也是由饶国模和家中女工照料送终的。建国后,周恩来对此多有感谢。

饶国模一生追求自由进步,建国后她移居北京并将红岩村的一应土地房屋悉数无偿捐给国家。1960年因突发脑溢血去世,后葬于红岩。而其旧居如今被辟为饶国模故居,而附近则有"大有农场"标牌以作标识。

戴公馆的主人是谁

渝中区曾家岩151号有一座建筑,青砖砌就的外墙上有一铭牌,上面显示这里是巴渝文化会馆。推开大门,里面便是一栋白墙灰瓦的三层旧式建筑。沿着楼梯往下走,如果细心一点便会发现侧墙上还有一块铭牌掩映在爬山虎中,上面写"戴笠公馆旧址"。对,这座建筑便是戴笠的居所。戴笠,被外媒誉为中国近代史上最神秘的人,是蒋介石的佩剑,是令人胆寒心冷的特务头子。

戴笠，原名戴春风，字雨农，原为浙江衢州府人，生于1897年，1946年因飞机失事意外身故。戴笠父亲为府衙巡警，在戴笠四岁时去世。戴笠兄弟均由母亲抚养长大，因此戴笠事母极孝。戴笠早年在上海结识蒋介石，之后又与民国第一刺客王亚樵以及蒋介石爱将胡宗南结拜金兰。1926年，他入黄埔军校时更名为戴笠。

戴笠旧居

之所以改名，一说是其五行缺水，而斗笠与水相关，故名；二说为纪念同时考取军校的好友，以车笠交之典故，表明交友不分贵贱。戴笠入黄埔军校后便开始为蒋介石进行情报服务，至于蒋介石何时、因何原因相中他，个中缘由已不可知。此后近二十年间，戴笠都服务在蒋介石左右，是任何时候任何地点都可以与蒋介石会面的人。

在国家统一大业以及抗日功勋上，戴笠都曾做出巨大贡献。二次北伐期间，他自山东一路北上收集了不少北洋军阀的情报，对二次北伐胜利有很大贡献。1933年开始，他奉命不断派遣特务暗杀各路汉奸，包括北洋军阀的汉奸张敬尧、军阀汉奸石友三、日本扶植的冀东防共自治政府主席殷汝耕等，其中后二者未果。七七事变后，全面抗战开始。戴笠不断策划暗杀各路间谍汉奸。1937年8月他抓获日军间谍黄濬，将其逮捕枪决。9月，又组织暗杀日军华北特务机关长楠本实隆，不过未成。1938年2月，他又派人暗杀汪伪政府的行政委员长王克敏，日军军事顾问山本荣治同时亦毙命。3月又暗杀伪政府军政部长周凤岐。之后又将日本特务恐怖组织东亚黄道会副会长周柳五暗杀。1939年更是多次派特工暗杀汪精卫，因其防备严密，所以最终未果。1940年，他又派人刺杀了投降日本的上海青帮大亨张啸林，凡此种种不一而足。不仅如此，戴笠还策动多次突袭，破坏日伪军事设施和储备仓库，打死打伤日寇难以计数。其中1937年7月他策动伪冀东保安反正，并发动通州事变，杀死日军五百多人。1942年，戴笠任中美特种技术合作所主任，其所领导的部队仅就1944年6月至1945年6月一年间，"歼灭日军两万三千多人，伤日军九千多人，摧毁日军84辆机车、141只船舰、97处日军军需库。"除了暗杀和破坏工作，戴笠多次收集刺探日军情报，自1944年9月至抗战胜利，中美特种技术合作所破译日军密码11万份。与此同时，戴笠领导下的各路特工也在执行任务时，死伤无算，壮烈牺牲。因为戴笠对日军的巨大威胁，抗战后期，日军对其悬赏搜捕，赏额甚至在中共领导人毛泽东之上。可以毫不含蓄地说，戴笠率领的军统局和中美特种技术合作所，在抗日战争中也立下了汗马功劳。

而除此之外，戴笠对蒋介石惟命是从，所以在国内凡是有碍于蒋介石者，无论中共党员还是民主党派，甚至国民党员都被戴笠奉命刺杀，因此被誉为"蒋介石的佩剑"。如此忠心，国民党内无出其右者。连戴笠义兄王亚樵策划暗杀蒋介石，也被戴笠设计暗杀。其余如中国民权保障同盟副主席杨杏佛、察绥民众抗日同盟军第二军军长吉鸿昌、上海《申报》主笔史量才、山东主席韩复榘都被他组织暗杀。西安事变后，他又奉命软禁张学良和杨虎城。假如戴笠不是因飞机失事，估计在解放战争时期他也会对中国人民的解放事业造成巨大威胁。因此，蒋介石曾不无遗憾地说，"若雨农不死，不至失大陆！"而周恩来则道："戴笠之死，中国共产党的革命，可以提前十年成功。"足可见其在情报组织方面巨大的领导力和影响力。

戴笠一生最大功勋便是为国民党创立了军统局，运用忠义观和三民主义为部下和学员洗脑，以此团结特工并让他们甘愿为锄奸杀敌牺牲生命。对部下他既宽容仁厚又严格冷峻，每一个特务培训班他都亲任班主任，尽心辅导。每至特工去世，他又多加抚慰家属，并时时不忘抚恤。但特工训练时的射击、爆破、下毒、电讯等多种技术他都要求学员认真掌握。抗战时期，他还不近人情地规定特工不准结婚，只因匈奴未灭，何以家为。

戴笠一生都指挥策划情报暗杀工作，其工作的神秘往往使后世难

以细究其真实面目，所以死后毁誉参半。加之后来国共对峙，其作为蒋介石的佩剑自然少不了被扭曲和黑化的命运，诸如虐待女特务、包养明星等或真或假的事迹开始到处飞扬。章士钊在其死后曾写挽联："生为国家，死为国家，平生具侠义风，功罪盖棺犹未定；名满天下，谤满天下，乱世行春秋事，是非留待后人评。"可算一语中的。

1946年3月，戴笠由青岛乘专机前往南京，因南京雷雨交加，转飞上海，但上海天气亦难以降落，不得已只得转飞徐州，却在途中南京岱山上失事。所以后人有"戴机撞岱山，雨农死雨中"之说，认为其死为天命使然。但亦有论家持自杀说、对手谋害说、宋美龄暗杀说等，不一而足，足见其身为特工，政治人事关系之纠缠复杂。

戴笠在重庆有多处寓所，曾家岩151号为其长住地。正好毗邻中共在渝办事处周公馆，因此颇引后人猜测，戴笠居于此地实为监视中共。不过戴笠在此也多呼朋引伴，招待来往宾客，其中其义兄胡宗南最为瞩目。解放后，戴公馆成为了大杂院，因租费便宜，多有山城棒棒在此居住，所以此地又被称为"棒棒公寓"。当年繁华笙歌地成了寻常百姓家，随着年深日久，这里也日渐破败脏乱。后来，借助旅游兴起，当地政府又将此地重新装修，并改造为巴渝文化会馆，专一展现巴渝名家墨迹和巴渝艺术品。

孔公馆的孔二小姐有哪些传奇

位于重庆市巴南区南泉街花溪河上游，有一座建禹山，因传为建文帝修道之处，所以又名"建文峰"。建文峰半坡处有一座红色的二层建筑，为中西结合砖木结构，墙上白色的大字"孔祥熙官邸"，表明此处就是国民政府行政院院长和财政部部长孔祥熙的官邸。在重庆人口中，这里即是孔公馆，又称"孔园"。孔公馆建于1939年，为孔祥熙、宋霭龄夫妇在移居重庆时所建。除孔家长居于此外，当年蒋介石等民国要员也曾客居于此。不过，本节要说的却是孔园的另外一位主人，那便是大名鼎鼎的孔二小姐。

孔令伟，原名孔令俊，在孔家排行第三，是孔祥熙次女，所以人称孔二小姐。1919年，她生于上海，1994因直肠癌卒于台北。孔令伟名字中性，她个人装扮和行为上也有不让须眉之势，终其一生都女扮男装。这一点在当时的中国无疑是备受侧目的。而从历史描述来看，这位孔二小姐不仅着装怪异，其行为也偏执乖谬，因此在孔家子女中最为出名。

首先此人不爱红妆爱武装。孔令伟十岁就会拿着枪射击，十三岁就会开车，因此颇得宋美龄的喜爱，甚至多次夸赞她："令伟天生豪放，女生男相，很像我。"因为这个原因，孔令伟终身围绕于宋美龄左右，充任保镖和护卫。她常年身着贴身西服，陪侍于宋美龄左右。

孔祥熙旧居

有时又戴鸭舌帽，着骑马装，穿高筒马靴，腰间别一把手枪，走路时疾步生风，颇有军人精悍和干练的风姿。

其次，孔二小姐嚣张跋扈的个性也备受非议。因为孔令伟家庭的关系，所以她在所到之处可以放肆无忌。她酷爱飙车兜风。在南京时，据说有次兜风违反交规被一警察教训，她一怒之下竟然将训斥她的警察一枪击毙。重庆时，日军空袭频繁，因此对于灯火管制较为严格。但孔二小姐依然我行我素，一次驾车回家竟然大开车灯，引来执勤兵阻拦。孔二小姐一脚踩下油门将其撞飞。最有名的当属在重庆时，她与龙云的儿子相遇斗气，双方拔枪互射，结果打伤不少路人。在南京时就有流传民间的诅咒语说："你不要神气，小心出门叫你碰上孔二小姐。"可见其行为乖谬已然引起民间公愤。

第三，孔二小姐张扬同性恋行为。同性恋在当今都还是一个暧昧不清的话题，更何况在旧时的中国。而且，中国自古张扬的同性恋多指男性，尤其是帝王贵族的龙阳之兴、断袖之癖。女性的同性恋行为，大都低调而沉默，如宫女之间、下等娼妓中多有此事。同性爱恋因违反常情，所以一旦暴露往往迎来道德君子的口诛笔伐。但孔二小姐却不然，她不但私交一些军阀官员的太太侍妾，甚至与她们公开同居。她在重庆有一家公司，里面员工称她为总经理，而将陪伴其左右的一位军官太太称为"夫人"，可见其行为之张扬。她还仿效"纳妾"遗风，公开为自己选拔女秘书，文娱体育等不一而足，闲暇时身着男装的她便带着一群莺莺燕燕招摇过市，戏院、舞厅、饭馆、公园等所到之处无不引来众人侧目。

孔令伟男性化的装扮据其大姐孔令仪表述，当与宋美龄有关。孔令伟少时头上生疥疮，当时宋美龄便建议宋霭龄让孔令伟剃短发着短裤，以防疥疮加重。不想，短发短装后引来周围人的嘲笑，孔令伟天性敏感逆反，索性彻底短发男装打扮。而其嚣张跋扈的行为无疑乃是贵族大户家因骄纵放肆导致，加上宋美龄呵护有加，所以越发狂悖无忌，就连姨夫蒋介石也对她无可奈何。孔令伟终身未婚，周围师长也曾有意拉媒牵线，其中一位便是胡宗南，但后来姻缘都不知所终。

宋美龄对孔令伟视若己出，而孔令伟大半生也都围绕着宋美龄。孔祥熙1948年定居美国，但孔令伟并未随同。国民党败退台湾，孔令伟一直陪伴宋美龄左右。宋美龄定居美国后，孔令伟则继续留在台湾充任宋美龄在台湾的代言人，处理宋美龄在台湾建立的妇联会、圆山饭店等机构。1994年去世前，当时宋美龄已95岁高龄，依然乘机专程到台湾探望，可见其情厚。

斯人已逝，公馆就此落寞。如今的孔公馆虽早已辟为纪念博物馆，但终究物是人非。探访孔公馆旧址，这里依然藏于深山密林中。穿过虎啸亭、芭蕉亭，青瓦红砖的孔公馆赫然在目。这座公馆主楼有八百多平方米，大小房间共22间，此外还配有警卫室、防空洞、花园等配套设施，由此可见当年的豪华。其中防空洞长150米，大小六间，因孔二小姐喜欢跳舞，所以改为了舞厅，专供她和达官权贵们通宵舞蹈。

你知道林园的主人是谁吗

一说起民国时期的国民政府首脑，大家脑海中就会想起蒋介石。其实，国民政府为委员制，政府首脑由一名或多名委员充任，并置主席一人。通常在电视剧中看到蒋介石被称呼为蒋委员长，实际上说明蒋介石只是国民政府军事委员会委员长，并非国民政府首脑。而真正的国民政府主席是林森，不过，这却鲜有人知了。现今重庆沙坪坝区解放军通信学院内有林园一座，即是林森在陪都时期的居所。

  林森，原名林天波，自号青芝老人，别署百洞山人、虎洞老樵、啸余庐主人。他为福建闽侯人，生于1868年，卒于1943年。少年时，他在英华学堂读书时因反清而被开除。后又考入台湾中西学堂，毕业后在台北电信局工作。甲午中日战争后，清朝被迫割让台湾。林森参加反对割让运动，参加了兴中会，联络爱国志士不断参加各种台湾的抗日活动。孙中山成立中国同盟会时，林森率兴中会成员入盟。辛亥革命爆发后，他在江西九江率部起义，成功后任九江军政府民政长。中华民国临时政府成立后他任参议院议长。后因袁世凯窃据临时政府总统，国民党议员纷纷辞职下野。林森也去职赴美，联络经费经办党务。袁世凯死后回国，此后历经北洋政府、国民政府他均有所任。1931年末，蒋介石下野后林森任国民政府主席，但不负政治责任。此后直至1943年在重庆遇车祸去世，他一直任国民政府主席，是中华民国名义上的最高首领。

  林森虽是一国首脑，但他为人低调淡薄，颇具古代君子之风。他早期投身于革命运动，过着激荡飞扬的日子，但任职国民政府主席后却淡薄无为，和蒋介石和平相处达十二年之久。他知道自己所任国民政府主席一职不过是虚位，因此常称自己是"监印官""国府掌印人"。他奉行"不争权揽利、不作威作福、不结党营私"的"三不原则"，讲究"无为而治"。他曾说"我的地位相当于神龛中的神位，受人景仰而不失其威仪，自然能保持庙堂之肃穆，家宅之安康……国家主席是虚君地位，其意义在于垂拱而治，不该去管的就不要去管，让有办法的人放手去做嘛。"南京时，汪精卫任行政院长一职，受命组阁一月，却不知什么原因和内阁各部长都忘记参谒林森主席。后来有位部长一拍脑袋想起，汪精卫这才派人通知林森说要前去拜访。不想到达林公馆时，林森却突然失踪。诸位部长只好留下名片以示敬意。不想，当日下午林森却对这些部长一一回访，并解释之所以失踪是因为不敢接受参拜大礼。如此谦恭,一时传为美谈。重庆时,林森在公众场合始终将抗战之功归于蒋介石,自己行事低调谦抑。后来胡适发表文章提及林森失踪一事,赞扬林森识大体,以失踪之举抬高行政院长的职位,避免类似民国初年段祺瑞和黎元洪府院之争的事件重演。他更对林森虚位淡泊的精神高度评价,认为林森政治上无为淡泊的精神是中国现代政治史上的重大贡献。

林森虽然在处理政治关系上淡泊无为,其实内心坚定,有自己秉持的法理和原则,体现出君子外柔内刚的特点。比如,民国初年时,袁世凯就任临时政府大总统居然全副武装来到参议院。时任参议院议长的林森立刻毫不客气地告诉袁世凯:"此地乃代表人民之最高机关,不得佩带武器入场,以崇法制。"众目睽睽之下,袁世凯只得解下佩刀才被允许进入参议院。蒋介石就任国民党主席后,林森任国民党监察委员,曾多次参与弹劾蒋介石的行动,足见其气正理直。汪精卫投降后,林森更是力主开除汪精卫党籍,命令通电全国予以通缉。

林森到达重庆旧照

林森德高望重,遇车祸去世后,国民政府予以国葬,中共中央也发来唁电对其沉痛哀悼。

林森政治上有操守原则,而在个人生活中,林森也极其自律。他有"三好""三不",即好客、好佛、好古玩;不杀生、不续娶、不蓄私财。他早年曾有婚姻,可惜对方不幸早逝,此后林森发誓终生不娶,果然至75岁去世,终生孤独。不过此说有待考证,也有说林森随身收藏一具骷髅,乃是其表妹。两人两小无猜,相互爱恋,可惜表妹被父母强嫁于一富商,之后痛苦之下上吊自杀。林森从此发誓终身不娶,将表妹尸身随身携带。不过此说又太过惊悚,多为当时小报记者为博眼球渲染报道。但是在国民党很多政府要员妻妾成群的奢靡之风下,林森终身不娶实在算是一股清流。更为可贵的是,林森生活简朴廉洁,在南京时自己的警卫班连办公室都没有，只能暂居邻居家。出外上班，他更是长袍马褂，布鞋布袜然后拄一根手杖缓步前往，认为这样既可活动筋骨又能亲近百姓。林森虽雅好古玩，但他不贪不腐，家资又微薄，所以舍不得花大钱去买，因此收藏中多有赝品。1939年，他曾立下遗嘱，将生平所蓄50万元尽数捐出，以奖励自然科学人才。

那么，如此清白自守的一国主席怎么又有如此豪华的官邸呢？原来，国民政府迁都重庆后，日军频繁发动空袭。为领袖安全考虑，当时张治中提议要为蒋介石在歌乐山修建官邸。官邸建成后，林森前往道贺。他见这里林深山幽，环境极为清雅，于是连声赞叹。蒋介石见到林森如此喜爱，于是便将官邸赠给了林森，所以才有了如今的林园。林森去世之后，被国民政府安葬在林园。之后蒋介石才和宋美龄入住于此。林园有四栋楼，其中4号楼即为林森官邸。而一号楼为1944年所建，因蒋介石居住所以称"中正楼"。2号楼因宋美龄一度下榻于此被称为"美龄楼"。3号楼原为蒋介石召集会议之地，因马歇尔来华曾下榻于此，于是这里便成为了马歇尔旧居。

林森一生志在社稷，以志士之躯投身反清革命的洪流中，后虽经政局跌宕而初心不改，后期虽以虚职挂名国民主席，其实并非傀儡，乃是体制如此，好比英、日等国王、天皇。因其心欲寡淡，所以胡适曾评价说，"林主席做到了虚位，虚到有的人居然已经'目中无主席'了。"抗战胜利后国共两党忙于内战，此后国民党败退台湾，蒋介石作为活着的党魁自然成为大陆着力批判的对象，因此林森这位曾经的国民主席竟湮没无闻。更有甚者，"文革"时期，当地红卫兵炸毁了林森墓，将其遗体焚烧扬灰，实在令人心痛。希望读者如今漫步林园，可以在尚还留存的遗迹中铭记，在民国时代曾经有这样一位主席。

特园主人为何被称为"孟尝君"

重庆渝中区上清寺是一个具有重要历史意义的地方，陪都时期，国民政府机构以及政坛要员公馆多集于此地，因此可以算得上当时的政治活动中心。在上清寺嘉陵东村,有一座公馆名叫"特园",整日高朋满座,政要名流在这里或共商国是或饮宴高歌,主人鲜英因此被称为"孟尝君"。那么,他是谁呢?又有何传奇之处呢?

鲜英,生于1885年,复姓鲜于,名英,字特生,为四川西充人。他是民盟创始人之一,著名的爱国人士。他一生横跨军、政、商、学四界,为民国时代少有的奇人。早年投考四川陆军速成学堂,与刘湘、杨森等为同窗好友。考入陆军学堂同期加入同盟会,为国民党元老之一。民国初立,他追随其师张澜入袁世凯幕,后因袁世凯解散国会,张澜愤而辞职,鲜英亦以读书深造为由辞职。五四时,他在重庆筹资兴办《新蜀报》,以"输入新文化,交流新知识"为宗旨,传播马克思主义,启迪民智。1921年,鲜英就职刘湘军中,同时兼任重庆铜元局局长。铜元局本为铸造钱币而设,但因当时军阀混战,急需军火,刘湘遂指示鲜英将此改变为子弹厂,由此鲜英兴趣开始转向实业。1934年他接手复兴面粉厂,改进技术整顿生产,正值刘湘与红军大战,军粮需求紧迫,复兴面粉厂由此销量大增。1936年,他又联络南充袍哥首领奚致和在南充创办四川蚕丝改良场,由江浙引进优质蚕茧,加以推广后南充养蚕制丝贸易迅速复兴。

他虽经军、政、商三界,但爱国与自由进步之心始终不改。早年他曾出资捐助进步青年奔赴延安,后又追随老师张澜秘密联络桂系军阀李宗仁、白崇禧等秘密反蒋抗日。重庆时,他在特园敞开接待进步人士,中共党员、国民党左派、社会贤达都曾在这里做客或暂住,因此被毛泽东誉为"孟尝君",特园更被董必武取名"民主之家"。后来,冯玉祥又专题"民主之家"四字,由张澜题写楹联,三者合起来称"特园三绝"。1941年2月,中国民主同盟会即在此成立。1945年8月,中国民主同盟在此招待前来重庆

特园雕塑

谈判的中共代表团，毛泽东到会时曾感叹："这里是民主之家，我也到家了。"而在此期间，国民党特务始终没有放松对这里的监视，甚至强行租用特园内康庄二号楼，日夜监视出入特园的民主人士。除此之外，特工更是乔装打扮，以行人小贩身份日夜游走在特园附近，如此险恶，但鲜英依然敞开胸怀，慷慨接待民主进步人士。

建国后，鲜英曾任首届全国政协委员，后在董必武劝说下赴京居住，最后于"文革"初期含冤去世，其中风雨，因篇幅所限不再赘述。

鲜英旧居特园，因其字特生故名"特园"。此宅始建于1929年，完工于1931年。值得一提的是特园的建成其实要归功于鲜英夫人金竹生女士。当时鲜英投资实业，家中已无余资可供建房。于是金竹生便将废弃的煤渣制成煤砖售卖，积累一定资本后再建房用以出租，如此反复积累才得以逐渐建成特园。为了建成心目中的特园，金竹生每到亲友家都要详细询问建筑特点，积累设计经验。特园内的"达观楼"即是金竹生设计，为青砖铸就的3层楼，可惜今已不存。此外，特园又有了平庐、康庄。平庐为一楼一底砖木结构，中西结合，坐南朝北，抗战时张澜、梁漱溟都曾居于此。而康庄为4栋3层西式小楼，圆柱头、尖顶，两两相连，宛如孪生。抗战时这里曾被荷兰和意大利使馆借用，苏联和盟军军事代表团也曾借用。建国之后，鲜英赴京，特园由此冷清。1957年反右开始，鲜英一家均被划为右派。"文革"开始后，特园遭受红卫兵冲击，器物古董等一应封、资、修的东西均被查抄，"民主之家"匾额亦差点被毁（现藏于红岩革命纪念馆）。之后重庆红卫兵"八一五派"和"反到底"两派武斗，以达观楼为战场，枪林弹雨中，"八一五派"力有不敌，撤退时在二楼焚烧传单结果引燃地板，达观楼就此被焚烧得一干二净。现存特园仅余康庄，2008年成为中国民主党派历史陈列馆。

冯玉祥为何在重庆当保长

冯玉祥旧居位于重庆沙坪坝区陈家桥镇白鹤村，为四合院建筑群，坐东向西。整个建筑为木结构穿斗式屋架，单檐悬山式屋顶。青瓦顶，白墙面，样式古旧。此旧居原为当地乡绅张海南所有，冯玉祥随国民政府迁入重庆时买下，一直居住直至抗战结束。

冯玉祥字焕章，原籍安徽巢县，1882年生于河北保定。他是国民党一级上将，也是蒋介石的结拜兄弟，同时也是中共友人、爱国民主人士。作为国民党军阀，其一生经历和思想颇为复杂，光凭"基督将军""倒戈将军""布衣将军"三个称呼就足见其面目之模糊。他曾数次倒戈，在毛泽东眼中是魏延式的人物，同时又秉信基督教，试图以宗教控制军队，同时又以平民做派示下，其中曲折坊间早有评述，这里不再赘述。

冯玉祥旧居

冯玉祥迁入白鹤村时，这里同时入住不少高级军政长官，因此保长一职，当地下层官吏多有畏缩，谁也不敢去查户收捐。于是冯玉祥便自告奋勇担任保长一职。当时他已是国民政府军事委员会副委员长，一品官任九品职，自然惹出不少故事。一次，冯玉祥身着粗布头缠白布在村里当差。有一连队入住白鹤，需借用民房和生活用具，因条件简陋，该连连长便对冯玉祥大发脾气。冯玉祥当即弯腰鞠躬向连长致歉，并说战时艰难，临时驻防，将就一点也无妨。连长大怒道："要你来教训我！你这个保长架子可不小！"冯玉祥微笑着说不敢，自己以前当兵时从来不愿打扰百姓。连长便问他以前所任何职，冯玉祥便笑着说自己排长、连长也干过，团长、师长也有几天，还干过几天总司令。该连长一听如梦初醒，认识到这是冯副委员长，急忙起立认错。

冯玉祥做事往往喜欢出人意表，有次大白天打着灯笼前去蒋介石官邸拜访，见旁人讶异，他便连声说："太黑暗了！太黑暗了！"抗日战争胜利后，他应邀访美。1948年受中共之邀回国参加政协，不料轮船在黑海出事，他因大火被烟熏致死，享年65岁，死后葬于泰山西麓。

冯玉祥旧居现已对外开放，大门旁有冯玉祥夫妇坐像，门前则有两尊小石狮子。整个院落样式普通,呈巴渝民居风格。除此之外,因日军轰炸频繁,冯玉祥在重庆频繁搬迁,其故居还有三处。初到重庆时曾暂居中山三路的巴县中学内,后寓居特园康庄2号楼,原主人为民主人士鲜英。1939年他又在歇台子罗汉沟自建了一座楼房,名为"抗倭楼",现为后勤工程学院所用。

史迪威将军博物馆有哪些特色

渝中区嘉陵新路有一座博物馆,门前立有一座洋人头像,面容刚毅坚定。这就是史迪威将军。那么史迪威将军是谁?博物馆又有何特色呢?

史迪威,即Joseph Stilwell,生于1883年,卒于1946年,美国人。他毕业于西点军校,曾参加第一次世界大战,后多次来华,先后任美国驻华使馆武官,美国驻天津第15步兵团营长、代理参谋长等职。珍珠港事件爆发后,美国正式参战,史迪威以中将之职被派往中国,先后任中国战区参谋长、中缅印战区美军总司令等职,是美国在亚洲战场上尤其是中国战场上的代表和负责人。作为盟军中国战区的参谋长,他后半生的功业和毁誉都集中在对日作战的方略和策划上,也集中于和蒋介石的矛盾冲突中。

史迪威像

太平洋战后,他提出远东美军对日作战要从中太平洋、西南太平洋、缅甸、印度支那四个方向进行,此后,除印度支那外美军基本按此战略进行。1942年3月来华后,他对蒋介石多次提出军事改革意见,包括培训中国军队向现代化发展,给予西北八路军充分的物资支援,同时对于国民党腐败也多有指责。他用科学现代的训练方法对中国军队进行培训,经他培训的驻印度国民党军队后成为国民党最有战斗力的五大主力

部队之一,在第二次入缅甸时更是国军正面战场中表现最佳者,最后为成功收复缅北起了巨大作用。此外,作为远东战区的美军指挥官,他总是身先士卒,并与士兵同甘共苦。更有甚者,他将后勤装备直接分发给中国士兵,而不是移交国军指挥官,他认为只有这样,才能保证装备真正交到士兵手中而不是被那些指挥官私吞克扣。

作为美军在中国战区的参谋长,他的实际任务是为蒋介石提供战略咨询和建议。但是他在和蒋介石的相处过程中却多有龃龉。这里面的原因包括史迪威对国军腐败的指责,二人对于远东战场上战略的分歧,以及史迪威对八路军的支援等。作为一个外来的美军参谋长,他对中国乃至远东抗日的着眼点和蒋介石的着眼点本就不一,加上史迪威个性耿直急躁(他在美国时就有绰号称"酸醋乔"即"尖刻的乔"),因此冲突逐步升级。史迪威在日记中称蒋介石为一头蠢驴,并为其精选绰号为"花生"(英语意为无聊的人),并多次在公开场合指责国军,让蒋介石颜面扫尽。而蒋介石呢,从1942年开始,他或者托人转达或亲自致电,多次要求罗斯福总统撤换史迪威。最终,史迪威于1944年被罗斯福召回。1945年9月史迪威曾列席参加密苏里战舰上举行的日本投降签字仪式,回国前曾通过马歇尔要求前往北平看望朋友,但被蒋介石拒绝。二人关系之僵硬,可见一斑。

史迪威居华两年余,因其身份特殊、个性复杂,加之抗日战场政治和军事利益纷繁纠葛,学界除以上表述外,亦有人认定其不过是权欲过重、实践经验不足、高傲自大的办公室将领。所以,孰是孰非,即便盖棺也难有定论。

史迪威1942年3月来华至1944年赴美,一直以嘉陵新路的宋子文公馆为居住地。改革开放后,这里被辟为史迪威将军博物馆,同时也是同盟国中国战区统帅部参谋长官邸旧址。外有史迪威头像以及书页状纪念碑,碑上以中英文形式镌刻1944年5月17日美国总统罗斯福写给重庆人民的题词:"我以美利坚合众国人民的名义致书重庆市,以表达我们对英勇的重庆市民的敬意。还在全世界人民了解空袭恐怖之前,贵市人民在多次残暴的空袭面前,表现出坚毅镇定、英勇不屈的精神。这光荣地证明：决心争取自由的人民，其意志绝非暴力恐怖所能摧毁。你们对自由事业的忠诚将永远鼓舞子孙后代。"博物馆内有史迪威办公室、卧室、餐厅以及作战会议室。而负一楼在当时为随行人员驻地和军械库，如今辟为展厅，按时间顺序，以照片形式展现了"史迪威与中国""征战印缅""飞虎空军""驼峰飞行""美军驻延安观察组""友谊长存"六个方面。而史迪威昔日生活用品、手稿、军装等亦有陈列。博物馆还藏有二战时美军使用的老式军车，为美籍华人谭永昭捐赠，其岳父即为史迪威联络官。而在旧居平台上还可以远观到嘉陵江浩浩荡荡流过，真正体会到"滚滚长江东逝水，浪花淘尽英雄"的意境。

渣滓洞和白公馆的血泪史你知道吗

重庆歌乐山位属沙坪坝区中部，相传当年大禹治水，在这里大会宾朋，歌舞相乐，因此名为"歌乐山"。这里植被丰沃，是重庆两大肺叶之一。但建国后，此地却因为与一段血泪史相关而备受世人瞩目。这就是国民党特务机关从1949年4月开始在白公馆、渣滓洞监狱对进步人士进行的屠杀。

1941年，日军空袭珍珠港。太平洋战争由此爆发。为便于收集日军军事、气象情报，美军决定与国民党军统合作，由此在重庆磁器口成立中美特种技术合作所。二战结束，中美合作所即告结束，美国军方随后撤出。不过，没有多久这里就被改造为国民党特务机关关押迫害进步人士、共产党人的地狱。他们建立了大小共十余座监狱，其中尤以渣滓洞和白公馆最为著名。

渣滓洞原为一小型煤窑，因渣多煤少故名。军统盯上此处后，逼死了矿主，在此建立了看守所，分内外两园，最多

渣滓洞监狱内景

时关押人数达300余人，其中江竹筠、许建业、何雪松等均被关押在此。

白公馆也叫香山别墅，这是因为白公馆的原主人四川军阀白驹自命为唐代诗人白居易的后代。后来这座别墅被军统头子戴笠买下，专门用于接待来华美军人员，抗战结束，此地便成为了特别看守所。

这两所监狱监押人员均为进步人士和革命者，他们反对国民党的黑暗统治，在监狱内外与之进行了不屈不挠的斗争。这其中包括协同张学良发动"西安事变"的杨虎城将军、东北义勇军缔造者之一的黄显声将军、重庆地下党组织重要人物江竹筠（即江姐），当然还包括小萝卜头（本名宋振中，其父为杨虎城秘书宋绮云）。他们整日被关押在暗无天日的监狱地牢中，不仅缺衣少食，还要忍受特务们各种形式的迫害欺压。1949年4月，解放军占领南京后，重庆国民党特务机关开始有计划地分批屠杀关押的爱国人士和共产党人。1949年9月，杨虎城与其秘书宋绮云等6人被杀害。11月14日，江姐等人相继被杀。11月27日，重庆即将解放，国民党特务在仓皇出逃前，血洗白公馆、渣滓洞等监狱，近200人遭到屠杀，史称"11.27大屠杀"。

重庆解放后，新兴的人民政权妥善安葬了烈士遗体，清算了双手沾满烈士鲜血的刽子手们，并修建了重庆歌乐山烈士陵园，以告慰死者。同时也让后人铭记：为了新中国的诞生，他们献出了热血和生命，他们永垂不朽！

附　录

名胜古迹 TOP10:

大足石刻

　　大足石刻位于重庆大足景区内，范围包括大足、潼南、璧山、铜梁四区，是世界八大石窟之一，全国重点文物保护单位。大足石刻最早凿于初唐，后经晚唐、五代十国直至南宋陆续雕凿，遂成如今规模。石刻群有75处，共5万余尊石刻造像，铭文10万余字。漫长的雕刻时间使其拥有丰富多彩的内容，呈现出多变的造型技法，因此具有极高的艺术品质。其中宝顶山石刻以六道轮回图、华严三圣像、千手观音像最为著名；南山石刻以道教造像为主；北山石刻以转轮经藏窟、毗沙天门王龛、千手观音龛为代表；石篆山则以儒、释、道三教合一造像闻名；石门石刻为佛道合一造像区，其道教造像颇具特色。

钓鱼城古战场

　　钓鱼城位于重庆合川区嘉陵江南岸钓鱼山上，为南宋军事要塞。公元1240年，蒙古大军直指重庆。时任四川制置副使彭大雅率部始修钓鱼城，此后历任长官均有加筑。该城历经蒙古大军几次围剿均未城破，军民抵御蒙军近四十年，间接扭转了蒙古一统中原乃至欧亚的战局。现钓鱼城遗址保存完好，城下有嘉陵江、渠江、涪江三江汇流，城内则有钓鱼台、护国寺、悬佛寺、千佛石窟等名胜古迹，又间有元、明、清乃至民国诗赋题刻等，自然秀色和人文景致汇于一处，为重庆十大文化符号之一。

白帝城

白帝城位于重庆奉节县白帝山。原名子阳城，为西汉末军阀公孙述所建。三国时，刘备托孤于此，从此闻名天下。白帝城内建筑多为明清重修，现存白帝庙、托孤堂、明良殿、武侯祠、观星亭等，多为敷演蜀汉人物故事所建。另外还有70余块碑刻，从隋至清皆有。碑文则兼具篆、隶、行、草、楷各种字体，为不可多得的书法艺术精品。白帝城位于瞿塘峡口长江北岸，为"夔门天下雄"之最佳观景点。而奉节为著名诗城，陈子昂、李白、杜甫、白居易、刘禹锡、苏轼等的诗赋题刻，让这座城市拥有了独特而悠远的文化魅力。

云阳张飞庙

重庆张飞庙原位于长江南岸飞凤山麓，与云阳县城隔江相望，为蜀汉末期纪念张飞而建，距今有1700多年历史。祠庙经宋、元、明、清多有扩建，包含了各时期的建筑特色，加之庙宇依山临江而建，因此具有独特的建筑美学价值。庙内还藏有汉唐至清的各种书画珍品800多件，故有"文藻胜地"之称。庙内有结义楼、书画廊、正殿、助风阁、望云轩等古建筑，不虚"巴蜀胜境"之称。三峡大坝水位上升后，张飞庙按"搬旧如旧"的原则，迁于新云阳县城大梁山下狮子岩。庙外有现代所铸张飞塑像，气象威猛。庙墙依然有标志性题字"江上清风"。

丰都鬼城

丰都鬼城位于重庆丰都县，多为雕塑、庙宇，是国人对阴曹地府想象的现实版。丰都古称"巴子别都"，据民间传说东汉有阴长生、王方平二方士在平都山修炼升仙，后人并称"阴、王"，其后附会讹传为"阴间之王"，于是丰都便成为了阎罗所居之地。再加后世诗人小说家的渲染，丰都渐具鬼国模样。现存景区内有奈何桥、鬼门关、十八层地狱、望乡台、财神殿等，无不依据民间想象而建，生动形象。此外每逢农历三月三日有鬼城庙会，届时有阴天子娶亲、城隍出巡、钟馗嫁妹等民俗表演，一时间众鬼出巡，群魔乱舞，是颇具视觉冲击和拥有丰富文化内涵的特色旅游项目。

缙云寺

该寺位于北碚区缙云山，始建于南朝宋，距今已有1600年的历史。明末时曾遭兵火被焚，现存古寺为清代破山和尚主持重建。在历史上，该寺很受历代帝王青睐，曾屡被赐名。该寺为我国境内唯一的迦叶古佛道场，因此所供主佛并非释迦牟尼。而寺内缙云书院，也即汉藏教理院为世界佛学苑四大分院之一。寺内存有24部宋太宗所读梵经和明代成祖和神宗敕谕牌坊。除庙宇文物之外，缙云寺掩映于崇山峻岭、茂林修竹中，拥有绝佳的自然景致。

双桂堂

双桂堂位于梁平区金带镇万竹山，始建于清代顺治年间，亦由破山和尚主持开建，其后近三百年屡有修建。内有七殿、八堂、八院，占地约7万多平方米。寺内长廊环绕，亭池皆备；寺外则清溪蜿蜒，万竹林立。双桂堂有"西南丛林之首""宗门巨擘""第一禅林"之誉，因其在西南佛教界地位颇殊，故敬称为"堂"。现存文物两百多件，内有雍正御赐《藏经》一部，11世纪《贝叶经》百余页，其他佛经七千多册。所筑殿堂为木石结构，有大雄宝殿、藏经楼、破山塔、弥勒殿、五百罗汉堂等建筑。

磁器口古镇

位于重庆沙坪坝区，中国历史文化名街。始建于北宋真宗年间，距今有1000余年的历史。磁器口毗邻嘉陵江，因明清作为古渡码头而繁荣，至民国盛极一时，有"小重庆"之称。现开辟为民俗文化街，重点展现巴渝一带的民间文化。景区内有翰林院、文昌宫、吊脚楼和巴渝民居等建筑。每年春节则有庙会，同期举行各种民俗活动，不断吸引着中外游客前来参观。另外，磁器口也是享誉一方的美食街，糍粑、陈麻花、椒盐花生、古镇火锅底料都是让游客闻香止步的特色美食。

重庆抗战遗址博物馆

　　重庆在七七事变后成为战时首都,因此境内抗战遗址不少,此为其中一点。该馆位于南岸区南山生态带黄山景区内。黄山因地幽林密、环境清幽,因此成为政府要员的理想居地。蒋介石、宋美龄、孔祥熙、何应钦等都曾在此居住。现景区内建筑保存完好,有中正楼、美龄楼、孔园、云峰楼、望江亭、黄山小学(抗战遗孤学校)等遗址,均具有重要的历史意义。景区内展有各种历史图片和文件,为重要的抗战纪念馆和爱国主义教育基地。

白公馆与渣滓洞

　　两者都位于沙坪坝区歌乐山下,相距2.5公里。白公馆与渣滓洞都是国民党特务关押和迫害爱国人士与中共党员的监狱。抗战后期和解放战争时期,这里关押包括杨虎城、江姐、黄显声等革命人士。因环境恶劣,迫害严酷,并称为"两口活棺材"。1949年9月至12月,国民党败退时,关押人员遭到血腥屠杀,只有少数成员幸存。幸存者罗广斌、杨益言建国后以此为原型创作了小说《红岩》,引起巨大反响。现这里辟为革命纪念馆免费开放,展示先烈遗迹以供后世凭吊纪念。

名山胜水 TOP 10:

长江三峡

长江三峡为瞿塘峡、巫峡、西陵峡的总称，流域西起重庆奉节白帝城，东至湖北宜昌南津关，全长193千米。三峡为地壳抬升、江水下切所致的三个大峡谷。两岸山峰高出水位平均800米，峭壁绝立，风光奇绝。重庆境内瞿塘峡两岸断崖相聚不足百尺，名为夔门，有"夔门天下雄"之称。下游巫峡，为长江斜切巫山而成，绵延四十五公里至湖北境内，峡谷幽深曲折，奇峰林立，怪石嶙峋。沿线有巫山十二峰等自然景观。重庆内景区有涪陵白鹤梁、丰都鬼城、忠县石宝寨、万州大瀑布、云阳张飞庙、神女峰等自然和人文景观。

缙云山

缙云山位于北碚区，临靠嘉陵江温塘峡，为国家4A级旅游景区。缙云山占地76平方千米，海拔最高为1050米。其古名"巴山"，因长年云遮雾绕，色赤如霞，按古人"赤多白少为缙"，故名"缙云山"。缙云山景区内野生动植物资源丰富，森林覆盖率达96.6%，生态资源保护良好。山内奇峰林立，有朝日峰、香炉峰、狮子峰、玉尖峰等，可以观赏日出，尽览云海。缙云山还与青城山、峨眉山并列为蜀中三大宗教名山，山中缙云寺、温泉寺皆是具有千百年历史的禅林古刹。

金佛山

金佛山位于南川区境内，占地1300平方千米，最高峰凤凰岭海拔2238米，为国家5A级旅游景区，位列世界自然遗产名录。金佛山古称"九递山"，属大娄山脉，因夏秋时分有落日斜晖映染，层层山崖如大佛闪射万道金光，因此得名"金佛山"。景区内地质古老，气候温润，自然资源极为丰富，有"植物王国"之称，生活着5000余种植物和150多种野生动物。金佛山属喀斯特地貌，地表形态较为丰富，有溶丘、洼地、石林、岩柱、瀑布、峡谷等多种景观，可谓天赋之不朽奇迹，造化之鬼斧神工。

武隆天生三桥

位于武隆区东南，国家5A级旅游风景区。天生三桥由天龙桥、青龙桥、黑龙桥组成。这三座桥均为地质原因自然形成，为亚洲最大的天生桥群。其中天龙桥高200米，跨度达300米，桥下有天生坑，坑内蜿蜒曲折，有无数溶洞相连，宛若迷宫。青龙桥高350米，跨度400米，黑龙桥次之。三座桥均形似飞龙在天，上有植被覆盖，峰青岭翠。山下还有幽深渺远的地坑，神秘而原始。景区内有擎天一柱、翁妪送归、仙女洞等景点，让人恍入神仙洞府。此外还有攀岩等户外挑战项目，符合年轻人的旅游需求。景区内岩前岩后还有不少土家民居，为巴渝民居代表。

仙女山国家森林公园

位于重庆武隆双河乡内，地靠乌江北岸，国家5A级旅游风景区，属首批国家森林氧吧。公园面积5070公顷，平均海拔1850米，有"东方瑞士"之称。仙女山冬季稍长，夏季则气候凉爽，有"山城夏宫"之誉，是当地避暑胜地。景区有四绝，即"林海、奇峰、草场、雪原"，四者浑然一体。游览此地冬天可看银装素裹、林海雪原；夏季则有绿草如茵，森林秀密，是一年四季都可赏玩的风景旅游区。

统景风景区

位于渝北区东部御临河畔，占地15平方公里，为国家4A级旅游风景区。整个景区有统称"小三峡"的温塘峡、桶井峡、老鹰峡，还有西南

最大的温泉城以及70余处溶洞，因地表景观丰富，所以被誉为"自然博物馆"。景区内温泉拥有水流充沛、类型多样、水质优良和科学价值高的特点，所以位居西南第一，对于治疗运动系统疾病和神经系统疾病以及皮肤病等都具有显著疗效，是健身美容的上佳选择。溶洞内则钟乳林立，因造化无穷所以形态百端。此外，风景区还拥有现代化的娱乐设施和传统的民俗节目，是兼具景致观览和娱乐健身于一体的风景名胜区。

万盛石林

位于万盛区石林镇，面积4.7平方公里，国家5A级旅游风景区。石林为我国目前考证最为古老的石林，形成于距今4.65亿至6亿年期间，因此被誉为"石林之祖"。规模上仅次于昆明路南石林。景区以喀斯特地貌为主，有怪石险峰、清泉飞瀑还有九曲十八弯等地下溶洞。因为地质原因，所以无论地表石林还是地下溶洞都千形百状，如石林有石扇、石龟、石墓、石峡、石鼓、石塔等，溶洞则有仙女洞、九龙洞、观音洞等，都为造化奇功。此外景区世代生活着苗族同胞，因此还有一年一度的"踩山会"民俗活动可以玩赏。

黑山谷

位于重庆万盛区黑山镇，占地100平方公里，属国家5A级旅游景区，是国家级森林和地质公园。因景区山高林密，人迹罕至，森林覆盖率高，是重庆最大、原始生态保护最为完好的自然生态风景区，有"西南神农架"之称。景区由黑山谷和龙鳞石海两个景区组成，特色景点有黑山大佛、九曲画屏、白玉观音、黑猴迎宾、神龙峡、飞云瀑、灯台瀑等。因景区面积广阔，所以林海、峭壁、飞瀑、溶洞、云海、奇峰、栈道、浮桥等都可看到，是旅游休闲、度假探险乃至地质考古的理想选择。

酉阳桃花源

位于酉阳土家族苗族自治县，属国家5A级旅游景区，也是国家级森林公园和地质公园。

整个景区方圆2734公顷，深处武陵山腹地，属亚热带季风气候，森林覆盖率80%，怡人的气候和丰富的自然资源，让这里有"植物王国、天然氧吧"之称。因僻居世外，自然生态原始，多有考证认定这里为《桃花源记》中所谓桃花源。景区内有古桃源、伏羲洞、酉州古城、桃花源国家森林公园等景点，既有对《桃花源记》的模拟再造，也有展现此地民族风情的民俗活动，是集秦晋历史文化、土家民俗文化、自然生态文化于一体的国际知名景区。

云阳龙缸景区

位于云阳县清水土家族乡，属国家5A级景区，国家级地质公园。公园地处长江南岸，为亚热带季风性气候，夏季热而多雨。龙缸景区地质形态古老，地表为典型喀斯特地貌，有溶洞、天坑、峡谷、湖泊、草场等。主要景点龙缸为岩溶塌陷而成的天坑，最低处鹰嘴峰海拔1113米，有"天下第一缸"之称。其次还有映月洞，每至中秋之夜，月光由北向南穿洞而出，故称"穿洞映月"。此外还有岐山草场、龙洞、石笋河、大安洞等多处天然景观，具有极高的观赏价值和科考价值，还吸引着不少探险者前来探幽访古。景区悬崖上还建有向外悬挑26.68米的观景廊桥——云端廊桥，它以花瓣为造型，为世界第一悬挑玻璃桥，游客在此可720°欣赏周围的美景。

美食特产 TOP 10：

重庆火锅

　　重庆火锅为重庆特色，是重庆十大文化符号之首。重庆火锅为嘉陵江畔纤夫水手草创，后"登堂入室"成为重庆特色美食。重庆火锅以麻辣辛香为特点，炒制底料时多选用辣椒、花椒、姜、蒜等辛料，成锅后往往汤红油亮，极具视觉和味觉上的冲击力。因入锅主料不同，所以有毛肚火锅、全牛火锅、牛鞭火锅、甲鱼火锅等，种类繁多，口味也有不同。重庆火锅从创生起，不断有研发和进步，并形成了不少知名全国的火锅品牌，如苏大姐、秦妈、巴将军、老灶、外婆桥、猪圈等，或以健康养生知名，或以麻辣鲜香留香，或是氛围口味俱佳，都为重庆火锅代表。

酸辣粉

　　酸辣粉在川、贵、渝三地皆有流传，但口味不一。重庆酸辣粉以红薯粉丝、五香花生米、涪陵榨菜、辣椒为主要原料。其主料粉丝要劲道弹牙，需选取色泽洁白有光泽的上好粉丝，之后泡发待用。然后选取花生碎、豌豆碎、香菜、白芝麻、绿豆芽、涪陵榨菜粒、肉末等入高汤煮沸，然后盛入碗中做底。接着烧水将红薯粉烫热捞出，放入汤碗中即可。因口味不一，在底料碗中还有加姜末、蒜泥、酱油、醋、香油、辣椒油的；且因粉丝不易入味，若想口味更重，姜蒜末可以不入高汤，直接加入。此外，正宗重庆酸辣粉往往选用嘉陵江冬水酿制的保宁醋，利用其较强的挥发性，激发其余调料的味道。酸辣粉简单易做，但要正宗口味其实还要原地原料。当地酸辣粉名在店的网络上多有推介，这里不再赘述。

重庆小面

重庆小面为重庆四大特色食品之一，是重庆最为普遍的面食。小面口味麻辣，一般分汤面和干溜两种类型。重庆小面往往选取新鲜面条煮熟后拌以佐料而成。而其成败与否，全看佐料。佐料按程序先有黄豆酱油、味精、油辣子海椒、花椒面、熟猪油搅拌，其次再加葱花、榨菜粒、芽菜末、花生碎末、姜蒜水、白芝麻等，此外还有空心菜、豌豆尖、油麦菜、菠菜等煮熟作为辅料。重庆小面红汤的汤色红亮，清汤的汤色乳白，口味麻辣或咸鲜都有。目前重庆餐饮协会已经起草制定《重庆小面烹饪技术指南》，并以此为标准规范和引导制作更加标准健康的重庆小面。

抄手

抄手，北方称为"馄饨"，传至川渝是有此名。据传一是因为包制时需将面皮两头抄拢故名"抄手"；二是因为抄手之间即可食用，故名叫"抄手"。重庆抄手皮厚肉多，形似元宝，再加以巴渝特有的红油高汤和青菜，盛碗后色香俱佳。重庆抄手制作时先要制作红油，之后再将猪肉剁成肉末，然后打入鸡蛋，加以姜蒜末、香油、花椒胡椒粉和生抽、蚝油、盐等搅拌作为馅料。待馅料搅拌均匀后包入抄手皮，呈元宝状入锅煮熟。入口前，事先在碗里加入生抽、红油、香葱做底，再盛抄手食用。重庆抄手可在家自做，也可入店食用，重庆大街小巷均有抄手售卖。

鸡杂

重庆鸡杂属重庆江湖菜的一种。鸡杂主要选取鸡心、鸡胗、鸡肠和鸡肝。因其腥膻难闻，所以唯有川渝做法可以压腥提味。鸡杂一般有炒菜和火锅两种做法，比较知名的如黔江鸡杂，选取泡椒和泡萝卜丝与葱姜蒜同炒，成菜后脆嫩爽口，香辣无比，是重庆比较知名的特色美食。重庆鸡杂到处都有，在磁器口古镇、陶然古镇、三峡古镇等风景区内都有特色招牌店。

豆花

豆花为中国传统小吃，南北方皆有，但口味和制作皆有不一。巴渝喜好麻辣，因此形成重庆口味豆花。重庆豆花选用优质黄豆打磨，待加盐卤或石膏凝结成块后形成豆花。食用前要用姜葱蒜末和豆豉丁将牛肉泥炒成牛肉酱，然后加入油辣椒、香醋、酱油、花椒油、味精调制成佐料，最后淋入豆花饭中食用。重庆豆花口感细腻爽滑，佐料鲜香，加上豆花本身的营养价值，因此既可调味香口，又可降脂防病。重庆知名的豆花店在不同城区都有分布，如九龙坡区梯坎豆花、北部新区的垫江石磨豆花、巴南区力杨水上漂、渝北区鱼洞天雨豆花等，都是广有口碑的知名豆花店。

毛血旺

毛血旺起源于重庆磁器口。所谓血旺即由猪、鸡、鸭血制成的血豆腐。该菜因将血旺现烫现吃得名。口味有清汤和麻辣两种，一般所见为红汤麻辣味。主要选取辣椒、花椒、姜、蒜等入油锅炒香，然后加入红汤熬制，最后将各种主料如鸭血、黄豆芽、鳝鱼、猪肉、火腿、黄花菜、木耳、莴笋切片入锅，再浇入用油炝香的花椒和辣椒即可。毛血旺菜料丰富，所含营养成分较高，在味美色亮之外还有保健之用。重庆毛血旺以磁器口的最为知名。

泉水鸡

泉水鸡源于重庆南山，草创时据说店家引用泉水洗涮仔鸡，故名"泉水鸡"。该菜兼具"麻、辣、烫、鲜、香、嫩"的特点，为重庆特色名菜，后入选中国名菜。所选主料一般为仔鸡或嫩鸡腿，而调料则选用蒜末、姜末、豆豉、干红辣椒、花椒、豆瓣酱等炒出红油，然后加水放入桂皮肉蔻等煮沸烧制成稠汁，待鸡肉入油锅炒熟后两者合锅、翻炒，再用大火稍煮即可食用。此外泉水鸡有"一鸡三吃"法，即泉水鸡、鸡血旺和炒鸡杂，充分利用鸡肉成就重庆三样名菜。现南山有著名的南山泉水鸡一条街，游客在这里可以一饱口福。

辣子鸡

辣子鸡为重庆江湖菜鼻祖之一，是重庆特色美食。其做法一般先将鸡肉切成小块，然后用盐、料酒等拌匀略腌，再入锅油炸至变干捞出。后用油锅将姜蒜、干辣椒、花椒等煸炒出香，加入鸡块炒匀，最后撒入葱段、白糖、芝麻翻炒起锅。成菜后颜色红润，味道酥香麻辣，尤其重庆原味辣子鸡，盛盘后要用辣椒将鸡肉盖满，给人以强烈的视觉冲击和嗅觉刺激。此菜在重庆歌乐山一带拥有不错口碑。

水煮鱼

水煮鱼为重庆江湖菜之代表，鲜嫩的鱼肉加麻辣适口的味料，为巴渝一带的看家菜。制作时原料一般选用鲶鱼或草鱼。切成鱼片后放入开水快速煮熟，再浇以炒制好的配菜和用辣椒、花椒等调料爆香的滚油。成菜后满目红亮，入口辣而不燥、油而不腻。重庆毗邻两江，因此江湖菜中多有以鱼入菜者，如酸菜鱼、太安鱼、邮亭鲫鱼等，而纵行天下，闻名全国者以水煮鱼为首。

高等院校TOP 10:

重庆大学

学校简称"重大",属教育部直属重点综合性大学。始建于1929年,原为四川省主席刘湘筹资创建,解放后又经历各大院校多次整合而成。1960年成为全国重点大学。现学校分A、B、C、D四区,本部位于沙坪坝区沙正街,其余分别位于沙坪坝区沙北街、渝培路和大学城南路。全校建筑面积160余万平方米,共有35个学院95个专业,涵盖理、工、经、管、法、文、史、哲、教、艺十个学科。学校拥有一流的师资力量和办学条件,在工程专业有较强的学术研究能力和竞争力,其矿业工程、城乡规划、电气工程、仪器科学与技术专业都位列全国前5名之内。学校有国家重点实验室3个,国家科技部发改委等研究平台5个,其余还有部级研究平台10个,市级研究平台若干等。新世纪以来不断承担国家自然科学重点基金项目,并频繁获得国家、省部级科技奖项。

西南大学

学校简称"西大",属教育部直属,教育部、农业部与重庆市共建的全国重点综合大学,由西南师范大学与西南农业大学于2005年合并而成。两校其实都源于1906年创建的川东师范学堂,经整改合并遂成今貌。西南大学由北碚校区、荣昌校区、西塔学院、中国农业科学院柑橘研究所和合川农场试验基地组成。本部位于重庆北碚区，靠山（缙云山）临江（嘉陵江），占地约8000多亩，校舍面积165万平方米，共30余个学院，105个专业，其中有国家重点学科3个，省部级重点学科37个，在校学生5万余人。其专业如教育学、心理学、农学、特种经济动物饲养、食品科学与工程都属于国家级特色专业。学校以"含弘光大、继往开来"为校训，特立西南、学行天下，是享誉全国的师范生培养基地，也是农业研究界的翘楚。

西南政法大学

学校简称"西政"，为教育部和重庆市共建，为建国后最早建立的政法类高等学府，是改革开放后的首批全国重点大学。1950年，西南人民革命大学创建，后以此校政法系为基础，将川、渝、云、贵等地大学法律系合并成立西南政法学院，由郭沫若题写院名，周保中将军任院长。1995年更名为西南政法大学。学校有渝北、沙坪坝两个校区，占地3000余亩，下设14个学院，有23个本科专业，涵盖法学、经济学、管理学、文学、哲学等学科，在校学生25000余人。学校国家级重点学科为经济法学和诉讼法学，有中央与地方共建特色学科实验室1个，市级人文社科研究基地7个，承担各级各类科研题目千余项，其中国家级项目146项。研究成果曾多次荣获国家级、省部级以及市级优秀成果奖。校友普遍在国家政法系统任职，为中国政法事业而默默奉献。

重庆医科大学

重庆医科大学创建于1956年，为复旦大学上海医学院分迁来渝组建，1985年改为今名。学校由教育部、国家卫生和计划生育委员会和重庆市共建，是国家重点支持建设的西部十四所大学之一。学校有袁家岗和缙云两个校区，总面积2552亩，下设19个院系，开29个本科专业，其中临床医学、医学检验、药学、护理学为国家级特色专业。学校有国家工程研究中心1个，教育部重点实验室3个，此外尚有国家工程研究中心以及省级重点实验室若干。学校以"严谨求实，勤奋进取"为训，在全校师生的努力下，该校有多个课程获国家或省级精品课程的殊荣。

重庆邮电大学

简称"重邮",位于南岸区崇文路,是理工类院校,为工业和信息化部与重庆市共建,国家重点建设的四所邮电大学之一。学校创办于1950年,最初为邮政人员培训班,后屡经改建,2006年称重庆邮电大学。占地3800亩,建筑面积达63万平方米,下设15个二级学院,开设了47个本科专业,涵盖通信、计算机与智能科学、自动化与电气工程、电子工程等。其主打专业通信工程、微电子科学与工程、软件工程等为国家级特色专业。另有教育部工程研究中心和重点实验室各1个,此外还有国际级合作基地和研发中心若干。

重庆交通大学

位于南岸区海棠溪街道学府大道,创办于1951年,其前身为西南交通专科学校,原是西南军政委员会为培养建设川藏公路人才所建。后几经迁徙改制,2006年改为现名。学校由南岸校区、双福校区以及大坪分部组成,占地3120亩,建筑面积74万平方米。重庆交通大学为交通运输部与重庆市共建,入选国家中西部高校基础能力建设工程。现有19个院系,有水利工程、交通运输工程、管理科学与工程3个一级学科博士点,以及13个二级学科博士点。建校以来,学校不断提高自身的科研与创新能力,曾多次获得国家和省级科技进步奖,并不断承担国家以及省级科研项目。

重庆师范大学

简称"重庆师大",位于沙坪坝区天陈路。创办于1954年,前身为重庆师范专科学校,2003年改为现名,为综合性师范大学。学校三个校区,分别位于大学城、沙坪坝和北碚,总面积为2804亩。下设17个学院,69个本科专业,包括历史、汉语言文学、英语、美术、物理学、化学、地理学、生物科学等师范类专业。其中数学与应用数学、旅游管理为国家级特色专业,汉语言文学为国家级专业综合改革试点项目。学校专业建设目标明确,教学成果显著,曾获国家级教学成果奖7项,国家级教学工程项目14项,国家级规划教材5项,有省部共建实验室1座,市级实验室6处。学校以"厚德笃学、砺志创新"为训,以"自强不息、躬行师道"为魂,志在培养品德高尚、个性坚强、学识精深的师范人才。

重庆理工大学

简称"重理工",位于巴南区红光大道,为工科类大学。创办于1940年9月,前身为国民政府兵工署第11技工学校,建国后不断改制升格,2009年更名为"重庆理工大学"。重庆理工大学为工科院校,是省属重点大学。学校占地2537亩,建筑面积达88万平方米,下设21个教学机构,58个专业。其中车辆工程、材料成型及控制、计算机科学与技术、会计学为国家级特色专业,车辆工程试验教学中心为国家级实验教学示范中心。有教育部重点实验室1个,部级研发平台2个,市级研发基地若干。

重庆工商大学

重庆工商大学位于南岸区学府大道,属中央和地方共建,又有鲜明财经特色的综合性大学,由渝州大学和重庆商学院于2002年合并而成。学校有南岸和江北两个校区,占地面积2733亩,下设22个学院,70余个本科专业。其国际经济与贸易、经济学、市场营销、会计学为国家级特色专业,贸易经济、工商管理、财务管理、人力资源管理等为省部级特色专业。学校内有国家级人才培养平台1个,国家级实验教学示范中心1个。学校在科研水平不断提升过程中,共承担各级各类科研项目2600余项,荣获省部级以上奖励100项,国家专利200余项。

重庆科技学院

位于重庆沙坪坝区大学城内,为重庆和中国石油天然气集团公司、中国石油化工集团、中国海洋石油总公司共建的工科院校,由重庆工业高等专科学校和重庆石油高等专科学校合并而成。全校占地2200亩,建筑面积60万平方米,下设14个院部,54个本科专业。全校以石油化工、冶金与材料、机械与电子、安全与环保为主打院系。其中石油工程、冶金工程为国家级特色专业。学校拥有国家卓越工程师教育培养计划学科专业5个,国家级实验教学示范中心2个,国家级精品课程1个。学校以"厚德、博学、励志、笃行"为训,以"立德立人、求实求新、载文载道、为国为民"为宗旨。